编委会

丝路无疆

"丝绸之路文化论坛·新疆"论文集

刘进宝　主编

ZHEJIANG UNIVERSITY PRESS
浙江大学出版社

目录

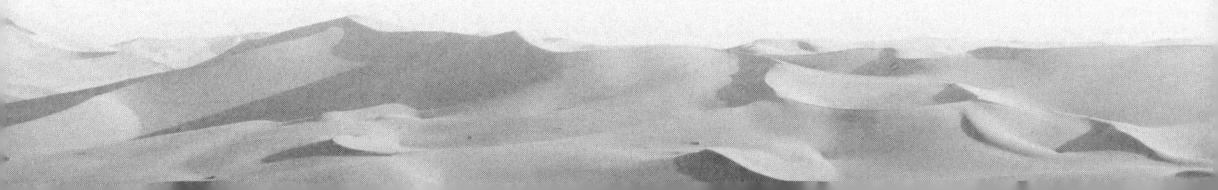

丝绸之路的历史价值和当代意义*

□邢广程

中国社会科学院中国边疆研究所

一、丝绸之路的形成动因

丝绸之路是连接亚、欧、非三大洲之间的古代文明之路。在古代，人类文明不是一下子就发展起来的，而是经过非常漫长的历史时期，而且这些文明是在相互隔绝的状态下逐步发展起来的。非洲大陆北端和欧亚大陆是人类文明的起源地。比如，古埃及文明是在北非的尼罗河下游流域发祥的，两河文明是在西亚的美索不达米亚即幼发拉底河和底格里斯河之间发祥的，古代印度文明是在印度河流域发祥的，古代中国文明发祥于黄河流域。上述古代文明的特点就是相互之间非常分散，分别散落在欧亚和北非板块之间，相互之间没有直接往来。尽管如此，正是这种分散形成的古代文明之间有了一种相互吸引和了解的渴求。于是，位于欧亚大陆东端的古代中国文明逐步尝试与欧亚大陆西端的古代文明进行交往和联系，因此，古代丝绸之路是古代东西方文明之间的交流通道。丝绸之路的形成不是一蹴而就的，它经历了一个比较漫长的过程，具有内在的历史动因。

首先，丝绸之路顺应了东西方商贸往来的客观需求。从古代希腊的考古资料上看，公元前 6 世纪至公元前 5 世纪时，希腊已经传入来自中国的丝绸等物品。从古代中国的情况看，公元前 10 世纪周穆王西征犬戎就曾到

---

* 本文是在笔者《丝绸之路的历史价值与当代启示》（载《光明日报》2014 年 10 月 20 日）文章基础上拓展而来。

达中亚一带，沿路还将丝绸等中原贵重物品作为礼物馈赠给当地部落首领。在春秋战国时期和秦朝，我国进一步扩大了同西域的交流规模，至西汉全面打通了丝绸之路。欧洲、西域和我国中原地区经贸往来的客观需求推动了丝绸之路的形成。

第二，在中亚和欧洲方向曾经先后出现了两个大帝国，客观上为打通东西方贯通之路奠定了基础。公元前6世纪中期，波斯帝国崛起，通过一系列战争成为横跨亚、欧、非三大洲的庞大帝国。阿赫门王朝统治时期，波斯帝国相继建立了四通八达的道路（御道），以加强波斯宫廷与各郡的联系。希罗多德曾比较详细地描写过这些御道的情况。这些御道的建设便于邮路通畅，有利于商贸往来。这时期古代波斯的坎儿井技术已经传到了中亚地区。公元前334年，亚历山大东征，灭掉波斯阿赫门王朝之后，希腊将中亚地区纳入自己的统治范围。随着亚历山大东征的进程，大量希腊人和马其顿人迁到东方，促进了古代欧洲与中亚和我国中原地区的经贸、文化交流，为丝绸之路的开辟打下了很好的基础。公元前3世纪前期，印度孔雀帝国兴起，促使佛教开始向中亚、西亚、东南亚等地传播。"如果说波斯帝国对中亚的征服，使从中国到欧洲和北非的丝绸之路的中段，即从中亚到地中海东岸的交通线变得更加通达的话，那么亚历山大东征又使欧洲与中亚建立了直接联系。至此，丝绸之路的中段和西端部分已畅通无阻。"①

第三，汉朝出于军事战略需要，迫切希望与西域大月氏等国建立联盟以"断匈奴右臂"，因此派张骞出使西域，从而正式开辟了古代丝绸之路。汉武帝派遣张骞作为使者出使西域，公元前138年，他从长安西行，经历多年磨难，到达西域大月氏。张骞没有完成说服大月氏与西汉一起攻打匈奴的战略任务，却无意中发现了前往西域的通道，司马迁将其出使西域评价为"凿空"之行。公元前119年，张骞受汉武帝之命第二次出使西域，访问西域诸国，从而畅通了汉朝和西域的交往。公元前60年，西汉设立西域都护，总管西域事务。"张骞是中国历史上伟大的探险者。张骞出使以后，西域与中原建立了密切的联系，西域历史成为中国历史的一部分，中亚草原成为连接中国与西方文明的桥梁。如果说公元前6世纪波斯帝国的建立使从地中海到中亚

---

① 刘迎胜：《丝绸之路》，江苏人民出版社2014年版，第33页。

的商路贯通，马其顿亚历山大的东征使这条商路延伸到欧洲大陆的话，那么月氏、乌孙的西迁和张骞的出使又使这条交通线向东伸及中原。到这时我们可以说丝绸之路已经全线贯通了。"①

二、丝绸之路发展轨迹

自西汉时期张骞"凿空"西域之后，丝绸之路便成为东西方交流的多用途大通道。这个时期，欧洲罗马帝国先后征服了叙利亚的塞琉西帝国和埃及的托勒密王朝，并开始影响东方的亚洲地区。罗马帝国通过西亚和中亚地区的安息帝国、贵霜帝国和阿克苏姆帝国与中国进行贸易，贩运中国的丝绸、瓷器等物品。但西汉末年，丝绸之路受到匈奴的袭扰经常中断。东汉时期，公元 73 年班超再次打通西域，使丝绸之路经西域首次直通欧洲。汉和帝永元九年（97）都护班超遣甘英使大秦（罗马帝国），抵条支和安息诸国，抵达安息西界的西海（今波斯湾）沿岸。甘英是史书所载第一个到达波斯湾的中国人。他虽然遗憾地没有到达罗马帝国，但后来罗马帝国商人却顺着这条丝绸之路东抵东汉首都洛阳，这具有重大历史意义，标志着丝绸之路真正意义上贯通欧亚地区，成为欧亚大陆便捷的经济和文化交流通道，促进了中国和中亚及欧洲的商贸交流。中国的丝绸、瓷器等通过中亚运往欧洲，希腊和罗马的商品通过中亚流向中国。丝绸之路也是文化交流之路，成为沟通东西方文化的桥梁和纽带。西汉张骞出使西域，东汉班超经略西域，东汉永平七年（64）明帝刘庄遣使往天竺（即今天的印度）西行求取佛经、佛法，上述史实都促进了东西方文化交流。

古代丝绸之路，从时间上看，跨越 2000 多年，按中国历史断代划分为先秦、汉唐、宋元、明清 4 个时期。丝绸之路按照地理类型划分有陆上丝绸之路和海上丝绸之路。陆上丝绸之路根据具体的地理地貌又被分为"草原丝绸之路""沙漠丝绸之路"等，按照商品类型又分为"皮毛之路""玉石之路""珠宝之路"和"香料之路"等。1877 年德国地理学家李希霍芬将这条古代商路称为"丝绸之路"，后来逐渐被史学家所接受，从而将沟通中西方的商

---

① 刘迎胜：《丝绸之路》，第 61 页。

路统称丝绸之路。比较经典的陆上丝绸之路在新疆，按其路线分为南、中、北三道。陆上丝绸之路在隋和唐初期处于繁荣阶段，但唐中叶出现"安史之乱"，丝绸之路受到了很大影响。后来受西域政局动荡、气候逐渐改变和沙漠化逐步增强等因素的影响，陆上丝绸之路逐渐衰落，而被海上丝路所取代。海上丝绸之路起于秦汉，明初达到非常繁荣的阶段，明中叶因海禁而衰落。海上丝绸之路重要节点城市有泉州、番禺（今广州）、明州（今宁波）等。古代海上丝绸之路由中国沿海港出发通向三个不同的方向：一是至朝鲜半岛和日本，二是至东南亚诸国，三是经南亚、阿拉伯到达东非沿海诸国。东汉桓帝延熹九年（166），大秦（罗马帝国）派遣使者沿海上丝绸之路来到中国。

三、丝绸之路的作用和影响

丝绸之路是一条人类文明之路，它给人类文明发展的初期提供了一个东西方文明沟通、交流、交融和融汇的网络。

丝绸之路是古代东西方互通有无、进行商贸往来的重要通道。中国传入西方的主要商品有丝绸、茶叶、瓷器、漆器等；西方传入中国的主要有胡麻、胡桃、胡萝卜、胡瓜、葡萄、石榴、琥珀等。在我国新疆和中亚一些地区仍保留着一些不同民族之间贸易往来的历史遗存。我国古代名著《红楼梦》卷一中就有"绳床瓦灶"之说，而"绳床"也叫"胡床"，是一种可以折叠的便捷坐器，就是从西域传过来的。再如《红楼梦》对来自爪哇的奇珍异宝有很详细而形象的描述，这说明我国古代通过海上丝绸之路与印度尼西亚有着密切的交往。在阿赫门王朝时期，伊朗已经与中国通过丝绸之路进行贸易往来，除了进口丝绸产品外还进口生丝，然后采用萨珊传统的纺织方式进行再加工。从考古资料上看，萨珊伊朗帝国的丝织品的图案十分精美，深刻地影响了拜占庭和中亚。当时萨珊伊朗帝国地处东西方贸易的中心地带，具有从事过境贸易的地缘优势，促进了萨珊伊朗帝国的经济繁荣。在中亚索格底亚那的商人也十分精通丝绸之路的贸易规则。早在4世纪，中国长安等一些城市中就大量集聚着来自索格底亚那的商人。无论萨珊伊朗帝国还是索格底亚那，都能够铸造精美的钱币。

　　丝绸之路是文化交流的重要纽带，东西方文化交流是其重要内容。我国古代的四大发明印刷术、指南针、火药和造纸术，通过古代丝绸之路，在欧洲近代文明产生之前陆续传入西方，成为资产阶级发展的必要前提。在3—8世纪，中亚地区形成了一些重要的艺术中心，其作品受到了希腊和罗马文化与艺术的影响。萨珊伊朗帝国的城市建筑具有东西方文化兼容的特点。在当时西域存在多个民族，使用多种语言。西域文化对唐朝产生了很大的影响。中原地区逐渐接受龟兹音乐和舞蹈。唐朝许多乐师和舞蹈家来自西域地区。中国明代郑和七下西洋，传播了中国文化。通过海上丝绸之路，中国与南亚、西亚、欧洲和北非进行经济和文化交流。

　　丝绸之路促进了多种宗教的传播和交流。佛教、琐罗亚斯德教、基督教、摩尼教和道教都曾在丝绸之路沿线地区进行传播。法显法师于公元399年经西域进入印度，随后通过海路经狮子国（今斯里兰卡），再经耶婆提（今印度尼西亚）回国。他途经陆海两条丝绸之路，为其文化交流贡献了智慧。唐玄奘西天取经，推动了中国唐朝与西域和印度的交流。在贵霜帝国时期，佛教对中亚地区的影响非常大，同时佛教也与中亚当地的传统文化相融合。随着阿拉伯帝国的崛起，伊斯兰教也逐步向东扩大影响。当今在我国新疆和中亚部分地区仍保留着一些宗教文化的历史遗存。

四、对"一路一带"建设的启示

　　第一，古代丝绸之路具有丰厚的历史和文化价值，它昭示了古代欧亚之间文明交融的必要性和必然性，揭示了欧亚不同文明之间交流的历史轨迹和历史规律。当今欧亚空间的各国应深入挖掘古代丝绸之路的历史文化价值，弘扬古代丝绸之路所凝聚而成的交流、融合、合作和共赢的基本价值，让21世纪的欧亚空间的文明对话更加顺畅，更加便利。"在李希霍芬提出'丝绸之路'概念之后，学者们在贸易之路的基础上，提出了诸如'文明之路'、'发展之路'、'和平之路'、'友谊之路'、'旅游之路'等多种观点，极大地丰富了丝绸之路的内涵，充分发掘了丝绸之路的现代价值，使丝绸之路内在价值不仅没有因其衰落而湮没，反而因现实的需要而被日益关注。各个国家和民族都试图从丝绸之路文明中发掘其独特的价值和现代启示，在享受丝绸之路深厚的文明荣耀的同时，思索着当代文明的对话交流和相互吸纳，探索着沿途各国、各地区经济的互补与共同繁荣，思量着互信与亲善。①古代四大文明在如此遥远和困难的情况下，还相互之间寻求沟通和联系，从而逐步开辟了古代丝绸之路。如今人类已经进入了21世纪，全球经济一体化浪潮正席卷而来。面对人类发展的新机遇，泛欧亚大陆各国更应该积极行动起来，重拾丝绸之路的辉煌，更加深入地挖掘丝绸之路的文化历史价值，借助丝绸之路的合作和沟通理念，将泛欧亚大陆打造成为各国合作与共同发展的战略空间，共享人类文明发展所带来的合作成果。但非常遗憾的是，即使到了21世纪，泛欧亚大陆依然呈现出联络不便、通而不畅、空间分割的不正常状态，与时代发展的要求和各国经济社会发展的需求不匹配、不协调。互联互通和贸易投资便利化是最基本的合作需求，但在泛欧亚大陆空间却依然是一个梦想。古代丝绸之路就是在东西方文明之间实现互联互通，互联互通是自古以来人类社会的不懈追求。中国自古以来就在不断探索与其他地区的互联互通，张骞出使西域和郑和七下西洋就是古代中国所追求的陆上和海上互联互通的典型写照。中国堪称互联互通的开拓者和凿空者。当前，泛欧亚大陆空间更需要复兴丝绸之路，互联互通最为必要和迫切。欧洲经过国际金融危机的消极影响处于比较艰难的转型时期，而亚洲国家在资源、制造、储蓄和工厂四大亮点基础上，需努力挖掘亚洲价值、增加亚洲分量、开拓亚洲市场、促进亚洲与其他地区的合作并培育新的竞争优势。亚洲的上述行动迫切需要与欧洲的合作互动，泛欧亚经济合作互动是互利共赢的重要举措，而实现这些目标，就必须在互联互通上下功夫，这是关键环节。

第二，中国古代处于陆海丝绸之路的东方端点，是丝绸之路的"凿空"之国，为欧亚文明的交流做出了不可估量的贡献。现在中国提出构建丝绸之路经济带和21世纪海上丝绸之路的战略倡议，昭示了中国对欧亚空间进行深度交流与合作的开阔情怀，显示了正在崛起的中国对欧亚战略空间发展与合作的责任感和使命感。中国提出"一路一带"具有丰厚的历史积淀性和历

---

① 田澍、何玉红主编：《丝绸之路研究：交通与文化》，甘肃文化出版社 2013 年版，第 242 页。

史延续性，而这种历史积淀性和历史延续性又进一步证明了中国提出新丝绸之路战略的历史合法性和历史逻辑性。

第三，进入 21 世纪人类迫切需要欧亚空间的深度整合与合作，迫切需要构建新的丝绸之路。应该看到，冷战结束后在欧亚大陆战略空间构建新丝绸之路的倡议屡次被多国所提及，比如吉尔吉斯斯坦等中亚国家多次提出复兴伟大的丝绸之路。乌兹别克斯坦总统卡里莫夫"打算联合制订'恢复丝绸之路：发展增长知识的旅游，复兴、保护和稳步发展突厥语国家的文化遗产'计划，其目的是扩大旅游路线网和相应的旅游基础设施"①。欧盟不断扩大的进程表明欧洲正在走向一体化，而俄罗斯近些年来屡次提出建立欧亚统一空间的设想（比如"大欧洲"的战略和欧亚经济联盟的构想），就连美国也不失时机地提出了在中亚地区构建"新丝绸之路"战略。经过 30 多年的改革开放，中国感受了沿海开放和沿边开放的益处，分享了与国际社会进行共赢合作的好处，中国提出"一路一带"倡议旨在与欧亚空间进一步共享合作的益处，构建利益共同体。

第四，乌克兰危机表明欧亚空间并不太平，很多问题需要在国际层面上加以沟通和合作才能得到解决，而解决和平与发展问题就需要有与之相适应的战略和思想。2013 年乌克兰发生危机到现在已经演化为国内战争。那么是什么原因导致乌克兰出现政治危机进而出现国内战争？乌克兰危机的直接原因值得我们关注。乌克兰出现问题与是否同欧盟签署"联系国协定"有直接关系；还有一个因素就是俄罗斯反对乌克兰签署这个协定，希望乌克兰加入俄罗斯主导的"欧亚经济联盟"。俄罗斯主导的欧亚经济联盟与欧盟东扩战略具有竞争关系和矛盾性质。从地缘政治和地缘经济的视角上看，乌克兰存在一个"选边站"的问题，这也说明在欧洲和欧亚空间之间有经济统合的客观需求。但是，欧盟与俄罗斯所采取的都不是开放型的经济合作模式，而是具有竞争和排挤性质的区域经济统合，因此造成了巨大的政治悲剧和冲突。这是我们需要思考的问题。而中国所提出的丝绸之路经济带的构想超越了狭小的欧亚区域合作框架，本着互利共赢的精神和利益共同体的样式来塑造泛欧

---

① 伊斯拉姆·卡里莫夫：《临近 21 世纪的乌兹别克斯坦：安全的威胁、进步的条件和保障》，国际文化出版公司 1997 年版，第 239 页。

亚大陆开阔的经济合作空间。诸如乌克兰这样的国家不必为"东倒西歪"的战略选择而蹙眉，因为这个欧亚大的新合作空间能够容下欧亚大陆所有国家的合作愿望，能够体现欧亚大陆所有国家的共同利益诉求。因此，乌克兰危机从反面证明了欧亚大陆需要大的区域经济合作，需要建立在互利共赢基础上的经济合作，而不是排他性和遏制性的地缘政治和经济布局。

第五，中国"一带一路"建设的西部端点都在欧洲。中欧正在建造和平、增长、改革、文明四座桥梁，发展全面战略伙伴关系。到2020年中欧贸易额将达到1万亿美元。关于中欧关系的密切程度，李克强总理在汉堡出席中欧论坛汉堡峰会第六届会议时的主旨演讲说得非常生动："现在，汉堡以欧洲最快转运港闻名于世，汉堡港装卸的集装箱每三个就有一个往来于中欧之间。""中欧建交以来，双方贸易增长了230多倍，现在平均每天就有15亿美元的贸易往来。也就是说，在我演讲的这20分钟里，中欧之间达成了几千万美元的合作。"关于中欧关系的重要性李克强总理阐述得非常透彻："中国和欧洲是两大战略力量，肩负推动全球经济发展、促进人类文明进步、维护世界和平的崇高使命，双方正在形成不断放大的战略交集。""中国是最大的新兴市场国家，欧盟是最大的发达经济体，'最大'与'最大'交融，一切都有可能，'新兴'与'发达'携手，优势就会倍增，中欧在新兴和发达经济体合作中可以成为典范。中国和欧洲分处欧亚大陆的两端，这块大陆是世界上面积最大的大陆，也是人口最多的大陆，市场空间广阔，发展机遇巨大，中欧可以在促进亚欧地区繁荣发展、实现共赢多赢中作出更大贡献。中欧都主张国际关系民主化，在许多国际重大事务上有共同利益，双方关系具有越来越重要的全球影响，在世界和平与全球善治中可以紧握双手。中欧都有伟大的文明，都有理性考量和哲学思辨的传统，中国推崇'和而不同'，欧盟倡导'多元一体'，13亿多中国人与7亿多欧洲人命运相连、前途相关，中欧在不同文明包容互鉴中可以成为引领。"[①]从李克强总理的讲话中我们可以明白一个道理，为什么中国迫切提出"一带一路"倡议，为什么将"一带一路"建设的终端选在欧洲，中欧经济合作的现实需求需要"一带一路"建设加以

[①] 李克强总理在汉堡出席中欧论坛汉堡峰会第六届会议并发表题为《树立互利共赢的新标杆》的主旨演讲，http://www.fmprc.gov.cn/mfa_chn/gjhdq_603914/gj_603916/oz_606480/1206_606796/1209_606806/t1199616.shtml。

涵盖。在中国与欧洲的密切经济合作中，我们还看到了利益共同体的雏形，即中国与中东欧的"16+1"机制。这是一个非常自然的跨欧亚经济合作，是两个并不相连的区域因利益高度契合而生成了合作的新模式。"现在中东欧国家推进基础设施建设，与中国富余而先进的装备制造业产能相互对接，也有利于欧洲平衡发展。"[①]

第六，正如古代丝绸之路的繁荣不是靠强制命令一样，现代丝绸之路的构建也需要合作精神。中国是"一带一路"的发起国和倡导国，但不可能是唯一的推动国和完成国，该构想的实现需要丝绸之路沿线国家的共同努力和合作。21世纪的高铁技术和信息技术的成熟程度足以为新丝绸之路的构建提供有力的技术支撑，而现在需要的恰恰是合作精神和利益互享的理念。"要实现丝绸之路的精神，就需要分析中国周边所面临的挑战，要理解建设现代丝绸之路的重要性、建设丝绸之路要做些什么、怎么做等问题。对中国来说，应当放弃大国地位从天而降的幻想，应当意识到大国地位需要数代人的努力和打拼。丝绸之路或许可以成为中国全面走向世界的开端，也是中国通往大国之路必须通过的一个重要'考试'。"[②]"一带一路"是中国向亚洲、欧洲乃至非洲提供的公共产品，这是泛欧亚大陆各国的共同事业，中国准备将"一带一路"作为理念和互利共赢的行动方案提供给国际社会，通过互联互通为泛欧亚大陆提供更多公共产品，中国不推独轮车，而愿意驾驶"大篷车"，欢迎其他国家搭乘中国发展的列车。"一带一路"的构建实际上就是经济走廊的构建，这包括陆上经济合作走廊和海上经济合作走廊。经济合作走廊的构建必须兼顾各国需求，同时也需要统筹陆海两大方向，针对沿线各国制度差别很大，规章制度不一，这就需要很强的包容性和协作性。

第七，"丝绸之路经济带"和"21世纪海上丝绸之路"所追求的不是简单的平面化和单线条的联通，而是基础设施、制度规章、人员交流三位一体的互联互通，是政策沟通、设施联通、贸易畅通、资金融通、民心相通的全方位、立体化、网络状的大联通，是一个开放系统。[①]换句话说，陆、海丝

---

① 李克强在第四届中国—中东欧国家经贸论坛上的致辞，http://politics.people.com.cn/n/2014/1217/c70731-26227607.html。
② 郑永年：《"丝绸之路"与中国的"时代精神"》，载《联合早报》2014年6月10日。
① 习近平主席2014年11月8日在"加强互联互通伙伴关系"对话会上的讲话，载《人民日报》2014年11月10日。

绸之路都是复合型的互联互通网络。在古代,丝绸之路就是一个多功能的开放系统和网络。中原王朝与西域的联络通道不止一条,由多线路的东西通道所组成。在西域,丝绸之路也不都是东西走向的,也包含南北走向的。比如唐玄奘"西天取经"实际上是到天竺(印度)取经,他所走的线路是从长安出发,经过河西走廊进入西域,从西域转向南方,进入天竺。再如僧人法显从中原出发,经西域到达天竺,再由天竺经过海路到达东南亚,再由东南亚从我国东海方向回到中原,所经线路是一个陆海圆形。从古代中原王朝对丝绸之路的探索上看,其呈开放型。从中原向南和西南的茶马古道,从福建经中原到北部草原的万里茶道,从北方少数民族与中原的复杂的互动关系,可以看出,丝绸之路也是南北交流的渠道。从张骞出使西域所记载的情况看,汉朝与西域诸国的交流也是有规章制度可依的。

陆、海丝绸之路的关键在于互联互通,而互联互通的关键在于交通基础设施的联通,实现泛欧亚大陆的互联互通是一个长期的战略目标,有利于泛欧亚大陆各国。就中国而言,更应该积极推动亚洲空间的互联互通,这是由近及远的最基本的行动逻辑方式。中国在改革开放进程中有一句耳熟能详的口头语,"要想富先修路",这其实是中国改革开放的经验总结。为什么中国如此强调现代丝绸之路战略中的互联互通呢,就是中国从国内"先修路"中得到了巨大益处,试图将这条基本经验推广出去,让中国周边国家,让亚洲乃至泛欧亚大陆都分享这个成功的经验。我们强调构建现代丝绸之路,核心还是在"路"上,要在"路"上作文章,下功夫,有路了才能物畅其流。从这个视角上看,中国特别重视与周边国家的铁路和公路建设项目,中国与东北亚地区、中亚地区和东南亚地区的铁路和公路的互联互通具有重要的利益分享意义,这是中国与周边国家共同打造利益共同体和命运共同体的基本骨架。

第八,资金问题。陆、海丝绸之路建设肯定面临一些困难和问题,最大的问题依然是资金问题,据亚洲开发银行估算,2020年以前亚洲地区每年基础设施投资需求高达7300亿美元。这是一个非常庞大的天文数字,一个国家撑不起来,需要一系列国家的通力合作。为解决这个问题,中国提出建立亚洲基础设施投资银行的设想并付诸实践。2014年10月,20多个亚洲国家在北京签署了筹建亚洲基础设施投资银行的政府间谅解备忘录。这是一件很不简单的事情，具有非常重要的意义。这是亚洲金融合作的重要突破。当然，中国每提出一项建设性的建议都会受到国际社会的关注，有人会过度加以解读，声言这是中国准备夺取国际金融主导权的重要步骤，是向以西方为主导的国际金融体系所发起的一次最大挑战。但实际上，中国所倡导的亚洲基础设施投资银行不是中国主导的金融机构，该银行也没有取代世界银行、亚洲开发银行的意图。恰恰相反，这是对现有国际金融机构的有益补充。中国现代丝绸之路的基本理念绝不是取代谁，而是与谁如何合作。仅仅构建亚洲基础设施投资银行还不够，还需要其他形式的金融合作平台。因此，中国提出了构建丝绸之路基金的设想并付诸实施。这是另一个现代丝绸之路建设的融资平台，以期打破现代丝绸之路互联互通的金融瓶颈。中国的思路是在筹措丝绸之路资金方面要盘活存量、用好增量。中国出资400亿美元成立丝路基金，为"一带一路"沿线国家提供投融资支持，具体包括基础设施、产业合作、金融合作、资源开发等与互联互通有关的项目。构建丝绸之路基金不可能由中国一国包办，它是开放融资平台，"一带一路"沿线国家完全可以根据本地区、本国和相关行业或者项目类型设立子基金。丝绸之路基金的最大期待就是"众人拾柴火焰高"。中方鼓励中东欧国家充分利用100亿美元专项贷款余下的70亿美元额度，用好优惠买方信贷。为支持对中东欧投资项目，中方将启动第二期10亿美元的中国—中东欧投资合作基金，并成立30亿美元规模的投资基金，以多种方式推动本地区国家股权融资。[1]

第九，加强政策沟通。"各国可以就经济发展战略和对策进行充分交流，本着求同存异原则，协商制定推进区域合作的规划和措施，在政策和法律上为区域经济融合'开绿灯'。"[2]互联互通更为深层的含义是，在基础设施比较完备的基础上，加强规章制度的建设，形成贸易投资便利化的良好格局。所谓规章制度建设就是丝绸之路经济带沿线国家商签交通、贸易、投资领域的便利化协定，相互之间在制度规范上进行衔接和统一。就目前泛欧亚大陆经济空间的状态上看，关卡林立，标准不一，通关时间较长，货物流动成本

---

[1] 李克强在第四届中国—中东欧国家经贸论坛上致辞，http://politics.people.com.cn/n/2014/1217/c70731-26227607.html。

[2] 习近平在纳扎尔巴耶夫大学的讲话，http://www.zj.xinhuanet.com/newscenter/InAndAbroad/2013-09/08/c_117275432_2.htm。

较高，所有这些不利因素导致实业界更多地使用海运而不是陆路交通。所以，丝绸之路经济带就是要协商解决上述问题，沿线各国通力解决相关的制度、政策、法规、尺度和标准等问题，降低丝绸之路沿线国家人员、商品、资金跨境流动的成本，缩短人员和货物过境时间。丝绸之路经济带的互联互通还应将重点放在海关合作方面，实现信息互换、监管互认、执法互助。中国目前所试验的边境口岸"单一窗口"建设和旅客在同一地点办理出入境手续的"一地两检"查验模式效果很好，值得向周边国家介绍和推广。中国的另一个互联互通的创新举措就是中国到欧洲直达货物列车的开通和运行。"渝新欧"模式是一个创举，随后出现了"郑新欧"、"汉新欧"、"苏满欧"和"义满欧"等，所有这些都表明在现有的泛欧亚大陆基础设施条件下，在现有的沿线国家的制度规章宽严不一的状态下，通过"一卡通"的方式还是能够形成比较便利和畅通的物流的。上述运行模式的出现是中国经济影响外溢的典型表现，也是经济合作的强大需求逼迫中国实业界必须创新，闯出一条创新物流之路。这个事例非常典型地印证了丝绸之路经济带提出的有效性、合理性和迫切性。

现代丝绸之路的构建必须高度重视沿线各国的人文交流，夯实相互合作的社会根基。泛欧亚大陆空间多种文明和宗教并存，需要平等对话和交流。

总之，古代丝绸之路具有特殊的历史价值，值得我们不断挖掘，而现代丝绸之路更具有时代意义，它是中国与世界深度互动的连接范式。

"一带一路"引领新疆文化遗产保护

□盛春寿

新疆维吾尔自治区文物局

习近平总书记在 2013 年 9 月和 10 月分别提出建设"丝绸之路经济带"和"21 世纪海上丝绸之路"的倡议，强调相关各国要打造互利共赢的"利益共同体"和共同发展繁荣的"命运共同体"。

一、认识新疆文物的独特性

习近平总书记十分关注新疆在"一带一路"建设中所发挥的重要作用。2014 年 4 月，他在新疆考察工作时明确提出，要抓住这个历史机遇，把自身的区域性对外开放战略融入国家丝绸之路经济带建设、向西开放的总体布局中去。

新疆是中国联通中亚、西亚以及欧洲的重要节点，具有广阔的经济增长潜力，是"丝绸之路经济带"的战略核心区；新疆地处亚欧大陆腹心，具有独特的地缘优势和区位优势，是中国扩大对外开放的西出桥头堡；新疆作为古代"丝绸之路"的交通要道，拥有不胜枚举的文化遗产，是古代文明的交融地。

新疆特殊的战略位置及丰富的资源优势，使其在"丝绸之路经济带"建设中的重要地位日益凸显。新疆文化遗产的地域性，为"一带一路"沿线国家的交流互鉴、平等合作提供了文化平台，展示了中华民族巨大的包容性；新疆文化遗产的稀有性，为"一带一路"倡议提供了独有的文化支撑，传承了中华民族优秀的传统文化；新疆文化遗产的民族性，为"一带一路"建设提供了历史记忆的依托，印证了中华文明历来就是由各民族人民共同创造，巩固了中华民族共有的精神家园。

文化遗产保护能够维护世界文化多样性和创造性，是"一带一路"沿线国家打造"利益共同体"和"命运共同体"的前提。文化遗产承载着民族自豪感和自信心，在国家建设"一带一路"背景下，文化遗产保护不仅有利于解决国家的历史文化认同，还能够架构起民众心灵最深层的部分，是文化"中国梦"徐徐展开的底蕴。新疆文化遗产保护、利用与传承是实现新疆社会稳定和长治久安的重要基础，是新疆经济社会发展的独特推动力，是"一带一路"沿线国家文化遗产保护交流与合作的枢纽。

由于新疆特殊的区情、社情，文物工作在强化新疆各族人民群众的"四个认同"，正确阐述新疆自古以来就是祖国不可分割的一部分，新疆灿烂的古代文明是生活在这里的各民族共同创造的这一历史史实，维护民族团结、祖国统一方面，充分发挥着正本清源的重要作用。

二、探索保护、传承、服务的新模式

两年来，新疆文物部门积极探索文物保护传承的新模式，服务于国家"一带一路"建设，积极推进重大项目实施，提升文物保护能力。

2014年6月，由中国、哈萨克斯坦、吉尔吉斯斯坦三国联合申报的"丝绸之路：长安—天山廊道的路网"项目成功列入《世界遗产名录》。高昌故城、交河故城、北庭故城遗址、克孜尔尕哈烽燧、克孜尔石窟和苏巴什佛寺遗址等6个遗产地成为新疆首批世界文化遗产。新疆在整个申遗项目中具有极其重要的位置，申报丝绸之路世界文化遗产，对于丝绸之路新疆段遗产的保护和管理，有效维护丝绸之路遗产的真实性和完整性，传承中国优秀传统文化，促进地方经济社会的可持续发展，增进新疆与丝绸之路沿线其他国家或地区的交流与合作，具有极其重要的意义。

新疆文物部门以文化遗产保护为本，加强协同合作，注重对文化遗产价值的研究。"丝路文明"博大精深，源远流长，不仅涉及广阔的时空地域，也关系到整个东西方文化体系的交流融合。这就决定了对于"丝路文明"的研究，必然是具有开放性、综合性的特点。文化遗产是由自然、文化等诸多要素构成的复杂综合体，造就了丰富的、多层次的价值体系。研究文化遗产价值体系，究其实是为了对文化遗产进行保护。

早在 2012 年 5 月，新疆维吾尔自治区文物局、浙江省文物局、浙江大学、塔里木大学在乌鲁木齐签订了《新疆文化遗产保护与研究战略合作框架协议》，开始了校地四方战略合作。2013 年 5 月，召开"2013 年四方战略合作年会"，正式签署《新疆文化遗产保护与传承发展战略研究合作协议》，借鉴国家文化遗产保护科技区域创新联盟（浙江省）和浙江大学近十年参与国家文化遗产保护和研究的成功经验，四方共同编制实施新疆文化遗产保护与研究合作工作规划，开展遗址、民俗等遗产资源调查，文物资源数字化采集和遗址环境监测，物探考古与保护材料研究等工作，共同培养新疆文物系统、塔里木大学各类文化遗产保护与研究人员，联合建设文化遗产保护研究、文化遗产数字化技术等领域的研究平台或实验基地，规划建设新疆文化遗产保护数据资源库、新疆文化遗产数字化公共服务平台与专题资源库等。两年来，四方在重大项目合作申报、基地建设等方面的合作取得积极进展。2014 年 11 月，由新疆维吾尔自治区文物局、浙江大学共同举办的"丝绸之路文化论坛·新疆"在浙江大学举行。论坛依托"四方联盟"与浙江大学"一带一路"研究协同创新中心（筹），由新疆文物局与浙江大学主导，围绕"丝绸之路经济带"建设，立足文物实体，"让历史说话，让文物发声"，研究丝绸之路文化，促进"文明交流，文明互鉴"，推及丝绸之路的经济政治研究。

在新的历史环境下，新疆文化遗产保护、传承与利用工作服务于国家外交大局，既要让文物留得住，也要让文物"活起来"。为庆祝中法建交 50 周年，由中国国家文物局与法国文化与新闻部合作主办的"汉风——中国汉代文物展"于 2014 年 10 月 21 日在法国巴黎国立吉美亚洲艺术博物馆隆重开幕。来自新疆博物馆、新疆文物考古研究所的 19 件汉代精美文物参展。这些古老而珍贵的文物，承载着丝绸之路的记忆，传承着中华文明的优秀传统文化，为增强法国人民对源远流长的中华文明的了解做出了新贡献。

三、服务大局改善民生

由于历史、自然、社会等多方面因素的影响，新疆经济发展相对滞后，生态环境脆弱，基础设施薄弱，与东中部地区相比，存在较大的差距。就文物保护工作来说，在经济快速增长、城镇化、工业化、市场化进程加快的大背景下，文物保护与经济发展的矛盾日益凸现。

党的十八大以来，在习近平总书记关于历史文物保护重要指示精神的指导下，在新疆维吾尔自治区党委和人民政府的领导下，在国家文物局大力支持下，新疆文物部门结合国家"一带一路"建设，紧紧围绕实现新疆社会稳定和长治久安这一总目标，着力发挥文物在改善民生、教育人民、增进民族团结、维护祖国统一方面的积极作用。

加强文物本体保护维修工作，做好大遗址抢救保护工作；以有利于改善民生、巩固祖国统一和维护民族团结为出发点，合理分配文物维修资金；围绕"丝绸之路经济带"建设，布局文物保护项目，使文物维修从"点"向"线"改变；积极主动加强和地方发改、旅游等部门的沟通协调，加大对南疆四地州的资金投入力度，抓紧在全疆实施带动地方经济发展、惠及民生和有利于文物保护、增进民族团结统一的重大项目。在进行文物本体保护的同时，深入挖掘文化遗产价值，弘扬中华民族优秀传统文化，促进与各国之间的文明交流互鉴。

紧紧围绕实现新疆社会稳定和长治久安，结合"丝绸之路经济带核心区"建设，大力推动文物的保护、传承与利用，为新疆经济社会发展作出积极贡献。长治久安是我们党治国理政的总目标，是治疆的总目标和总要求。结合当前新疆"三期"叠加、总体形势依然严峻的情况，文物部门要充分发挥文物史证作用，面向群众，正确阐述新疆历史、新疆宗教演变史和新疆民族发展史。加强历史文化宣传教育，充分发挥文物工作在"去极端化"、推进新疆社会稳定和经济发展中的独特作用。

开展文物对外交流及宣传舆论项目，促进文明交流互鉴。资助鼓励新疆文物部门主动举办、承办全国大型文物宣传活动，开展新疆少数民族文化遗产的保护和成果展以及国际研讨会，希望得到政策层面的支持，在安排对外合作交流、对外展览时考虑新疆的特殊情况，主动推介新疆。

服务民生建设，发挥文物资源作用。加强文化遗产保护传承与利用工作，改善生态环境、优化城乡面貌、彰显地域魅力、促进经济社会发展。实施博物馆基本建设和展览提升项目，积极加大力度推动博物馆深入基层。将文化遗产的社会效益转化为惠及民生的文化财富，改善文物周边环境，为地方民众营造赏心悦目的文化生活空间，促进遗产地旅游业进步，使文化遗产保护反哺社会。

国家"一带一路"倡议的发展思路已然清晰，作为建设"丝绸之路经济带"的主力军和排头兵，新疆迎来了对外开放和自身发展的大好机遇。这对新疆文化遗产保护传承与利用工作来说，是一次严峻的挑战，更是一次事业发展的重大战略机遇。

（本文原载《光明日报》2015年4月8日第10版）

新疆文物对外交流工作
与新疆历史话语权的几点思考

□李　军

新疆维吾尔自治区文物局

习近平总书记在第二次中央新疆工作座谈会上就新疆的民族团结、宗教以及在各族群众中牢固树立"五观"、增强"四个认同"等项工作做出了明确指示，《中共中央关于进一步维护新疆社会稳定和实现长治久安的意见》进一步强调要"深入开展历史文化宣传教育，制定实施新疆历史文化宣传工作规划，加强新疆历史文化研究，采取多种形式推进历史文化宣传教育，增强各族干部群众明辨是非能力，自觉抵制歪曲新疆历史的言行"。

综观新疆的历史与现实，我们深刻体会到习总书记及党中央高瞻远瞩，对新疆工作的指导思想、目标任务、基本原则、主攻方向和政策措施定位精准，切中实质。新疆近期面临的暴恐事件频发、社会稳定受到威胁的局面是境内外三股势力沆瀣一气，一手造成的。尽管三股势力形成的背景、表现形式各有不同，但其煽动民族仇视，最终分裂祖国的目的是一致的。为了达到这一险恶目的，他们编造了以泛突厥主义和泛伊斯兰主义为理论基础的"东突独"思想体系，而理论基础与思想体系都是需要追根溯源、寻找历史依据来作为其主要支撑的。因此，为了蒙蔽世人，使其理论能够自圆其说，境内外三股势力与西方反华势力遥相呼应，以捏造、篡改、歪曲新疆历史来拼凑其反动的理论根基，为其分裂祖国的恶行披上合理的外衣，以求博得同情。近年来，以美国为首的西方势力在遏制中国崛起的战略思维下，无论政界、非政府组织还是学术界少数"专家"，都乐见并引导对新疆历史的歪曲化，试图借此将"涉疆问题"国际化、道德化，使之成为遏制中国发展、防范中国挑战西方传统霸权地位的一张王牌。应该说，由于上述几股势力遥相呼应，加之中华人民共和国成立前西方长期把持新疆历史研究的话语权，被歪曲的新疆历史在美国、欧洲、日本等国家与地区有相当的影响力，甚至左右了部分普通民众对新疆历史的认识，继而对"三股势力"产生同情心理。因此，正确阐述新疆历史、民族发展史、宗教演变史对于树立我国大国形象、掌握国际话语权以及打压"三股势力"在国际社会的活动空间、争取国际上对我国治疆政策的理解至关重要。这其中，新疆现存文物古迹的研究、保护、宣传展示可以发挥独特的作用。

文物是一部物化了的中华民族发展史，作为历史的物质遗存，文物是源远流长的中国历史的重要见证，是光辉灿烂的中华文化的重要载体，是维系中华民族团结统一的精神纽带。新疆由于地处古代丝绸之路的交通要道，加之独特的自然地理环境，无论地上地下，大量弥足珍贵的文物古迹得以奇迹般的保留下来。全疆目前已知的 9545 处不可移动文物，二十余万件馆藏文物是新疆历史最好的实物教材。由于人们普遍笃信自己亲眼所见的事物，所谓"百闻不如一见"，当集实物性与直观性、丰富性与愉悦性于一身的文物展现在人们的面前时，往往会有强大的感染力和说服力，其"润雨无声、潜移默化"宣传教育效果是其他手段难以替代的。尤其针对长期受错误舆论引导，对我们正面宣传有逆反情绪，对新疆历史认识既有偏差又模糊不清的海外民众，文物所起到的正面宣传作用更易于为他们所自觉接受。

全疆已对公众开放的数百处文物古迹以及 78 家免费开放的国有博物馆、纪念馆，在意识形态领域尤其是在正确阐述新疆历史等方面所发挥的作用已得到普遍重视和认可。前一段时期，我们针对民族分裂主义及宗教极端主义有所抬头的形势，及时组织的《永远和祖国在一起》《新疆古代服饰展》等专题及流动展取得的良好效果和好评就证明了这一点。除了针对全疆各族群众开展的关于新疆的"三史"宣传教育外，新疆的文物还在国际舞台上为中华文明的传播、国家软实力的提升、新疆历史的正确阐述发挥着重要作用。结合改革开放以来的实践，我们有必要对新疆文物对外交流工作进行梳理和认识。

一、在海外举办的新疆文物展览就是我们正确阐述新疆历史的大讲堂

自德国地理学家李希霍芬 1877 年提出"丝绸之路"这个概念后，随之而来的各国探险家在新疆这块神奇的土地上陆续进行了一系列盗宝式的"考古发掘"，获得震惊世人的发现。这些考古发现一经刊布，随即引发了世界范围内的丝绸之路热。中华人民共和国成立后，随着新疆考古新发现的层出不穷以及联合国教科文组织对丝绸之路在人类文明发展贡献的高度评价，世界性的丝绸之路热有增无减，人们对几大文明融会贯通之处——遥远的新疆充满着好奇，渴望一睹这里出土的充满古代文明交流印记的珍稀文物。改革开放以来，新疆文物应邀在日本、美国、德国、英国、法国、韩国等国家以及中国台湾、香港地区举办过十余次较大规模的专题展，同时，还选调文物参加了近四十次由国家组织的在海外的联合展出。应该说，在上述国家和地区中有些是分裂势力较为活跃的地区，普通民众缺乏对新疆历史的了解，往往有一些偏颇的认识。但我们的文物展览却为众多的参观者打开了一扇了解新疆、认识新疆的窗口。汉代屯垦士卒的木简、唐代政府的日常公文、元代缉拿逃兵的告示无不以铁一般的事实宣示着自古以来中央政府对新疆的有效控制，而萨满巫师通天的法器、精美的佛教壁画与造像、草草写就的道教神符、摩尼教的写经、祆教的纳骨器、景教的墓碑等则讲述了新疆这块土地上宗教的演变、文化的一体多元以及包容与融合的开放心态。日本展创下近百万人参观的记录，法国展、美国展和中国台湾地区展，主要媒体头版的整版介绍充分彰显了新疆文物影响力的广度与深度。在配合展览的图录中，有我们的学者精心撰写的普及性文章；在当地举办的相关讲座上，有我们的专家以文物为据对新疆历史的正确宣讲。日本的楼兰热、德国的丝路热，以及美国的孩子将汉文文书的展厅当作学习中文的第二课堂等事例表明，与我们传统的略显生硬的外宣手段相比，文物的实物特性在宣传新疆历史方面的作用往往会起到令人惊喜的效果。毕竟，"拿给你看"比"说给你听"更为受众所容易接受。

二、 涉及新疆文物的国际学术会议及相关活动是我们掌握 新疆历史学术话语权的最好契机

　　学术研究的领先是我们正确宣传新疆历史的决胜权的关键。由于历史原因，长期以来关于新疆历史、考古研究的热点话题往往由国外学术机构所掌握，我们的专家学者在国际会议上往往是在做"命题作文"，形成被动局面。随着我国国力的不断增强、国际地位的日益提升以及文物保护事业的迅速发展，国内陆续涌现出一批在新疆历史、考古研究领域颇有造诣的学者，整合这些力量、为他们打造学术平台是我们逐渐掌握学术话语权的必由之路。得益于我国经济的高速发展、综合国力的不断提升以及我们国家在政府主导的体制上的优势，通过对国际学术会议、国际合作研究保护项目的长远谋划、精心组织，在新疆文物保护、考古研究领域，中国的学者逐渐掌握了话语权，成为国际讲台及合作项目中最活跃的主角。近年来，我们陆续举办"汉唐西域考古：尼雅—丹丹乌里克国际学术研讨会""中日小河墓地环境及动植物合作研究项目成果交流会""吐鲁番学国际学术研讨会暨欧亚游牧民族的起源与迁徙国际学术研讨会""汉代西域考古与汉文化国际学术研讨会"等一系列国际学术研讨会，吸引了国内外学术界对新疆研究的关注，解决了一些我们所关心的学术问题，关键是我们成为了学术研究热点的命题人。尽管长期以来形成的西方学术界对新疆历史的偏见与谬误难以一时消除，但学术话语权的此长彼消会使我们在国际背景下正确阐述新疆历史的宣传工作更具战略定力、更有文化自信。

三、 与国际组织、境外媒体易形成良性互动是文物工作在 对外宣传工作中又一大特色

　　基于全世界对保护人类文化遗产的共同认识，在不同文化背景、不同意识形态既有合作又有冲突的当今世界，文物领域的对外交流与合作更具易于接受的一面。2005 年，因小泉参拜靖国神社造成中日关系紧张之后，僵持局面一时未能破解。本着孤立右翼政治家，团结日本广大民众

原则，相关上级单位批准我们应邀在日本举办大型丝绸之路文物展，时任中国驻日本使馆的王毅大使亲自出席开幕式，并对新疆文物展在国家外交大局中所起到的独特作用给以高度赞扬。2009年，在新疆分裂势力的鼓噪下，少数不明真相的国际组织及个人对喀什市老城区的改造提出异议，认为其影响了当地少数民族居住地的传统风貌，是对少数民族历史文化的一种破坏。针对上述不实偏见，我们邀请联合国教科文组织驻京代表处官员一行前往喀什进行了实地调研。我们通过对我国"文物保护与经济社会发展两利原则"的细致说明，并经现场考察、走访群众、交流座谈等多种方式，赢得了联合国教科文组织对喀什老城区改造项目的高度肯定。到访的教科文组织官员表示：喀什老城区改造项目符合国际惯例，很多经验是值得国际同行借鉴的，将会通过联合国教科文组织这一国际平台，向世界介绍喀什老城区改造经验，让更多的国际同行认识了解中国政府在改善少数民族地区居民生存条件、保护历史文化街区中所做的贡献。具有重大国际影响的联合国教科文组织的这一表态，对于消除相关人士因对该项目误解而造成的不利影响起到了十分积极的作用，维护了我国作为文化遗产大国、重视少数民族文化遗产保护的国际形象。借助海外民众对丝绸之路的向往，通过文物古迹向海外媒体正确介绍新疆历史一直是文物发挥宣传教育作用的另一项职能。乌鲁木齐"7·5"事件，在国际上造成的负面影响较大，来新疆的外国游客急剧减少。为了如实向世人宣传新疆的过去与现在，我们配合相关国家的媒体来疆拍摄大型纪录片如《玄奘之路》等介绍丝路古迹、民族风情的相关节目，向摄制组积极推荐文物景点，提供相关历史资料。一些节目播出后，电视台的收视调查显示，纪录片中新疆各族人民祥和的生活场景和众多得到妥善保护、管理的文物古迹让很多人重拾来疆的愿望。

四、丝绸之路经济带战略构想下新疆文物对外交流工作使命重大

2013年9月，习近平主席在哈萨克斯坦纳扎尔巴耶夫大学演讲时指出：

"千百年来，在这条古老的丝绸之路上，各国人民共同谱写千古传诵的友好篇章。两千多年的交往历史证明，只要坚持团结互信、平等互利、包容互鉴、合作共赢，不同种族、不同信仰、不同文化背景的国家，完全可以共享和平、共同发展。这是古丝绸之路留给我们的宝贵启示。"在当今世界格局下，习总书记这一战略的提出对我国及中亚、西亚乃至欧洲的影响之深远毋须赘言。既然丝绸之路经济带是由"丝绸之路"这个文化概念引申而出的，对古老的"丝绸之路"的研究和诠释必然关系重大。中国新疆与中亚地区相邻，有着漫长的共同边界，一些民族跨境而居。通过丝绸之路，两地的民族、宗教、文化自古以来就有着千丝万缕的关系，这种联系在各自的文化遗产中都能得到印证。因此，中国新疆与中亚古代文明的研究往往需要借助于彼此的资料。同时，文化遗产保护研究的水平高低还代表着一个国家的文化软实力，关系到民族自豪感和文化向心力。通过我们与周边国家文物领域的交流合作，从历史的视角阐述，正是有了丝绸之路包容开放、兼容并蓄的精神，才造就了古代丝绸之路沿线文明的辉煌，以史为鉴，从而使相关国家地区的民众由对历史的正确认识自觉产生亲近与信任，对当今丝绸之路经济带的建设抱有更加积极的态度。2014 年 7 月，中、哈、吉三国联合申报"丝绸之路：长安—天山廊道路网"项目成功，列入世界文化遗产名录，被认为是对习总书记战略构想的积极回应与支持，得到三国领导人的高度重视。新疆有六处遗产地荣登名录（见图 1），充分证明了新疆文化遗产的地位及其重要性，表明了联合国教科文组织对新疆文化遗产保护工作的充分认可。另一项令人欣慰的成果是在联合国教科文组织的正式文件中通过对申遗点的描述，对历代中原王朝对西域的有效管辖及对丝绸之路的畅通所做出的贡献给予了正面肯定。

五、几点建议

尽管文物对外交流工作在对外正确阐述新疆历史方面发挥着越来越重要的作用，我们认为在以下几方面还需得到更多的支持：

1. 高位推动、整体规划

目前，新疆文物对外交流合作工作还未完全与国家外交大政方针以及自

图 1　新疆六处世界文化遗产

治区外宣工作重点完全同步合拍，缺乏对未来一个较长时期明确的指导思想和分步骤实施的规划。相关部门间的信息共享渠道也不够畅通，使得文物对外交流合作在外宣工作中的作用难以最大化。应该由高位推动，制定相关规划，建立沟通平台，项目落实到位。

2. 保障项目经费支持，主动开展工作

受经费制约，目前对外文物展览这一有效正面宣传新疆的工作绝大多数为被动行为，即受外方之邀，由外方支付相关经费。在北欧、中亚、土耳其、澳大利亚、德国慕尼黑、加拿大多伦多等海外少数民族侨民相对较多的国家及地区，"东突"分子常常在此造势，恶意歪曲新疆历史与现状，而我们却因经费限制，尚未主动举办过新疆文物展。应该设立专项，有计划分步骤在上述地区开展文物外展工作；同时，根据我们的研究及宣传之需，定期召开国际学术会议，引导学术热点，掌握话语权。

3. 整合相关力量，加强对中亚的历史考古研究工作

鉴于新疆在丝绸之路经济带建设中的重要作用，以及新疆所具有的区位、历史、文化、民族、语言、宗教等诸多方面的先天优势条件，加强对中亚的历史考古研究工作责无旁贷，刻不容缓。目前，新疆乃至全国在此方面的研究力量尚未得到有效整合，希望国家在丝绸之路经济带建设规划中，提出针对中亚历史考古工作相关计划，整合相关力量，作为文化科技中心建设重要组成部分，支持在新疆成立中亚历史考古的相关研究基地、中心。

4. 重视人才培养

文物对外交流工作是一项政策性、专业性要求很高的工作。需要熟悉国家外事政策、具备一定的专业知识、熟练运用外语以及当前国际上文物保护相关准则理念等的人员队伍。新疆在这方面还有所欠缺，需要通过重点培养，走出去、请进来，不求为我所有，但求为我所用等方式尽快解决人才瓶颈问题。

新疆文物数字保护
——丝路文明的虚拟重现与创新传播

□鲁东明

浙江大学计算机学院

一、新疆文物与数字保护

新疆在历史上，曾是古代丝绸之路的中枢，闻名世界的丝绸之路贯穿新疆全境，东西方多个文明体系在此汇聚交融。新疆地域辽阔，多民族聚居，多种文化荟萃。在漫长的历史长河中，新疆各族人民共同创造了辉煌璀璨的优秀文化，留下了大量弥足珍贵的文化遗产。根据新疆文物保护网，新疆目前已公布了七批国家文物保护单位与六批自治区文物保护单位，总数约有113处国家文物保护单位以及374处自治区文物保护单位。国务院第三次全国文物普查领导小组办公室于2011年4月19日发出《关于核定新疆维吾尔自治区第三次全国文物普查登记不可移动文物的函》，新疆维吾尔自治区共调查登记有不可移动文物9545处，其中古遗址2991处、古墓葬4555处、古建筑172处、石窟寺及石刻555处、近现代重要史迹及代表性建筑1253处、其他19处。

新疆文化蕴含着丰富的历史价值、文化价值、艺术价值、科学价值等。楼兰古城、尼雅遗址、交河故城、克孜尔石窟、苏巴什佛寺，如明珠般撒落在古老的丝绸之路沿线，述说着东西方文化交流和商贸往来的魅力；艾提尕尔清真寺、北庭西大寺、哈密回王墓、阿巴和加麻扎、昭苏圣佑庙等镶嵌天山南北，显示着多民族、多宗教和多元文化的交流与融合；长城烽燧、昭苏格登碑宛若不朽的精神记忆，反映着新疆各族人民世代维护祖国统一的坚定信念；吐鲁番坎儿井、屯垦戍边、钻井油田等大批文物遗迹，展现着各族人民建设美好家园的历史长卷。

新疆文物蕴含的价值信息具有隐式性、意会性、关联性等特点。其表现在：抢救和保护文献记录，使人类的记忆更加完整；能为一种已消逝的文明或文化传统提供一种独特的或至少是特殊的见证；可作为一种建筑或建筑群或景观的杰出范例，展示人类历史上一个（或几个）重要阶段；可作为一种独特的艺术成就，呈现人类历史重要阶段的建筑类型，或者建筑及技术的组合；可呈现有关现存或者已经消失的文化传统、文明的独特或稀有之证据。

新疆文物价值载体（本体）的脆弱性、分散性和濒危性为其价值发掘利用带来了困难性、复杂性和迫切性。新疆地域十分辽阔，众多的文物散布在戈壁沙漠之中，远离居民点，这给文物保护带来极大不便。即便是人力所及之处，随着时间的流逝，自然的侵害依然无法阻挡，加之环境恶化等自然和人为因素的影响，大量不可再生的古迹遗址受到严重损毁破坏，许多珍贵而重要的文物已危在旦夕、濒临毁损湮灭。文物安全形势依然严峻，盗掘古遗址、古墓葬的违法犯罪活动猖獗，致使大量古迹遗址遭到严重破坏。

文物数字保护利用数字技术为传统保护手段带来突破，从文物的发掘、保护、研究与展示的各个环节对文物保护工作进行辅助，通过数字化的手段更全面地记录文物的信息，永久地记录下文物的当前状态，并基于文物的数字模型对保护、研究和展示提供辅助支持和新的手段。文物数字保护是以信息学科为基础，在文物保护、考古学、博物馆学、材料学、艺术设计、文献出版等综合学科交叉的领域，汇聚多学科力量解决文物保护的实际问题，发掘文物本体所蕴含的重大价值。它不仅能进行文物数字化记录，并且能够承担起对文物所含信息的价值进行科学认知、发掘、继承与保护的重任，同时为文物本体保护技术的发展提供强有力的支持。

文物数字保护拓展了文物本体与价值保护的内涵与外延，正形成一系列新理念、新手段、新内涵、新形式。通过监测感知、大数据分析、高保真采集、云服务平台、三维重建、文献采集等手段，获取文物相关的环境数据、本体数据及其价值信息，以历史文献、文物资源库、文物知识库、数字档案、数字展览、电子出版物等多层面呈现形式，充分反映文物本体与价值的预防性保护、原真记忆、虚拟重建、价值挖掘以及创新性传播等理念。

在文物数字保护技术的支撑下，通过数字博物馆、新媒体、影视、动画等形式对古代文明进行虚拟重现；通过手机、社交媒体、数字展览等媒介进行创新传播。例如，虚拟重现技术对文化遗产保护和旅游的和谐发展做出了最大、最直接的贡献，由于时间和保安等方面的限制，游客即使在实地也无法看到文化遗产中的全部内容，利用虚拟重现就能弥补这一不足，甚至能够带领游客穿越时空，看到千年以前的文化遗址盛况。基于虚拟重现技术的虚拟旅游能为旅游开发带来新的表现形式，利用网络化的虚拟重现能够更好地宣传文化遗产，现场的虚拟展示则能够带给用户更丰富的交互体验。

数字技术可以"原真"记忆文物本体承载的多维价值信息。文物本体承载的历史价值、文化价值、艺术价值以及科技价值等，可经由 GIS（Geographic Information System）、3D 模型、数字影像、高光谱数据等数字技术，精确记录文物本体的空间、形状、颜色、材质、演变等信息，永久作为一份"原真"的记忆留存、传承。

数字技术可突破文物本体时空局限来关联组合、融合创新"文化基因"。例如，对新疆壁画文化元素中火焰纹（宝珠火焰纹、背光火焰纹以及其他火焰纹）的应用，可利用正负的火纹交错而出现的连绵不断的效果，将火焰重组，加强对比变化，用于纤维艺术的图案创作，亦可用于文化产业周边产品的设计。

二、新疆文物数字采集、感知与丝路文明虚拟重现

文物数字采集即指通过使用高精度三维数字化获取设备、高保真数字化采集系统、高保真壁画数字化获取系统、数字化扫描系统等设备，将文物本体的当前状态转化为计算机中的数据；数字感知则是指对文物进行持续的监测，可感知或获取文物的环境数据、本体数据及价值数据。文物数字采集与感知技术的发展，为文物本体的预防性保护及文物价值的"原真"、"永久性"保护奠定了坚实的基础。

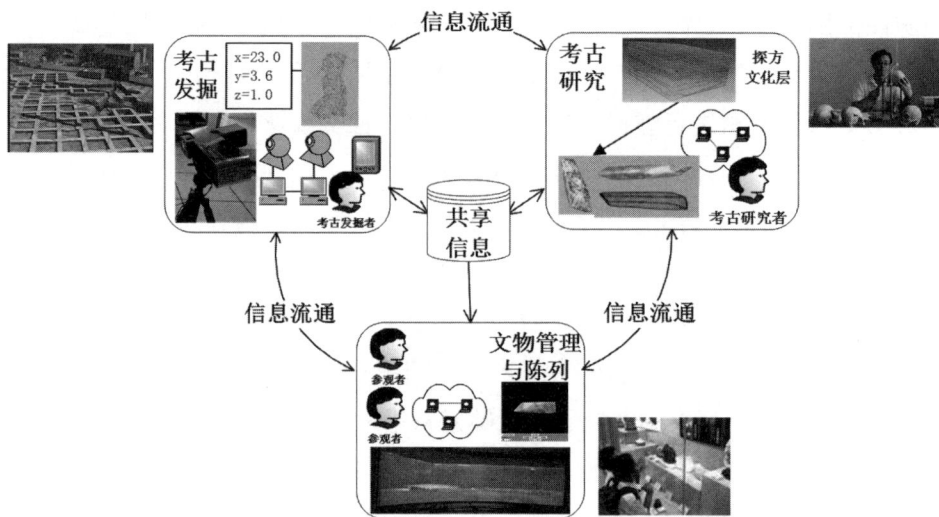

图1　文物数字采集与应用技术应用框架

　　文物所处的大环境和微环境状态是影响文物本体保存状态的主要原因之一。通过数字技术可感知或获取文物环境数据。文物环境数据可分文物大环境数据和文物微环境数据两个方面：文物大环境的数据包括文物所在区域的风速风向、降雨量、大气温湿度、总辐射、风沙降尘等气象数据，地表水位、流速、流量、污染物等水文数据，地下水位、水温、污染物等地下水数据；文物微环境数据包括文物本体所在区域的温湿度、二氧化碳气体和有机无机污染气体浓度、光照强度、紫外辐射强度、游客流量数据等。

　　通过数字技术也可感知多种文物本体数据，包括文物本体的图像、颜色、三维结构等外观数据，加速度、倾角、震动、位移、应力等机械特性数据，含盐量、含水量等内部特性数据等，进而可以分析推算出文物本体的结构稳定性状态、病害发展状态等关键信息。

　　文物本体所承载的多维价值信息通过数字技术的感知或获取，得到发掘和彰显，借助创新传播平台展示在世人面前。例如，可通过 GIS 技术揭示文物空间分布规律，支持大型遗址发展演变过程等研究；通过建立 3D 模型揭示文物形制细节，支持文物制造工艺、考古断代等研究；通过数字影像技术揭示文物颜色与纹理细节，支持绘画艺术、书法、艺术史等研究；通过高光谱数据揭示文物材质属性，支持颜料分析、冶金考古、生物考古等研究；通过传感监测技术揭示文物老化演变规律，支持文物保护材料与工艺、虚拟复原等研究。

通过对文物环境数据和文物本体数据的感知与分析，可以获取环境因素对文物本体病害发展的影响模型，进而为采取有效的文物本体预防性保护手段提供关键依据。例如，在石窟寺文物预防性保护工作中，建立大环境和洞窟微环境监测系统，实现对洞窟微环境数据的连续实时采集，建立微环境变化定量模型，从而可以模拟与预测洞窟内微环境变化趋势。进而通过对洞窟游客流量的监测和对游客承载量的研究，结合洞窟微环境预测模型，实时生成游客游览计划，建立游客分布控制执行系统，优化游客参观的游线，有效控制环境风险较大的洞窟内的游客数量；通过进行微环境因素对壁画影响的研究，建立微环境实时控制系统，安装微环境智能调节装置，稳定窟内微环境，降低壁画病害风险。同时，将石窟寺文物本体的预防性保护技术体系与石窟寺保护管理和开放管理互动（维修决策、开放决策、应急指挥、学术研究），构建监测数据展示系统（显示—分析—报警—管理—集成），建立数据采集服务平台（异构数据存储、访问权限控制、事件检测），强化基础设施建设。面对文物本体面临的各类风险，以最低的成本将风险对遗址的影响降低到最小，最终达到对文物本体进行预防性保护的目的。

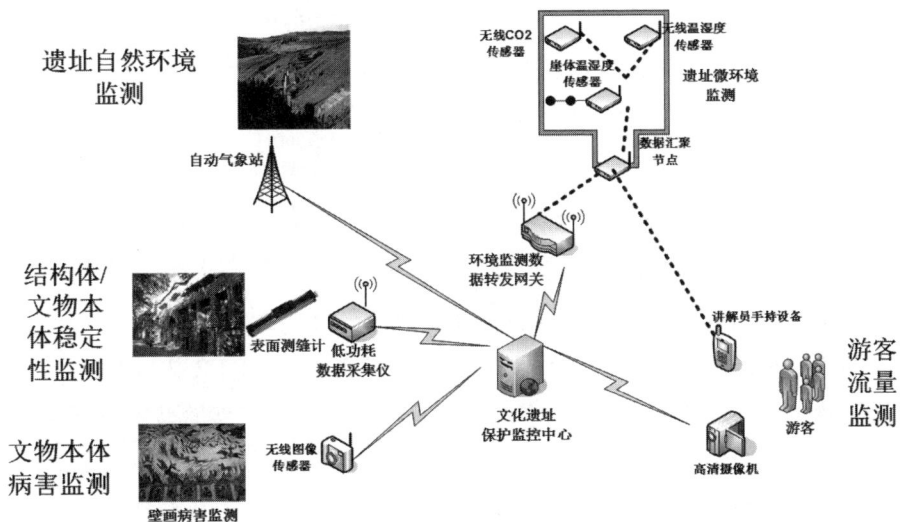

图 2　文化遗址预防性保护体系框架（以莫高窟为例）

图 3 敦煌莫高窟监测预警中心

采集数据用于文物价值的"原真"、"永久性"保护。通过古遗址航拍测绘、壁画原真图像扫描拍摄、碑刻 3D 数字记录、石窟寺 3D 数字记录、佛教造像 3D 数字记录、古建筑 3D 复制等方式,采集文物本体数据用于文物多维价值信息的"原真"、"永久性"保护。

虚拟重现是对文物本体数字化全真重现、是遵循史实的数字化真实修复、是对古代文明艺术虚拟化大场景的重现。它是对大到文明带、遗址区、遗存点,小到文物器物的"多个尺度"虚拟重现;是对文化遗产的空间分布、时间跨度、语义关联、主题演绎等"多个维度"的虚拟重现。

古代文明资源库成为研究理解文物的一个窗口。在文物知识体系所定义的文物知识成分基础上,针对文本、图像、视频、三维模型等不同种类的文物数据特点,研究并测试文物知识数据分析技术与工具以及文物知识获取方法和软件工具;根据建立的文物知识体系和表达规范对文物资源进行知识高效标引,形成文物知识的组织关联。基于前面两个阶段的研究,实现对文物的深层知识挖掘、知识推理，以及知识补全、更新和扩充，构建器物、织物、建筑、壁画等中华文物在造型、结构、图饰等方面所蕴含的历史、艺术和文化元素的文物本体知识库，打通与文物素材库的接口。

三、新疆文物价值发掘与丝路文化创新传播

对新疆文物的价值发掘，其最终目的是以保护为本。文化遗产是由自然、文化诸多要素构成的复杂综合体，造就了丰富的、多层次的价值体系。通过数字化技术，梳理文化遗产的要素类型，研究文化遗产价值体系，究其实是为了对文化遗产进行保护。为了实现这一目的，需要整合计算机技术、建筑学、博物馆学、历史学、心理学、传播学等多学科知识和研究方法，多学科协同发展。基于数字技术的文化遗产的内容整理，本质上是在专家本身知识框架的基础上进行对文化遗产相关的内容进行采集、整理、加工、利用。构建专业的文物数据库和知识库是文化遗产深入研究的必然趋势，而且非常可行。这也是把人文学科研究成果与其他学科连接起来非常核心的、基础的方向。而文化遗产研究涉及的学科种类多、研究面广，在人力物力有限的情况下，数字资源知识库建设的方向和内容一定是与应用方向紧密相关的。同时，可以使用计算机技术应用新的知识关联技术，来快速地实现知识重组，以达到研究、应用的目的。

价值发掘让隐性新疆文物信息得到显现。隐性文物信息是很难从文物本

图 4　新疆博物馆文物高保真数字化结果

体直接感知和获取的，通过对文物的价值发掘，能够使更深层次的文物本体及其相关信息得到显现。

价值发掘让分散新疆文物信息得到整合。以质地、形态、颜色、纹饰、图案等将文物信息进行整合；以年代、产生的地点、出土地点等将文物信息进行整合；以功用、使用方式、加工方式、工艺水平、艺术审美等将文物信息进行整合；以重要历史事件、著名历史人物、重大社会变革等将文物信息进行整合；以社会属性、科学文化属性等将文物信息进行整合。

2013 年 12 月，习近平总书记在中央经济工作会议上指出，推进"丝绸之路经济带"建设，抓紧制定战略规划，加强基础设施互联互通建设。"丝路文明"博大精深，源远流长，不仅涉及广阔的时空地域，也关系到整个东西方文化体系的交流融合。这就决定了对于"丝路文明"的研究，必然是具有开放性、综合性的跨学科研究，涵盖了诸如文献学、历史学、宗教学、民族学、考古学、地理学、社会学、经济学、政治学、信息科学等众多领域。新疆作为陆上丝绸之路的中枢，新疆文物知识库的打造，成为对接区域经济、社会、文化发展的桥梁。

丝路文化创新传播是指通过对丝路文化的内容挖掘与形式创新，整合各种传播方式，彰显丝路文化的独有性、独特性及其在全球文化与生态系统景观里的引领价值。

丝路文化的传播早期是以石雕、石刻、石像、金银玉器等时间偏向媒介为主，经过发展，转而以纸张、书画、印刷品等空间偏向媒介为主。时至今日，随着文物价值创新传播渠道多样化发展和不断拓宽，文物价值经由数字呈现、展览教育、整理出版、影视创作、旅游服务、产品设计等创新媒介得以传播展示。以数字文物资源库为基础、数字文物利用为核心，发挥了文物在基础教育、高等教育、社会教育中的作用；将数字文博和知识纳入教育培训内容，使辅助教学更生动、学习知识更有趣，充分发挥文物的教育功能。制作数字出版物，支持个性化的在线出版。数字文物资源库中相关图文声像、历史背景等元素，将虚拟参观、虚拟使用和实地参观集合成为一个整体，有机实现多维度价值信息的表达，并将虚拟显示技术和虚拟交互技术融合在一起，构建了一个栩栩如生的虚拟旅游平台。

依托创新传播，丝路文化融入人们的日常学习、娱乐、生活中，丝路文化及文物价值得到了解、理解、认同。以丝绸之路文化和敦煌壁画为素材创作的大型民族舞剧《丝路花雨》，1979 年诞生于中国西北的兰州，搬上舞台30 多年来，演出足迹遍及中国大江南北，还作为"文化使者"先后到世界多个国家和地区进行访问演出，深受好评，被誉为"中国民族舞剧的典范"。以丝路为主题的文娱活动、体育竞技有"玄奘之路"戈壁挑战赛、"敦煌杯"全国桥牌邀请赛、"丝绸之路"汽车越野拉力赛、"喜德盛杯"丝绸之路自行车拉力赛等。2014 年，第二届新疆丝绸之路文化创意产业博览会，以"丝绸之路经济带核心区文化力量"为主题，进一步推动新疆文化产业繁荣发展。内容涉及文化艺术、新闻出版、电影电视、网络动漫、手机游戏、广告会展、艺术品交易、创意设计、旅游休闲等行业。重点展示新疆特色文化、民族风情、城市形象、发展愿景和丝绸之路沿线国际文化。

2008 年奥运奖牌，中国人把三种颜色的玉器分别镶在了金、银、铜牌上，体现了玉文化的创新价值，由此带来的新疆和田玉振兴效应。2013 年，"中国西域·丝路传奇"展在日本长崎孔子庙中国历代博物馆开幕，"光照大千——丝绸之路的佛教艺术展"在中国台湾佛光山展出。新疆文物出国办展，相继在北美、日本、韩国、马来西亚、德国、英国等十几个国家和地区展出，在传播新疆丝绸之路文化的同时，有力地拉动了新疆的旅游经济。以日本为例，据日本旅游部门给中国新疆文物局提供的数据显示：新疆文物展的第二年，将旅游目的地选在中国新疆的日本游客就翻了一番。

结　语

通过数字化技术对新疆地下的文物、博物馆藏的文物以及地上的文献资料进行文物数据的采集和感知，对新疆文物采取预防性保护，发掘新疆文物所蕴含的深层价值，虚拟重现丝路文明的璀璨辉煌；进而构建新疆文物知识库，涉及人文、历史、文化、宗教等相关专业，使其成为研究理解新疆文物的一个窗口；打造文物创新传播渠道，利用展览教育、整理出版、影视创作、旅游服务、产品设计等介质，向世人展示新疆文物的深层价值。

东方学视野下的"丝绸之路"

□刘进宝

浙江大学"一带一路"合作与发展协同创新中心

自从萨义德的《东方学》出版以来，东方学成了一门世界关注的学问。通览萨义德的《东方学》，可以看出他所谓的"东方学"是指西方"帝国主义"者在文字表述中用他们的眼光加诸欧洲人眼中被侵略和被殖民地区之东方，主要是埃及和印度。后来"东方学"的范围不断扩大，逐渐包含了亚洲、北非。东方学是一个包含范围很广，没有系统、没有体系，缺乏理论建构的学科。与此相关的"丝绸之路""敦煌学""西北史地学"等，既是在"东方学"的背景下产生的，又与"东方学"有许多相似之处。

一、张骞通西域

由于西域地处连接中国与欧洲的"丝绸之路"要冲，西域研究与"丝绸之路"的研究也就无法截然分开，历来研究中西交通史、中外关系史和"丝绸之路"也就离不开对西域的探讨。

西域是一个与历史有密切联系的地理名词，这里的"西"是指在中国的西方。一般来说，西域有广狭二义。广义的西域包括今天中国的新疆、独联体的中亚、阿富汗、伊朗、阿拉伯国家，以及更远的地方。甚至连印度、巴基斯坦、孟加拉国、尼泊尔、斯里兰卡、不丹、锡金、马尔代夫以及非洲东部的一些国家和地区，都包括在里面。这从唐代玄奘的《大唐西域记》就可得到证明。狭义的西域，就是指中国新疆一带。

"西域"一名，在《史记》卷一一一《卫将军骠骑列传》中就已出现，占据河西的匈奴浑邪王等降汉后，汉武帝在褒奖霍去病的谕旨中就有"骠骑将军去病率师攻匈奴西域王浑邪，王及厥众萌咸相犇"①之句，这里的"匈奴西域王浑邪"，就是指管辖匈奴西域地区的浑邪王。从汉匈之间的战争和当时匈奴的历史推测，这里所说的匈奴之西域，很可能就是河西地区，即今天甘肃河西走廊。

《史记》中出现的"西域"，可能并不是一般所说的西域地区。后世所说的"西域"即新疆南疆地区，在当时称为"西北国"，如《史记》卷一二三《大宛列传》说汉"初置酒泉郡以通西北国"。当张骞去世后，"骞所遣使通大夏之属者皆颇与其人俱来，于是西北国始通于汉矣"。②"张骞通西域"，在当时称张骞通西北国。"通西域"是后来的说法。从现有史料可知，汉武帝以后，可能从汉宣帝任命郑吉为"西域都护"开始，才正式使用"西域"这个词。

在《汉书》、《后汉书》中就有了《西域列传》，其地理范围是西域三十六国："皆在匈奴之西，乌孙之南。南北有大山，中央有河，东西六千余里，南北千余里。东则接汉，阨以玉门、阳关，西则限以葱岭"。③这里的西域三十六国，都是指狭义的西域，其地理范围主要是今天新疆的南疆。因此，汉代的"西域"就是指今天新疆的南疆地区，也包括东疆的哈密和吐鲁番。而从玉门关、阳关（敦煌）到葱岭（帕米尔）正是今天所说的丝绸之路的中段，即我国的新疆地区。

在后来的正史中，或有西域传，或没有西域传，或有其他的名称，如《西戎传》等，如《旧唐书》有《西戎传》，《新唐书》则有《西域传》。虽然名称不同，但都有关于西域的记载，而且同一时代的史书所记载的地域和内容大体一致。历代正史《西域传》所叙述的西域地区，与"西域"的含义并不完全相同，因为各代对西域的理解和地域范围的认识并不一致。而且按照我国史书的书写传统，某传以某一人或某一问题冠名，同时在此传中也可以包含其他问题。从汉到唐，狭义的西域逐渐扩大，即汉代仅仅是指中国新疆的南疆和东疆的吐鲁番和哈密，唐代时已包括了今天新疆的大部分地区。清朝乾隆时，西域已被称作新疆，嘉庆时，新疆一名已经完全代替了西域。

---

① 《史记》，中华书局 1982 年版，第 2933 页。
② 《史记》，第 3169 页。
③ 《汉书》，中华书局 1962 年版，第 3871 页。

新旧《唐书》所记载的"西域"与《大唐西域记》一样，是广义的西域，其中就包括了天竺、波斯、大食等国。这与人们的地理眼光越来越扩大，中国与西域国家的关系越来越密切有关。①

交通起源于交换。早在张骞出使西域之前，中西之间就已经有了经济、文化的交流，丝绸之路就已经存在了。但从历史研究的需要出发，如果我们提取一个事件或年代，张骞出使西域在中西交通史上显然是一个标志性的事件。因此，学界一般将张骞出使西域作为丝绸之路开通的标志。也正是从这个意义上，司马迁在《史记》中将张骞通西域称为"张骞凿空"。南朝刘宋裴骃的《史记集解》认为，这就是张骞"开通西域道"。唐代司马贞的《史记索隐》案："谓西域险陇，本无道路，今凿空而通之也"。②

张骞出使西域的目的是为了劝说月氏东归以共同对付匈奴，但已在巴克特利亚（位于兴都库什和乌浒水之间）定居的月氏不愿东归。张骞的直接目的虽然没有达到，但他的出使却得到了一个意想不到的成果：使中国发现了欧洲。③

在《汉书》卷九六《西域传》中，就记载了汉代丝绸之路的走向，即"自玉门、阳关出西域有两道。从鄯善傍南山北，波河（师古曰：波河，循河也）

---

① 参见杨建新：《"西域"辩正》，原载《新疆大学学报》1981年第1期，后见《陇上学人文存·杨建新卷》，甘肃人民出版社2012年版；季羡林：《西域在文化交流中的地位》，见王岳川编：《季羡林学术精粹》第一卷《中国思想与跨文化卷》，山东友谊出版社2006年版；荣新江、文欣：《"西域"概念的变化与唐朝"边境"的西移——兼谈安西都护府在唐政治体系中的地位》，《北京大学学报》2012年第4期；徐文堪：《现代学术精品精读：西域研究卷》导言，上海人民出版社2014年版。

② 《史记》，第3169—3170页。陇：音e，指阻塞、阻隔；艰危。音ai，指险要之地；同"隘"。唐颜师古注《汉书》曰：隘：塞也。

③ 关于张骞的材料，除《史记》、《汉书》外，留存下来的很少。据清乾隆时期任职新疆伊犁等地的格琫额在其著作《伊江汇览》山川部分记载曾有《汉张骞碑》："惠远城之西南四百余里乱山之巅，茂林丰草，间有古石幢危立焉。披荆棘、履岩巉梯而登之，视其迹，历年久远，石性浸蚀，雕龙湮没，鲜花剥落，仅存二十四字，仿佛可识，其文曰：'去鸿钧以七五，远华西以八千，南达火藏，北接大宛。'盖张骞题也，笔锋活泼，飞舞可爱，诚古还耳。"（参见郭丽萍：《绝域与绝学：清代中叶西北史地学研究》，生活·读书·新知三联书店2007年版，第90页）徐松在《西域水道记》卷五记载："淖尔南岸山中，有旧碑，松公筠之初帅伊犁，遣协领德ム访之。其人摹其可辨者数字，曰'进鸿钧于七五，远华西以八千，南接火藏，北抵大宛。'土人名之曰《张骞碑》，而揭本不可得见。德ム今八十余，多遗忘，不能举其地。余三度寻觅，终莫能得。"（徐松著，朱玉麒整理：《西域水道记》，中华书局2005年版，第288页）徐松"三度寻觅，终莫能得"的《张骞碑》地点，应该是在热河（伊塞克湖），今吉尔吉斯斯坦境内。1938年，西北联大历史学系考古委员会曾对陕西城固的张骞墓进行了发掘，增修了墓道。次年，西北联大在张骞墓前竖立发掘碑，碑刻由吴世昌撰稿、黎锦熙教授书丹《增修汉博望侯张公墓道碑记》，碑阴由许寿裳教授书写《汉书·张骞传》全文，参阅丁虎生：《西北联大西迁办学始末》，《丝之路》2014年第20期；西北大学西北联大研究所编：《西北联大史料汇编》，西北大学出版社2012年版，第281—282、286页。

西行至莎车，为南道；南道西逾葱岭则出大月氏、安息。自车师前王廷随北山（即天山），波河西行至疏勒，为北道；北道西逾葱岭则出大宛、康居、奄蔡焉（耆）。"①从长安开始，经河西走廊，再从敦煌的阳关、玉门关出发，就进入了西域的南北两道，经葱岭（帕米尔高原）西去到达中亚、欧洲，就是古代中西交通的基本路线。

二、"丝绸之路"的提出

19世纪初，在以法、英为主的西方学术界，出现了一门新的学科——东方学。东方学及其有关的学科之所以能够在19世纪大放异彩，是因为历史比较语言学是当时西方学术的主流。对各种新发现的东方文献进行比较研究和解读，恰是当时世界学术的新潮流。东方学是在西方殖民主义向东方侵略过程中逐渐形成、发展起来的。在其发展过程中，中国因受到了西方殖民主义的侵略，加之我国学者提倡"经世致用"之学，展开了有关问题的研究，如"西北史地研究"就是显著的一例。

随着西北史地学的兴起，与其有关的学科如敦煌学、丝绸之路学、吐鲁番学、藏学等也渐渐发展起来。但丝绸之路的提出或"丝路学"的产生与"西北史地学"不同，它是在近代中亚探险的背景下由西方学者提出的，"由西方学者开创、建立的丝路学研究，其丰富内涵和广阔外延，与同时期中国学者的西北史地之学具有根本的区别。"②西北史地学是我国学者面对边疆危机的"经世之用"之学，而丝绸之路的研究则主要是法、英、德等国的西方学者和日本学者，就是第一部以《丝绸之路》命名的著作也是瑞典探险家斯文赫定于1936年出版的。

（一）伊西多尔《帕提亚驿程志》

在张骞出使西域前，中西经济文化交往就已存在。当时在中国的输出物品中，最受西方人喜爱的是中国的丝绸，从而使西方以"丝"来称呼中国。

---

① 《汉书》，第3872页。
② 张克非：《中外学术界对丝绸之路的"发现"及其启示》，见郑炳林、尹伟先主编：《2010丝绸之路与西北历史文化学术讨论会论文集》，甘肃人民出版社2013年版，第81页。

古希腊、罗马人将"丝"字音译为"赛尔"（Ser），称中国为"赛里斯"（Seres），意为"丝国"。

早在公元前 1 世纪后期，罗马皇帝奥古斯都（前 27—14 年在位）欲确立在帕提亚（汉文史籍中的安息）和阿拉伯方面的支配权，想不穿越帕提亚领土直接与西汉、印度交易。为此，奥古斯都曾几次派遣探险队和军队去搜集情报。希腊地理学家伊西多尔等人便于公元前 25 年左右，被派遣调查波斯湾头。

伊西多尔的调查报告之一就是《帕提亚驿程志》（另外还有《帕提亚周游记》）。《帕提亚驿程志》是帕提亚波斯王朝东西交通的记载，即自美索不达米亚穿越伊朗高原北部到达中亚的主要交通道路。汉文史籍所载当时经安息（帕提亚）赴大秦（罗马帝国）的道路与伊西多尔《帕提亚驿程志》的记载有一些相同之处。《帕提亚驿程志》所描述的年代一般认为是在公元前 26 年之后，可能还采用了亚历山大和塞琉古时代的史料。[①]

亚历山大死后，他的将军们为争夺帝国而发生战争，其中塞琉古在大约公元前 300 年夺得了从爱琴海到印度河、从乌浒水到波斯湾的整个亚洲省。约 50 年后，作为一个文化混合体的塞琉古帝国崩溃。在东边，巴克特利亚的希腊总督宣布独立。几乎与此同时，帕提亚的伊朗总督也建立了自己的王朝。希腊人立刻杀过了兴都库什，至公元前 2 世纪已将印度河谷和旁遮普并入了自己的王国。[②]

（二）托勒密《地理志》

从公元 1 世纪开始，西方就出现了一些与赛里斯国有关的记录。其中最为可信的就是古希腊地理学家马利奴斯记录下的一条通往赛里斯国的道路，即从幼发拉底河渡口出发，向东前往赛里斯国的一条商路。这条商路途经一个叫"石塔"的中转站，最终到达赛里斯国都城赛拉（东汉首都洛阳）。关于"石塔"的位置，多数学者倾向于认为在今塔什库尔干附近。

---

① 参见余太山：《伊西多尔〈帕提亚驿程志〉译介》，见《早期丝绸之路文献研究》，上海人民出版社 2009 年版，第 124—144 页。
② 参见珍妮特·米斯基：《斯坦因考古与探险》，田卫疆等译，新疆美术摄影出版社 1992 年版，第 69—70 页。

公元 1 世纪后，生长于埃及的古希腊地理学家克劳德·托勒密（约98—168）撰写《地理志》时，依据马利奴斯的记录并有所修正，记载了自幼发拉底河流域至 Serica（丝国，即中国）的路线。其中提到了敦煌和洛阳。《地理志》所载 Serica 的范围。大致相当于今天中国的西部，具体说就包括新疆、西藏和部分甘肃地区。

马利奴斯和托勒密记录下来的这条为丝绸而前往丝国的商道，后来成为创造"丝绸之路"一词的基础。[①]

（三）裕尔《契丹及其通往那里的路》

16 世纪后期，欧洲资本主义势力兴起后，殖民主义不断向东方扩张，并将中国纳入它们的活动范围。另外，耶稣会在对抗新教改革运动失利后，也将传教活动转向东方。随着传教事业的大规模展开，欧洲对中国的认识不断扩大和深化。

从 17、18 世纪开始，基督教教士、外交家、商人、探险家、旅行家和学者不断来到中国等东方国家，在欧洲殖民主义对东方国家的军事、经济侵略中，还不断从事有关国家的文化研究，从而在欧洲形成了一门新的学问——东方学。

在欧洲东方学家中，英国东方学家亨利·裕尔的经历颇具典型。他1820 年 5 月 1 日出生于苏格兰，其父威廉·裕尔（1764—1839）曾是英国驻印度军队驻防孟加拉部队的一名少校军官，后来成为一名优秀的精通波斯文和阿拉伯文的教授，具有丰富的东方学知识。他的东方学经历和情调可能对其儿子的未来志趣有一定的影响。亨利·裕尔少年时代在爱丁堡中学读书，1837 年进入设在阿第斯康比的东印度公司辖下的军事学院学习，1839 年加入皇家工兵部队。1840 年被派往印度，开始了长达 22 年的东方军旅生涯。在印度服役期间，他广泛游历了印度次大陆和马来半岛，获得了详细而实际的东方地理知识。1862 年作为上校退役的亨利·裕尔，并没有进入相关的政府机关或研究机构，而是移居意大利西西里岛的首府巴勒莫，专心从事东

---

① 参见余太山：《托勒密〈地理志〉所见丝绸之路的记载》，见《早期丝绸之路文献研究》，第 145—164 页；王冀青：《"丝绸之路"是怎样提出的？》，《团结报》2014 年 7 月 10 日，第 7 版。

方学的研究。他的两部东方学名著——《契丹及其通往那里的路——中世纪中国闻见汇编》①和《马可波罗游记译注》就完成于居留巴勒莫时期（1863—1875）。1875年裕尔返回英国，在伦敦定居。裕尔除继续从事东方学研究外，也参加了一些政治和学术组织，如曾担任哈克路特学会主席多年，任印度议会议员（1875—1889）。1889年12月30日裕尔死于伦敦。

裕尔的《契丹及其通往那里的路》两卷本于1866年由哈克路特学会出版。1913—1915年，法国东方学家亨利·考迪埃（1849—1925）又对其进行了补充修订，加入了大量新的东方学研究成果，分为四卷出版。《契丹及其通往那里的路》汇集了古代西方有关中国的所有记载和译注，在摘录托勒密的《地理志》时，就披露了马利努斯所记赛里斯之路的全部信息。裕尔在《契丹及其通往那里的路》中虽然没有使用"丝绸之路"之类的词语，但他第一次对赛里斯之路即中国和通往中国之路进行了详细考证，为后来"丝绸之路"一词的出现奠定了基础。

1871年，裕尔还在伦敦出版了其东方学的另一著作《马可波罗游记译注》，该书被西方的东方学家认为是最好的注释本。通过《契丹及其通往那里的路》和《马可波罗游记译注》，裕尔基本完成了西方古代、中世纪所有主要学者、作家关于中国记载的搜集与译注。为了表彰裕尔在此领域的杰出贡献，英国皇家地理学会于1872年将该学会的最高奖——"奠基者"奖章授予他。他也被誉为中西交通史学科的奠基人。②

裕尔的著作出版后即受到许多欧洲东方学家的关注，夏德、伯希和、斯坦因、赫德逊、李约瑟等都加以引用。英国考古学家斯坦因读研究生期间，对其以后西域考察产生重要影响的两部著作就是中国唐代僧人玄奘的《大唐西域记》和意大利旅行家马可波罗的《马可波罗游记》。作为著名东方学家裕尔的东方学知识主要来自印度服役期间，因此，斯坦因特别崇拜裕尔的经历和学问，也特别希望去印度并通过印度到东方考察。

---

① 张绪山将其译作《东域纪程录丛——古代中国闻见录》，田卫疆等将其译作《前往契丹之路：中世纪有关中国资料辑录》，见珍妮特·米斯基：《斯坦因：考古与探险》，第35页；王冀青将其译为《中国和通往中国之路——中世纪关于中国的记载汇编》，见王冀青：《"丝绸之路"是怎样提出的？》。

② 参见张绪山：《亨利·裕尔与〈东域纪程录丛〉》，见裕尔撰：《东域纪程录丛——古代中国闻见录》译者引言，考迪埃修订、张绪山译，中华书局2008年版；王冀青：《"丝绸之路"是怎样提出的？》。

当斯坦因的学业结束时，英国东方学家亨利·罗林森向印度理事会提出，斯坦因可以充任旁遮普大学的注册员和刚刚建立的拉合尔东方学院的负责人。罗林森的提议得到了既是哈克路特学会主席和印度议会议员，又是著名东方学家的亨利·裕尔的认可，因此，这一提议很快生效并付诸实行。斯坦因便踏上了赴印度之路，并为以后的中亚考察奠定了基础。

裕尔的著作是斯坦因的行动指南和中亚探险的伙伴。作为斯坦因精神导师和中亚考察引路人的裕尔，斯坦因给予了充分的尊重和感激。1907年，斯坦因出版了第一次中亚考察后的考古报告——两卷本《古代和阗》。斯坦因将这本写给整个国际学术界的中亚探险报告献给了裕尔。他在书中写道：

> 本书是为纪念中亚历史地理早期旅行情况的伟大阐述者和拓荒者亨利·裕尔爵士而作。正是他的有关古代文物的报告引发了我的旅行，并且是我旅途中最好的指南。谨将此书献给他，以表达对这位学者、作家和男子汉最诚挚的敬意和钦佩。①

（四）李希霍芬《中国》

裕尔的《契丹及其通往那里的路》和《马可波罗游记译注》，不仅对斯坦因产生了重要影响，而且还影响了许多欧洲的东方学家，引起了他们对东方社会，尤其是中亚的探险热情，这其中就有德国地理学家费迪南·冯·李希霍芬（1833—1905）。

李希霍芬是德国地理学家、地质学家，近代中国地学研究先行者之一。他1856年毕业于柏林大学，获得博士学位。随后在奥地利和罗马尼亚进行地质研究；1860年到1862年，李希霍芬参与普鲁士政府组织的东亚考察团前往亚洲，考察团曾经到过亚洲的许多地方，如锡兰、日本、印尼、菲律宾、暹逻（泰国）、缅甸等。虽然这次李希霍芬未能进入战乱中的中国，但通过对中国周边亚洲地区的调查，使他对中国地理产生了浓厚兴趣。1863年到1868年，他在美国的加利福尼亚州等地从事地质勘查。当他看了裕尔的《契丹及其通往那里的路》后，更加激起了他研究中国地理的强烈愿望，想尽快实地考察《契丹及其通往那里的路》中所涉及的中西交通路线。

---

① 参见珍妮特·米斯基：《斯坦因：考古与探险》，第30页。

1868 年，李希霍芬在美国加利福尼亚银行的资助下到中国考察，到达上海后受英国商会委托，对中国地貌和地理首次进行了综合考察，足迹遍布中国大部分地区。

李希霍芬在陕西考察后，还计划进入甘肃河西走廊和新疆考察，但由于政治的干扰（主要是陕甘回民起义和阿古柏入侵）未能实现。作为一种安慰性的奖赏，欧洲学者将沿河西走廊南缘通往新疆的山脉，即甘州（甘肃张掖）到肃州（甘肃酒泉）之间的祁连山命名为"李希霍芬山"。

李希霍芬虽然未到甘肃、新疆等西北地区，但他在考察中提出了许多修建铁路的建议，其中就有沿古代丝绸之路修建铁路的计划：从自然条件以及商业的角度考虑，西安府—兰州府—肃州—哈密，然后分成南北两路，分别经天山南麓和天山北麓，进入中亚地区，而沿途哈密等地还分布着丰富的煤矿。他回国后继续研究这条路线，并在《中国》中提出了"丝绸之路"一词。①

1872 年返回德国后，李希霍芬出任柏林大学校长，当选为国际地理学会会长。致力于写作 5 卷本的《中国——亲身旅行和研究成果》，到去世前出版了第一、二、四卷，第三和第五卷是他去世后由其学生整理编辑而成，于1912 年全部出版。另外还有附图二册，按经纬线分幅编绘，地质图、地文图各占一半。其中第一卷于 1877 年在柏林出版。②

正是在 1877 年出版的《中国》第一卷中，李希霍芬根据裕尔《契丹及其通往那里的路》一书，再次研究了托勒密的《地理志》，并讨论了马利奴斯所记录的赛里斯之路。李希霍芬虽然未能进入新疆，但这丝毫没有影响他对新疆的关注与研究，《中国》第一卷的第一章就是"中亚"，即对新疆地理的宏观探讨。由于他对历史上西方和中国相互间的地理知识，有充分的了解并作了调查，"书中大量的对内陆亚洲的重点描述提供了丝绸之路这一概念发展形成的语境。"③

在李希霍芬众多学生之中，最出名的是瑞典探险家斯文赫定。关于李希霍芬书中所说"中亚"的划分，斯文赫定是这样总结的："李希霍芬把'中亚'

---

① 参见郭双林、董习：《李希霍芬与〈李希霍芬男爵书信集〉》，《史学月刊》2009 年第 11 期。
② 参见陶世龙：《李希霍芬在中国的地质地理考察》，《山东地质》1995 年第 2 期。
③ 丹尼尔·C.沃：《李希霍芬的"丝绸之路"：通往一个概念的考古学》，蒋小莉译，见朱玉麒主编：《西域文史》第七辑，科学出版社 2012 年版，第 298 页。

只限指那些相对于亚洲周边区域的中央地区。他从通过研究河流比山脉能获取更多的认识这一事实出发，用水文学来决定他的亚洲区域的界线。他把那些内陆河流地区与入海外流河流地区加以区分。这样一来，李希霍芬就划分开下列3个大的自然地理区域：（1）中亚细亚，它南以青藏高原为界，北以阿尔泰山为界，西以帕米尔分水岭为界，东以中国河流分水岭和兴安岭为界；（2）周边地区，是指所有那些河流流入大洋或流入里海或流入咸海的地区；（3）过渡地带，位于前两者之间，即那些早先河流有出口而现已变成内陆河流地区或者是相反变化的地区”。①

李希霍芬在此书中首次提出了“丝绸之路”一名，同时，《中国》第一卷中李希霍芬绘制的大部分地图都是以塔里木盆地为中心的，其中有一幅总的“中亚地图”，此地图的文字说明是：“旨在说明公元前128年至公元150年间交通关系概况的中亚地图。费迪南·冯·李希霍芬绘制于1876年”。这幅“中亚地图”可以说就是最早的一幅丝绸之路图。

李希霍芬对丝绸之路的叙述和记载，其材料来源主要是文本而非考古。也就是说，主要是利用前人的记述，尤其是亨利·裕尔的《契丹及其通往那里的路》。为此，李希霍芬还在他的柏林寓所中恭敬地立着裕尔的半身雕像。②我们指出李希霍芬提出“丝绸之路”一词时，主要来自对裕尔成果的吸收，并不能否认李希霍芬创造性的贡献，反而更能衬托出他的高尚与伟大。

李希霍芬《中国》一书的出版，震动了西方的东方学界和地理学界。为了表彰其杰出贡献，英国皇家地理学会于1878年将该学会的最高奖——“奠基者”奖章授予他。也是因为《中国》这部巨著，李希霍芬被公认为19世纪最伟大的中国地理学家。③

著名地质学家刘东生院士专门研究了李希霍芬提出的“中亚人与环境”问题，并探讨了李希霍芬提出“丝绸之路”的地学背景：“李希霍芬虽然没有到过中亚和中国的西部，但他对中亚的研究是很有前瞻性的。他把贯穿欧亚5000多公里的古希腊人称为seres（即丝）的丝绸之国（指中国）在西部的贸

① 斯文赫定：《斐迪南·冯·李希霍芬男爵》，英文稿原载《中国地质学会会志》1933年第12期；中文稿由潘云唐译、刘东生校，见《第四纪研究》2005年第4期。
② 参见丹尼尔·C.沃：《李希霍芬的“丝绸之路”：通往一个概念的考古学》，见朱玉麒主编：《西域文史》第七辑，第300页。
③ 参见王冀青：《“丝绸之路”是怎样提出的？》。

易、文化交流的途径与东方中国张骞通西域所打开的贸易和文化交流的途径统一起来。可贵的是，他还按空间和时间变化的序列，对这一条通道上的自然环境及其变化，从禹贡时期，到秦、汉、唐、宋、元、明、清（李希霍芬生活的时代）各个时代，分别讨论了人与环境的关系。所有这些综合起来，李希霍芬把东部的和西部的交通与交流之路称为'丝绸之路'。"①

三、"东方学"背景下的"丝绸之路"

以上我们简单介绍了丝绸之路的出现和"丝绸之路"提出的过程，由此我们得知，"丝绸之路"名称出现的背景，是西方殖民主义文化的产物，即西方对东方在军事占领、经济掠夺的同时所进行的文化侵略，也正是萨义德在《东方学》中所论述的西方"帝国主义"者在文字表述中用他们的眼光加诸欧洲人眼中被侵略和被殖民地区之东方文化。当然，萨义德的《东方学》主要论述的是埃及和印度，还没有涉及中国西北和今天的中亚地区。而"丝绸之路原本只是对亚洲东部和中部的历史毫无所知的欧洲人，在经过实地考察之后从大量的历史遗存中了解到的。"自从欧洲学术界提出丝绸之路之后，就"想要指明东方文明源自西方。当时欧洲人设计的西方文明框架，是以地中海世界为主体的一大文化圈，将两河流域和伊朗高原的古文明一一囊括入内，并称其为'中东'，剩下的东亚（欧洲人称为'远东'）和中亚（欧洲人称为'突厥斯坦'），无非是西方文明东扩的支脉而已"②。

萨义德在《东方学》中曾说："东方学在殖民统治之前就为其进行了合理论证，而不是在殖民统治之后。"当然这种论证"离不开无数的航海探险与地理发现；离不开贸易和战争。"更离不开18世纪中叶开始的东西关系的重要特征，即"在东方与欧洲的关系中，欧洲总是处于强力地位，更不必说优势地位"，他们认为"东方是非理性的，堕落的，幼稚的，'不正常的'；而欧洲则是理性的，贞洁的，成熟的，'正常的'。"①

---

① 刘东生：《李希霍芬和"中亚人与环境"》，《第四纪研究》2005年第4期。
② 沈福伟：《丝绸之路与丝绸之路学研究》，见《丝绸之路研究丛书总序》，新疆人民出版社2010年版。
① 萨义德：《东方学》，王宇根译，生活·读书·新知三联书店1999年版，第49页。

如 1798 年 7 月，拿破仑远征埃及，揭开了古埃及文字之谜，唤起了欧洲人对古代埃及的兴趣，从而打开了古埃及历史文化宝库的大门。1822 年 9 月 29 日，法国学者商博良在巴黎科学院召开的重要会议上宣布罗塞达石碑象形文字释读成功。欧洲许多国家的著名学者都出席了这次会议，这一天是公认的一门新兴学科——埃及学的诞生日。[②]

印度学的出现也有相同的背景。由于印度是英国的殖民地，所以印度学在英国发展最早，其最初的研究者有印度总督哈斯汀斯（1732—1818）、殖民官员威尔金斯（1749—1836）、孟加拉最高法院判事琼斯（1746—1794）等。尤其是琼斯派强调从实地踏查和语言学习入手研究印度，对早期印度学的发展有很大影响。[③]

在 18 世纪末 19 世纪初西方的"东方学"兴起的时候，我国正面临着清季以来的西北边疆危机。沙皇俄国对我国西北边疆的侵略，俄英帝国主义在帕米尔地区的争夺，尤其是鸦片战争以后，沙俄加快了在中国西北的侵略步伐。面对西北边疆的危机，学术界为了"经世致用"，因而关注西北边疆、研究西北边疆，使"西北史地学"（或称为"西北舆地学"）"遂成道光间显学"，[④] "一时风会所趋，士大夫人人乐谈，如乾、嘉之竞言训诂音韵焉"。[⑤]

正是伴随着近代国门的大开，在西方列强的军事、经济势力渗入的同时，一大批传教士、考察家、探险家等以各种各样的名义深入中国考察、搜集情报，为列强侵华开路。李希霍芬在中国的考察共有七次，从 1869 年底开始，他得到上海西商会提供的在中国旅行四年的经费，条件是他必须用英文写出关于中国经济、特别是煤矿资源的报告，所以从第五次考察开始，李希霍芬在旅行间歇时间及时地将所见所闻以信件的形式用英文写出，寄给了上海西商会，后来汇集成册，名为《李希霍芬男爵书信集》（简称《书信集》）。《书信集》中的大量经济情报，对当时的西方列强来说充满了吸引力。从李希霍芬的考察报告可以看到，他游历各地的考察，带有强烈的为列强提供情报、便利其经济扩张的目的。[①]

---

② 参见令狐若明：《埃及学：一门近代新兴学科的诞生》，《史学集刊》2002 年第 4 期。
③ 参见高山杉：《佛书料简》，浙江大学出版社 2012 年版，第 147—148 页。
④ 梁启超：《中国近三百年学术史》，湖南人民出版社 2010 年版，第 309 页。
⑤ 同上书，第 311 页。
① 参见郭双林、董习：《李希霍芬与〈李希霍芬男爵书信集〉》，《史学月刊》2009 年第 11 期。

尽管李希霍芬的"游历"是合法的，但作为普鲁士人，他把德意志帝国的统一和强大视为最高理想。早在 1868 年访问舟山时，就认识到了其重要的交通位置，先后写了两封夺取舟山的建议报告，请德国总领事转交首相俾斯麦，曾引起普鲁士政府的强烈兴趣。由于英国将舟山视为其势力范围，再加之普法战争的爆发，这项计划才未能实现。占据舟山的计划失败后，李希霍芬又把目光转向了位于山东半岛的胶州湾。②1869 年，李希霍芬就向德国提议，夺取胶州湾及其周边铁路修筑权，将使华北的棉花、铁和煤等更为方便地为德国所用。1897 年，德国借口传教士被杀，出兵占领胶州湾，把山东划为其势力范围。在报请德皇威廉一世批准的军事计划中，德国海军司令梯尔皮茨多次引用了李希霍芬的考察结论。因此。"他搜集大量情报、为列强侵略服务，其险恶目的不容忽视"。③

关于李希霍芬的地质调查，鲁迅在《中国地质略论》中指出：李希霍芬"历时三年，其旅行线强于二万里，作报告书三册，于是世界第一石炭（煤）国之名，乃大噪于世界。其意曰：支那大陆均蓄石炭，而山西尤盛；然矿业盛衰，首关输运，惟扼胶州，则足制山西之矿业，故分割支那，以先得胶州为第一着"。因此，鲁迅感叹到："盖自利氏（李希霍芬原译为"利忒何芬"）游历以来，胶州早非我有矣。"④

李希霍芬在中国的考察，只是当时历史的一个缩影。据统计，仅从 1876 年到 1928 年间到达中国西北地区的探险队就有 42 个之多，⑤ 他们在我国西北的考察，既有学术目的，也有政治和军事目的，如俄国的普尔热瓦尔斯基就认为，考察中国的北部边疆不仅有很大的科学价值，而且还可以为沙俄侵略中国西北地区提供资料。另如，斯坦因的考察之所以得到英国和印度政府的支持，其原因之一，是"因为测绘那一地区路径和地形的实际需要"。再如日本在中国西北的考察，也曾引起了正在争夺中国新疆、西藏的俄、英帝国主义的关注，故将橘瑞超的考察称为"间谍探险"。

我们将"丝绸之路"置于东方学的视野下加以考察，一方面说明它是在

② 参见郭双林：《西潮激荡下的晚清地理学》，北京大学出版社 2000 年版，第 45—46 页。
③ 郭双林、董习：《李希霍芬与〈李希霍芬男爵书信集〉》，《史学月刊》2009 年第 11 期。
④ 鲁迅：《中国地质略论》之第二《外人之地质调查者》，原载《浙江潮》1903 年第 8 期，见《鲁迅全集》第八卷，人民文学出版社 2005 年版，第 7 页。
⑤ 参见穆舜英：《斯坦因：考古与探险》中译本序言，新疆美术摄影出版社 1992 年版。

西方对东方占领背景下的产物，即要放在当时的国际格局中予以探讨。另一方面说明，"丝绸之路"的提出或"丝绸学"的研究，与东方学一样，都有其科学价值，不能因为出现的背景而否认其学术性。正如中国科学院院士刘东生在《李希霍芬和"中亚人与环境"》中说：

> 李希霍芬生活于帝国主义时代，侵略和掠夺的特性直接影响到他的工作，使之蒙上了负面的影响。这是那个时代的特点。正像1870年，李希霍芬还在中国进行他第5次地质调查时，德意志帝国在普法战争胜利后割据了法国的阿尔萨斯和洛林两省，大作家都德以他不朽的杰作《最后的一课》来纪念带给法兰西民族尊严的伤害，成为激励法国人，甚至于成为所有受欺凌国家人民奋发图强的精神力量。也许当初丁文江先生也有类似的感触？所以才引用了李希霍芬的那段话！这是所有人都不该忘记的事件，更是我们应当正视不忘的历史。

目前，由于国家从战略高度提出"丝绸之路经济带"建设，使世人的目光又一次聚焦到西北、聚焦到丝绸之路，"丝绸之路"的研究再一次引起了学术界的高度关注。如何吸收国际学术界的研究成果，使用国外学者整理、撰写的有关资料，借鉴他们的研究方法，将"丝绸之路"的研究置于中西政治、经济、文化交流的大背景下，我们既需要许多微观的探讨，即对各种考古发现和文本材料的精细解读，也需要宏观上的理论研究，将其放在国际学术视野中，与国际学术接轨，从长时段探讨其价值和意义。

（本文原载《清华大学学报》2015年第4期）

从汉唐清经营丝绸之路看文明对话与文化交流

□周　轩

新疆大学中亚研究院

丝绸之路，是指从古代中国出发，跨越万水千山，横贯亚洲，进而连接非洲、欧洲的绿洲、草原和海上交通线，既是商贸之路，也是文化之路，更是友谊之路。所以当德国地理学家李希霍芬在1877年冠以"丝绸之路"这一个美妙的名称时，立即获得世人的赞同。因为其意义不仅在于商业贸易，更成为东西方文明对话与文化交流的象征。

图1　陕西成固博望侯张骞雕像

2013年9月7日，中国国家主席习近平在哈萨克斯坦纳扎尔巴耶夫大学发表演说；13日在上海合作组织成员国元首理事会上，向各国发出建设"丝绸之路经济带"的倡议，再次将世界的目光引向了丝绸之路。

历史是一面镜子，汉、唐、清经营丝绸之路的文明对话与文化交流，对我们今天推进"丝绸之路经济带"的建设，具有重要的借鉴作用。

一、张骞出使西域千载流芳

虽然中国古籍《穆天子传》有穆王西行、瑶池会见西王母的记载，但《史记》记载从中原出使西域、开辟丝绸之路的第一人，当属西汉的汉中城固人张骞。

张骞出使的西域是一个广义西域的概念，不仅包括今天的新疆，还包括今天的中亚六国（哈萨克斯坦、吉尔吉斯斯坦、塔吉克斯坦、乌兹别克斯坦、土库曼斯坦、阿富汗），甚至更西的地方。

张骞出使西域，发生在西汉王朝摆脱初年的贫弱，国力开始强盛的武帝时代。他慨然应征，虽然初衷是为了反击匈奴、结交盟友，但实际效果是实现了文明对话与文化交流。

文明对话：汉武帝建元三年（前138），张骞第一次出使西域，到过大宛、大月氏、大夏、康居（均属今中亚地区）。

图2　汉武帝像

历时13年返回，得自传闻的国家主要有安息（在阿姆河流域）及以西的黎轩、条支等。

张骞第二次出使西域是在前119年，派副手到了大宛、康居、大月氏、大夏、安息和身毒（今印度）及于阗（今新疆和田）等地。文明的对话使大夏等国派人随汉使到了汉朝。司马迁在《史记·大宛列传》记载："骞所遣使通大夏之属者，皆颇与其人俱来，于是西北国始通于汉矣。然张骞凿空，其后使往者皆称博望侯，以为质于外国，外国由此信之。"张骞为什么能取得这样的成效？是因为他胸襟开阔、意志坚定、待人诚恳。如司马迁评价："骞为人强力，宽大信人，蛮夷爱之。"

除了汉武帝出于社会生活和国防建设的需要，遣贰师将军李广利率五万之师、捐亿万之资，攻伐求取三千匹大宛马外，西汉对葱岭（今帕米尔）以西都采取了平和的手段。汉与匈奴在西域经过半个多世纪的角逐，最终设立西域都护府，将西域纳入汉朝版图。而首任西域都护是会稽（今浙江绍兴）人郑吉。

《汉书》记载，汉宣帝时，郑吉以侍郎率部在渠犁（今尉犁）、车师（今

图3 新疆博物馆内首任西域都护郑吉雕像

交河)屯田积谷,因功晋升卫司马,"使护鄯善(今楼兰)以西南道",这是西汉在轮台设置使者校尉的发展。公元前60年(神爵二年),"吉降日逐,威震西域,遂并护车师(今吐鲁番)以西北道,故号都护。都护之置,自吉始焉。"可见汉朝对西域都护这一官职的设置,是着眼于保护西域的丝绸之路南北两路。班固在《汉书》论曰:"汉之号令班西域矣,始自张骞而成于郑吉。"

而经济文化交流主要表现在以下几方面:

1. 西来贸易盛况。司马迁《史记·大宛列传》记载:"使者相望于道,诸使外国一辈大者数百,少者百余人。"范晔、司马彪《后汉书·西域传》论曰:"驰命走驿,不绝于时月;商贩胡客,日款于塞下。"

2. 西域植物移植中国。有葡萄、苜蓿、胡麻(芝麻)、胡桃(核桃)、胡豆(蚕豆)、胡瓜(黄瓜)、胡蒜(大蒜)、胡萝卜、芫荽及西瓜(西域瓜)、石榴(安石榴)等。当时最著名的是葡萄和苜蓿,《史记·大宛列传》记载:"宛左右以蒲陶为酒,富人藏酒至万余石,久者数十岁不败。俗嗜酒,马嗜苜蓿。汉使取其实来,于是天子始种苜蓿、蒲陶肥饶地。及天马多,外国使来众,则离宫别观旁尽种蒲陶、苜蓿极望。"

3. 牲畜动物等进入中国。有良马、骆驼、犛牛,大象、犀牛、狮子、孔雀等。畜产品如狐貂裘皮、毛毡氍毹、织染毛织物。奢侈品如象牙、犀

图4 今天伊犁昭苏种马

角、珊瑚、琥珀、琉璃、夜明珠等。

4. 印度佛教的东来。佛教传入中国，一般始于东汉明帝永平八年（65），以建洛阳白马寺为标志。但佛教传入新疆，当在张骞通西域之后。

5. 西域音乐、舞蹈、杂技的传入。乐器如箜篌、觱篥、琵琶、胡笳、胡笛等。杂技如角力、竞技、戏兽、马戏等。不仅史籍中有记载，在后汉张衡的《西京赋》中，更有生动传神的描绘。

6. 中国丝织品西运与毛织物东来。中外史料有大量记载，中外出土文物有大量实物。如尼雅遗址出土的"五星出东方利中国"锦护膊，由蓝、黄、绿、白、红五彩丝线织成，花纹间排列着孔雀、仙鹤、独角兽（辟邪）和老虎，以质地厚实、构图精美、色彩华丽而为稀世珍品。丝织品在新疆各地多有发现，而西方的毛织物在新疆各地也多有发现。英国探险家斯坦因在楼兰发现的毛纺织残片，人物头像是希腊神话中的商神赫尔墨斯，手持双蛇杖，兼商业、贸易、利润和发财，管理商旅、畜牧和交通。如今中国海关的标志，即由双蛇杖与金钥匙交叉组成，

图5　"五星出东方利中国"锦护膊

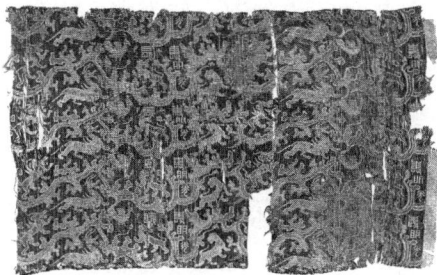

图6　楼兰汉墓出土的"长寿明光"锦

图7　"望四海贵富为国庆"

图8　山普拉武士像毛布裤　　　图9　人头马身骑士像

图10　中国海关关徽

钥匙代表着守护国门，三齿代表着海关三大任务：监管、征税和查私。

7. 中国铁器及技术西传。汉代屯田对丝绸贸易起了保护促进作用。《汉书·西域传》记载：自大宛以西至安息国，"不知铸铁器，及汉使亡卒降，教铸作它兵器。"罗马史学家普林尼也在著作中说当时中国输入罗马的商品以丝绸和铁器为大宗，对中国的铁器大加赞赏。

图11　赫尔墨斯毛织残片

法国学者布尔努瓦在所著的《丝绸之路》一书中，将中国列为"丝绸之乡"，将法国里昂列为"最后的丝绸之都"。最后第十八章为"丝绸之路上文化传播"，小标题分别是苜蓿、天马、葡萄、丝绸公主、纸张、琉璃、药物、香料、茶叶和瓷器等。

张骞通西域，开创了中西方经济文化交流的历史先河，使古老的中华文明走向世界，同时吸收各国各民族的优秀文化艺术，使中华文明在历史进程中不断发展繁荣。张骞为此建树了丰功伟绩。

东汉王朝初年，光武帝刘秀为休养生息，紧闭阳关。鉴于国力不强，东汉对西域的经营出现"三绝三通"。扶风平陵（今陕西咸阳）人班超不肯走父亲班彪的老路，如其兄班固、其妹班昭做朝中史官，于汉明帝永平十六年（73）投笔从戎，在东天山蒲类海（今巴里坤湖）大败匈奴后，率领三十六名勇士南下西进塔里木盆地，经营西域三十年，重开丝绸之路，出任西域都护，因功封定远侯。《后汉书·西域传》记载，汉和帝永元九年（97），"都护班超遣甘英使大秦（今罗马），抵条支，临大海欲渡。"虽然罗马皇帝希望与汉朝通使，而安息人欲以中国的丝绸与罗马人做买卖，因以渡海风大浪高危险、需往返数年而从中阻拦。甘英望洋兴叹，调转马头东返。民国著名学者王国维《读史》谈及甘英的功绩与遗憾："西域纵横尽百城，张陈远略逊甘英。千秋壮观君知否？黑海东头望大秦。"说张骞纵横西域，功绩卓著，但比起甘英的出使大秦还略有逊色。甘英抵达的"条支"一带，有里海、波斯湾、黑海、红海、地中海。号称"中东五海之地"。王国维诗中说"黑海"，是说甘英距大秦已遥遥在望，即将创建千秋功业，只可惜失之交臂，功亏一篑，留下千古遗憾。

文明对话与文化交流是人类共同的愿望，千年之后的 1273 年（元至元十年），意大利人马可波罗沿着丝绸之路来到中国。2014 年，塔什库尔干树立起巨石碑刻"意大利旅行家马可波罗经行处"。

意大利威尼斯人马可·波罗来华 400 年之后，米兰人郎世宁于 1715 年（清康熙五十四年）由海路抵达澳门，引见入京，从此供奉清廷康、雍、

图12　喀什盘橐城班超及三十六勇士雕像

图13 塔什库尔干所立"意大利旅行家马可波罗经行处"纪念碑

图14 宫廷画师郎世宁剧照

乾三朝半个世纪，画技优异，创作了大量人物肖像画、纪实画、花鸟动物画、油画、铜版画，参与圆明园的长春园的欧式建筑群，包括喷水池。乾隆三十一年（1766）以78岁病逝于北京，乾隆帝以其行走年久，颇著勤慎，命赏三品顶戴治丧，葬于京西阜城门外葡萄牙墓地。郎世宁以其在清廷的创作活动与艺术成就，为中西（中意）文化交流做出了重大贡献。

　　文明对话与文化交流，自丝路开通之后就绵延不绝。不仅有佛教，还有祆教、摩尼教、景教、犹太教、伊斯兰教的东传。中国内地僧侣西天取经，是中华文化史上浓墨重彩的华丽篇章。从魏晋到北宋，西行求法的僧侣不计

图15 克孜尔千佛洞

图16 鸠摩罗什铜像

图17　甘肃武威罗什塔

图18　陕西户县草堂寺

其数，最著名的是法显和玄奘。

先有西域高僧鸠摩罗什（父天竺人，母龟兹人）385 年东行入关，在武威 17 年，到长安 13 年，是与玄奘齐名的著名佛经翻译家。

400 年东晋高僧法显西行取经，412 年回国。有史记载他是第一个到达印度，第一个经海路回国，第一个将经历著书成文，即《佛国记》（又名《法显传》），途径我国西北、阿富汗、克什米尔、巴基斯坦、印度、尼泊尔、斯里兰卡、印度尼西亚及我国南海、东

图19　佛国记

图20　塔什库尔干石头城

南沿海的游历见闻。2011 年，塔什库尔干树立起"东晋高僧法显经行处"纪念碑。

519 年，北魏僧统宋云等人出使示好，西行穿越帕米尔，从阿富汗到巴基斯坦白沙瓦一带。其《宋云行纪》保存在《洛阳伽蓝记》中。从《佛国记》到《宋云行纪》，到之后的《大唐西域记》，后人可以从中了解这些地区的历史变迁。

《洛阳伽蓝记》记载北魏首都洛阳是东西方贸易的大都会："西夷来附者，处崦嵫馆，赐宅慕义里。自葱岭以西，至于大秦，百国千城，莫不欢附。商贩胡客，日奔塞下，因而宅者，不可胜数。是以附化之民，万有余家，门巷修整，阗阓填列，青槐荫柏，绿树垂庭，天下难得之货，咸悉在焉。"

还记载河间王镇守秦州（今天水），派人"远至波斯国，得千里马，号曰追风赤骥，次有七百里者十余匹。酒器有水晶钵、玛瑙杯、玻璃碗、赤玉卮数十枚，做工奇巧，中土所无"。

自汉代以来，中原艺术就深受外来艺术的影响。魏晋时期，若羌米兰佛寺的有翼天使壁画、尉犁营盘古墓出土的红底人树纹罽袍，带有明显的希腊艺术风格和犍陀罗艺术风格。

隋炀帝重视丝路贸易，特派吏部侍郎裴矩驻河西张掖，总管贸易，搜集西方各国山川、风俗、政治、经济资料，撰写出《西域图记》三卷，合

图21 米兰有翼天使壁画

图22 红底人树纹罽袍

四十四国，被嘉奖晋升为黄门侍郎。

609 年，隋炀帝亲临西巡张掖，接见西域四十四国的国王和使臣，提供便利，鼓励西方商人到长安、洛阳经商。长安有东、西二市（东都会、西利人），洛阳有东、南、北三市（东丰都、南大同、北通辽）。仅丰都就是周八里十二门，一百二十行，三千余家商户。

图23　隋炀帝像

隋炀帝曾派杜满出使西域，李昱出使波斯，他在位虽然历时只有 13 年，但在经通丝路方面取得很大进展。

二、唐太宗经营西域再创辉煌

图24　唐太宗像

唐太宗与汉武帝一样，具有雄才大略。贞观十四年（640）平定联合西突厥垄断丝路贸易、对抗唐朝的麹氏高昌，设安西都护府。648 年平龟兹，将安西都护府从高昌移至龟兹（今新疆库车），次年晋级大都护府，并设安西四镇（龟兹、疏勒、于阗、碎叶）。唐太宗采取开放心态，宽容胸怀，对外来文化兼容并蓄，不仅丝绸之路再现繁荣景象，而且新北道大开。

吉尔吉斯斯坦发现的《杜怀宝碑铭》正是安西副都护杜怀宝之碑。他在碎叶城屯戍兴贸，设

图25　高昌故城

图26　龟兹故城

图27 《杜怀宝碑铭》　　图28 李白像及书法

卡征税，使其成为丝路沿线重镇。李白祖先隋朝末年流放于此，李白就出生于碎叶。

长安三年（703），置北庭都护府（晋升为北庭大都护府），分治天山南北。

开元七年（719），唐玄宗下令在北道轮台设卡征税。《新唐书·西域传》赞曰："开元盛世，税西域商胡以供四镇，出北道者纳赋轮台。"学者多认为唐轮台即今乌鲁木齐南郊的乌拉泊古城。

唐朝疆域辽阔，国力强盛，经济繁荣，文化昌盛，对外交往频繁。唐朝对外交往主要还是丝绸贸易，唐人张籍《凉州词》"无数铃声遥过碛，应驮白练到安西"就反映了丝绸贸易的繁盛。丝绸由一队队摇动着驼铃的骆驼，从中原万里迢迢转运到了安西（今新疆库车），还要继续向西运送。

图29 今吉木萨尔北庭故城

而西域对唐朝的影响，除了马绢贸易，还有音乐、歌舞、美术、雕刻、杂技、体育等。唐朝的《十部乐》，五部来自西域，如高昌乐、龟兹乐、疏勒乐、康国乐、安国乐。西域歌舞艳压群芳，在今日的维吾尔歌舞中可以窥其古貌。西域狮子舞，如今成为汉族喜庆节日里表演所必备。

史籍记载与唐朝交往的大小国家、政权和部族有近200个，伊吾以西，波斯以东，商旅相继，职贡不绝。长安成为百万人的国际大都会，有十万胡人和睦相处，来自外国和西域地区的使节、商人、僧侣、留学生、艺人络绎不绝。当时长安城里遍及胡人，洛阳也是外来胡人众多。唐对外来文化欣然接受，加以改进，使之更为先进。诗人元稹《法曲》说："胡音胡骑与胡妆，五十年来竟纷泊。"可说是一生浸染在胡风中。胡人乐舞、胡人骑射与胡人服装都成为时尚。李白《少年行》："落花踏尽游何处？笑入胡姬酒肆中"。胡姬成为唐代众多诗人吟咏的题材。陆岩梦在桂林筵席《赠胡女子》："眼睛深似湘江水，鼻孔高于华岳山。"陆为湖北人，取其湘江和华山作比喻，凸显美女子的深眼窝和高鼻梁。王维《凉州词》中"葡萄美酒夜光杯，欲饮琵琶马上催"短短十四个字，就涵盖了五种西域物品。

丝绸之路繁荣了唐边塞诗。如岑参诗《酒泉太守席上醉后作》："琵琶长笛齐相和，羌儿胡雏齐唱歌。浑炙犁牛烹野驼，交河美酒金叵罗。"还有《白

图30　乌拉泊古城

图31 玄奘西行取经图

雪歌送武判官归京》："中军置酒饮归客，胡琴琵琶与羌笛。"杜甫诗《房兵曹胡马》："胡马大宛名，锋棱瘦骨成。竹批双耳峻，风入四蹄轻。所向无空阔，真堪托死生。骁腾有如此，万里可横行。"今天我们吟诵这些诗句，还能感受西域风情扑面而来。

唐贞观元年（627），高僧玄奘西行取经，645年回国，所著《大唐西域记》记载所历中亚及五天竺的百余国。印度史学家阿里说："中国的旅行家如法显、玄奘，给我们留下了有关印度的宝贵记载。不利用中国的历史资料，要想编一部完整的佛教史是不可能的。"2011年，塔什库尔干树立起巨石碑刻"大唐高僧玄奘经行处"纪念碑。

唐玄奘归国途中，听到了传丝公主的传

图32 塔什库尔干所立"大唐高僧玄奘经行处"纪念碑

图33 传丝故事木板画

说：于阗（今和田）国王迎娶东国公主，请公主将蚕种藏在头发中，通过关卡检查，秘密带入于阗，从此于阗成为西域蚕丝基地。玄奘记入《大唐西域记》，载入正史《新唐书》。1900年，英人斯坦因在和阗策勒县丹丹乌里克佛寺出土了东国公主传丝故事木板画，再现了这个传说。

唐永徽二年（651），大食（阿拉伯）使者到长安，与中国正式交往。百年之后，因阿拉伯势力到达西域，与唐朝势力相持不下，于天宝十一年（752），在怛逻斯（今哈萨克斯坦塔拉斯）爆发战争。战事持续五天不分胜负，唐军由于盟军葛逻禄人倒戈而大败。但这并未影响唐与大食的关系。被俘的唐军士兵中有一批工匠，将丝织、金银器制作工艺，特别是造纸法传入西亚，再传入欧洲，促进了世界文明的发展，是中西文化交流史上划时代的大事。

唐军统帅高仙芝经过帕米尔向西进军。英国探险家斯坦因在《西域考古记》中

图34 塔什库尔干所立"大唐将军高仙芝经行处"纪念碑

深为他的壮举叹服："我觉得可惜的是，这位勇敢的中国将军竟不在隘口建立纪念碑之类的东西以志此事。"2011年，塔什库尔干树立起巨石碑刻"大唐将军高仙芝经行处"纪念碑。

唐太宗经营西域创造的辉煌，在元明时期继续闪光。

元朝时期耶律楚材随成吉思汗西征，长春真人丘处机奉召西行，分别有《西游录》和《西游记》。

明代陈诚受永乐帝派遣，两次出使哈烈（今阿富汗西北哈列特）、撒马尔罕（今乌兹别克斯坦东南部），归来整理出西行记录《西域行程记》，还有《西域番国志》记载哈烈到哈密的十八城镇。

三、乾隆帝大一统日月重光

清乾隆帝继汉唐之后重新统一新疆，不仅奠定了近代中国的版图，达到几千年来从未有过的辉煌；而且继续实行文明对话与文化交流，使古老的丝绸之路再次呈现繁荣景象。

清朝在平定准噶尔及大小和卓的叛乱期间，显示了强大的武力，但没有滥用武力。以强大的军事实力为后盾，加以积极的外交斡旋，使哈萨克部愿意协助擒献准噶尔叛首阿睦尔撒纳；使布鲁特部协助平定大小和卓的叛乱；使霍罕与安集延等奉檄准备协助擒献大小和卓；

图35　乾隆帝朝服像

图36　《皇清职贡图》

使拔达克山擒杀大小和卓并献上小和卓首级。周边诸部落望风归附，给部落和民众都带来了福音。

乾隆帝统一西域后，命宫廷画家绘制画卷《皇清职贡图》，图绘西域各部人物形象，并题写相应的社会状况和风俗民情。

（1）哈萨克　乾隆二十二年（1757）六月，清军追剿准噶尔叛首阿睦尔撒纳，再次进入哈萨克境内。左部哈萨克首领阿布赉表请归附。乾隆帝下旨封赏，作《哈萨克称臣内属，遣使进贡，诗以纪事》："致马本非如武帝，闭关未得学萧王。更欣原缚渠魁献，载戢干戈日月光。"诗说：我不像汉武帝为了获得良马而出师攻伐，也不学光武帝（称帝前曾封萧王）无力解决边患而闭关。阿布赉约定擒献阿睦尔撒纳，停止战事的西域又将是日月重光。

乾隆二十三年（1758）八月间，清军参赞大臣富德追索准噶尔余部时，和解了哈萨克右部与塔什罕人的争斗。右部首领吐里拜等进表文称臣。乾隆帝又作《右部哈萨克归化，遣使朝贡，诗以纪事》："岂谓解纷更释难，匪征苜蓿与葡萄。厚往薄来九经式，持盈保泰一心操。"诗中说：我军追剿叛匪，本来没想到会给他们排解纠纷争斗，也不是为了征取苜蓿和葡萄。我要认真遵循厚往薄来等治国平天下的九项准则，尽心保持这安定兴盛的局面。

乾隆帝有《万树园宴哈萨克使臣，诗以纪事》："耀武未烦贰师李，穷源底籍凿空。"说我并未像贰师将军李广利那样炫耀武力，哈萨克与我中央王朝的关系，还应追溯到汉代的张骞通西域。《赐赉哈萨克陪臣并携游御园，诗以纪事》："献马无过聊表悃，同舟真是大联情。"说哈萨克进献骏马是表达

图37　郎世宁绘《哈萨克贡马图》

真情，而今我们建立起同舟共济的情意。哈萨克使臣不断遣使进贡，贡品主要是骏马。乾隆帝命宫廷传教士画家郎世宁绘出《哈萨克贡马图》（今藏法国巴黎吉美博物馆）。

（2）布鲁特　乾隆二十三年（1758）六月，清朝将军兆惠追剿准噶尔残部，到达东布鲁特地区，即伊塞克湖、楚河、塔拉斯河一带，派人向他们的头人宣布清朝的政策。东布鲁特以玛木特呼里为首的五部头人纷纷表示愿意归属清朝。乾隆帝有《布鲁特称臣内属，遣使诣阙，诗以记事》："厚往薄来风早树，东鹣西鲽道方开。不招不拒敷吾惠，王会何方达九垓。"诗说：该部首领派使臣正在前来朝觐进贡，我将会施予丰厚的回报。我虽不是有意招徕，但来者不拒并施以恩惠。我想象着统一西域之后天山南北各部朝会的盛况，心中充满喜悦。

乾隆二十四年（1759）秋，清军追剿大小和卓。额德格纳部落头人阿济比代表西布鲁特部十五个部落上书臣服，并遣使朝贡。此时正是清军与大小和卓战事吃紧之际，乾隆帝在南苑阅兵，命郎世宁等人在紫禁城西御苑内，绘出《乾隆帝装骑马大阅图》，张挂于南苑行宫，图上乾隆帝英姿勃发，气宇轩昂，身着华贵甲胄，骑在一匹雄健膘悍的骏马上，眉宇中透出一股英雄气概。阅兵为了展示清王朝的实力和军威，给西域诸部使臣留下深刻影响。

当清军固守黑水营，与小和卓霍集占在叶尔羌对峙时，大和卓波罗尼都率军从喀什噶尔增援，遭到布鲁特人配合清军有力的阻击。清军追剿大小和卓，布鲁特人充当向导，切断了大小和卓的西逃之路，在平定大小和卓的战争中发挥了特殊作用。乾隆帝有《赐哈萨克、布鲁特等宴，即席得句》："献

图38　乾隆帝题诗《爱乌罕四骏图》

马不须金马去，右宛今效左宛来。谁道葡萄经岁久，三巡早各醉芳醑。"诗说：我不用像汉武帝以金马请善马，左右哈萨克、东西布鲁特相继归附献马。葡萄美酒过了三巡，大家都高兴得有些醉了。

（3）霍罕　后多写为"浩罕"。时辖安集延、玛尔噶朗、那木干。乾隆二十四年（1759）夏，清军追捕大小和卓，遣侍卫达克塔纳至其地进行外交斡旋，要求协擒大小和卓。额尔德尼向乾隆帝进表文，霍罕四城全部归附。霍罕及所属的安集延，在接到清军要求协擒大小和卓的

图39　郎世宁等绘《乾隆帝戎装骑马大阅图》

檄文后，上表归附清朝，设计准备诱擒。为大小和卓未能向北取道该地得以立功而遗憾惭愧。霍罕在次年正月，即遣安集延伯克托克塔玛特率队进京朝觐。乾隆帝有《瀛台赐宴安集延来使，即席得句》："闭关难学汉光武，谒陛何期安集延。"诗说：我不愿学那闭关自守的汉光武刘秀，没想到安集延前

图40 郎世宁绘《嵩献英芝图》

来入觐。

霍罕进贡马匹、白海青、龙泉盘子和白鹰。乾隆帝都有诗作吟咏。白鹰历来被视为祥瑞之兆。我们可以从意大利传教士画家郎世宁为白鹰所绘的《嵩献英芝图》，想见霍罕所献白鹰的风貌。

（4）拔达克山 大小和卓向南败逃进入拔达克山（今阿富汗东北部），清军遣使往谕，宣示罪状，要求协擒。大小和卓抢掠村落，准备继续南逃。拔达克山汗素尔坦沙下令就擒，并派人报告清军。此时邻近部落有准备发兵劫持大小和卓，素尔坦沙因其宗教相同，又担心邻近部落不同意，颇感为难。在清军将领晓以顺逆利害的情况下，感悟不能为此两凶首，贻害我数万生灵。于是下令杀

图41 《乾隆西域战图之十三·拔达山汗纳款》

死大小和卓。大和卓尸身被盗，向清廷献上小和卓首级。

乾隆帝有《瀛台赐宴拔达克山来使，即席得句》："归俘献馘识忠诚，贡使随来万里行。第一西方足嘉国，无双天下此都京。俾观礼乐三千盛，待赏烟花午夜明。重译又须宣象寄，筠冲语异逮濛瀛。"诗中说：拔达克山交还俘虏，献上小和卓首级，足以显示出一片忠诚，还派遣使臣不远万里前来朝贡。大清是西方称道的美好国度，他们来到举世无双的北京城。既被安排参加盛大的礼乐活动，还可欣赏夜半灿烂的烟火。我虽然近来大略学习了维吾尔语，但与拔达克山语言有别，还得依靠维吾尔人转译来交谈。虽说语言有异，可我大清的声威还是传播到了遥远的拔达克山。乾隆帝有诗《拔达克山八骏马歌》《拔达克山汗素尔坦沙贡刀歌》《咏拔达克山汗素尔坦沙所进斧》。

（5）爱乌罕　今阿富汗北部，乾隆二十七年（1762）遣使贡刀及骏马，与清朝建立联系。乾隆帝有诗《爱乌罕刀》《爱乌罕四骏歌》。

（6）痕都斯坦　巴达克山之西南，今印巴交界地区。痕都斯坦玉器主要分为盛食物用的器皿和杂器两大类。盛食物用的器皿有碗、盘、杯、壶、盒及罐等。杂器有灯盘、香炉、剑把等，与新疆玉质相同，雕造具有鲜明特点，常用自然花卉果实和动物形象设计器型，器物多雕耳和足，耳或柄一般作枝叶花果形。多追求纯净美，但部分玉器镶嵌金银或宝石，雕工与中国玉雕差异较大，呈现典型的阿拉伯装饰风格。

由于痕都斯坦玉器设计精美，磨琢圆润，深受乾隆帝的喜爱，进入清宫后，不少在造办处被加刻了年款和乾隆帝的御制诗。乾隆帝吟咏痕都斯坦玉器诗作《乾隆御制诗》中的多达 57 首。

以上周边诸部落，都归附与清朝建立藩属关系。清朝极其重视哈萨克、布鲁特，以其为国家屏障。尊其宗教，锡封爵号，减轻赋税。其大小头目原职不变，由清廷任命，赐以

图42　台北"故宫博物院"珍藏的痕都斯坦玉器

二品至七品顶戴。

哈萨克、布鲁特每年向清廷进献一定数量的马匹，清廷回赠绸缎、布匹、茶叶等物资。靠近伊犁的哈萨克与东布鲁特，由伊犁将军每年派领队大臣前往巡查一次；对整个布鲁特的常年巡查，则由喀什噶尔参赞大臣专管。

清朝允许哈萨克、布鲁特回到被准噶尔侵占的原牧地放牧，不征收土地税，不强迫其改变原有的风俗习惯。哈萨克与布鲁特在新疆进行贸易，税率比内地商人减少三分之一，以示优待。清朝驻军及官员所需马匹和牛羊，主要由哈萨克、布鲁特供应。这些使得哈萨克与布鲁特的社会经济，在西域统一于清朝之后得到了很大发展。后来由于历史的原因，哈萨克与布鲁特（今称柯尔克孜）分别成为跨国民族。

乾隆帝统一新疆之后，随着社会的稳定、经济的发展，新疆与以西相邻部落的通市交往也呈现出繁荣盛况。

图43　伊犁惠远城东门

准噶尔时期，南疆维吾尔只与布鲁特贸易，北疆准噶尔只与哈萨克贸易。而在乾嘉时期，每年三至九月，布鲁特、哈萨克都赶着大批马匹牲畜到伊犁各城交换布匹、绸缎、茶叶等生活物资。乾隆间的官员椿园七十一在《西域闻见录》记载南疆与周边相邻部落的通市交往情况：阿克苏，北通伊犁、南通喀什噶尔与叶尔羌（今莎车），东至吐鲁番，所以"内地商民，外藩贸易，鳞集星萃，街市纷纭，每逢巴扎会期，摩肩雨汗，货如雾拥。"

叶尔羌，"中国商贾，山陕江浙之人，不辞险远，货贩其地。而外藩之人如安集延、退摆特（拉达克，今列城）、郭酣（今霍罕）、克什米尔等处，皆来贸易。巴扎尔街长十里，每当会期，货若云屯，人如蜂聚，奇珍异宝，往往有之。牲畜果品，尤不可枚举"。

嘉庆初年流放伊犁的著名学者诗人洪亮吉在《伊犁纪事诗》中描绘布鲁特（柯尔克孜人）到当时的新疆首府伊犁惠远城贸易的繁盛景象："谁跨明驼天半回，传呼布鲁特人来。牛羊十万鞭驱至，三日城西路不开。"

四、开辟丝绸之路新篇章

习近平主席提出的共同建设"丝绸之路经济带"的倡议，缘于丝绸之路具有复兴的客观条件，兼顾国际国内两方面需求，兼顾政治、经济、安全乃至文化的均衡发展。丝绸之路的发展前景，吸引了世界目光，得到各国不同程度的积极响应和配合。总结汉唐清经营丝路的历史，对我们今天"新丝绸之路"建设，有三点启发意义：

一是要有国际竞争力

自汉历唐至清，中国最具竞争力的对外商品，无疑是丝绸，丝绸之路由此得名。而今不仅需要综合国力的强大，还需要具有国际竞争力的产品。中亚五国有一个共同特点，就是地广人稀、资源丰富，但都远离世界主要的工业中心，没有自己的出海口。中国必将成为他们工业品的主要供应国，必将成为他们丰富的农业、畜牧业和矿业初级产品的主要市场，新的丝绸之路也必将成为中国与这些邻邦友好往来的纽带，造福我们和子孙后代。友好合作与产品竞争并行不悖，就像友好的奥运会充满激烈的竞争，在竞争中推动优质产品更多更好。除此还应有文化交流。

二是要抓住历史机遇

丝绸之路开通于西汉，这是中华民族走向统一的时代；繁荣于盛唐，这是中国文明发展的高峰；弘扬于清代乾隆，这是继汉唐之后的又一辉煌时期。从汉武帝到唐太宗到乾隆帝，都能抓住机遇，顺势而为。汉武帝在国力初步强盛之时，就谋划盟友抗击匈奴；唐太宗为开拓丝路畅通，顶着众臣反对坚持用兵；乾隆帝在满朝文武只有一人支持下，力排众议，出兵伊犁。他们的可贵之处就在于高瞻远瞩，深谋远虑。

三是要选任杰出人才

从西汉张骞以郎官慨然应征出使西域、东汉班超投笔从戎建功立业，到东晋法显 64 岁老龄西行、唐代玄奘西天取经 18 年，到清乾隆时的能臣干将鼎力相助、出生入死，无一不是脚踏实地。如鲁迅所说的埋头苦干、拼命硬干、舍身求法，他们堪称中国的脊梁。"新丝绸之路"的建设，既需要中央的顶层设计，也需要地方的认真执行，更需要以赛马的原则，选拔任用杰出人才，有胆有识，扎实工作，逐步推进。

"新丝绸之路"的建设，带来的将是世界上最大的欧亚大陆一体化和全面复兴，这是"中国梦"，更是"世界梦"。

同时应当看到，机遇与挑战共存。中亚曾是苏联的势力范围，如今是俄美的博弈之地。中国与俄美在中亚有利益重合，也有交叉和冲突。首先要说服俄罗斯支持"丝绸之路经济带"的构建，减少美国的戒备疑虑；迫于现实经济、安全压力，中亚国家奉行多边平衡外交，中国还要进一步加强与中亚国家的政治安全互信。这都需要文明对话，需要时日和大智慧。

联合国前副秘书长、现印度官员沙希·塔鲁尔说："丝绸之路"一半是历史，一半是传说，也是中国最新外交政策的重要特征，希望通过这一计划，使西部成为中国下一阶段的发展引擎。的确，丝绸之路有辉煌的历史，还有美好的传说。辉煌的历史和美好的传说，将随着"新丝绸之路"而续写和流传。

新疆在"丝绸之路经济带"的构建中，具有明显的地缘优势与文化优势，但是面临着"三股势力"（暴力恐怖势力、地方分裂势力、宗教极端势力）对"丝绸之路经济带"建设的破坏威胁。如何加强与中亚国家双边和多边的安全合作，维护中国新疆及中亚国家地区安全，是"丝绸之路经济带"的建设中必须考虑的重要问题。

关于"丝路文物"几个问题的初步思考

□柴剑虹

中华书局

在我国领导人提出实施"丝绸之路经济带"与"21世纪海上丝绸之路"伟大战略构想之初,浙江大学和新疆维吾尔自治区文物局在杭州联合举办"丝绸之路文化论坛·新疆",其意义自不待言。承蒙受邀恭逢论坛,仅就与丝绸之路文物相关的若干问题作初步思考,提出浅见,敬请与会专家指正。

遗存至今的"丝路文物"是"丝绸之路文化"的重要载体。目前,"古代丝绸之路"的概念已渐趋清晰:其关涉地域广袤——除了发自我国中原经河西地区与西域通往中亚、西亚、欧洲、非洲的通衢,还包括经蒙古草原与南西伯利亚通往西方的"草原丝绸之路"和途径东海、南海、印度洋的"海上丝绸之路"的广阔地域;其延续时间漫长——从我国先秦时代一直延伸至宋、元、明、清各封建王朝时期。因此,"丝路文物"既是我们研究华夏文明与世界其他古老文明交融不可或缺的珍贵资料,也与今天实施"一带一路"战略密切关联,是丰富而宝贵的历史鉴证。

2014年6月22日,"丝绸之路:长安—天山廊道路网项目"入选世界文化遗产名录,我国河南、陕西、甘肃、新疆的22处文物遗址成功入选。其中新疆6处:高昌故城、交河故城、克孜尔尕哈烽燧、克孜尔石窟、苏巴什佛寺遗址、北庭故城遗址,都是我也曾多次考察的重要遗址。历经磨难,在我们为"申遗"成功而欢呼雀跃之后,如何总结经验教训,切实加强对这些遗址点的保护、研究、开发、利用,成为新疆文物工作者与领导、管理部门责无旁贷的重要任务。例如,1979年夏天我曾考察了位于新疆吉木萨尔县境内的北庭故城遗址,发现由于各种原因,遗址无人值守管理,已遭严重破坏，除残存的断墙败垣外，遗址内随意开垦，一大半土地已栽植了玉米等庄稼，令人叹惋。考察期间，我还参与了新疆博物馆考古队对附近回鹘佛寺（西大寺）进行的考古发掘工作，尽管考古工作者尽心尽力，细致发掘，有很好的成果，但由于工作条件所限，面世文物很难保护，有些只能就地回填，该窟寺的考古报告也是多年后才得以出版。1980年夏，我"单枪匹马"赴南疆库车地区考察，在当地石油部门的帮助下，好不容易才考察了著名的库木吐拉石窟区，发现因附近建起"东方红水电站"，水位上涨，淹进下层洞窟，致使许多精美的彩塑、壁画毁损；此外，还有人在洞内养羊，在壁画上随意刻画。痛心之际，我写了一首带短序的诗《救救库木吐拉》①，呼吁抢救与保护这些无与伦比的珍贵文物。1998年7月，龟兹石窟研究所正式向新疆自治区领导提交报告，要求废止东方红水电站，以解决库木吐拉石窟的水患；然而听说水电站至今还在运行。北庭故城近些年来采取的保护措施取得了成效，值得肯定；而库木吐拉石窟教训惨痛，没有入选世界文化遗产名录绝非偶然。近些年来，克孜尔石窟的保护、研究工作取得了显著成绩，有目共睹，入选名录，可喜可贺；但同时，也得有危机意识——该窟位于地震活跃区域，附近建有中型水库，有引发强地震之隐忧，必须加以防范。2011年我曾在克孜尔举行的研讨会上提交相关论文，2013年9月又在斯里兰卡举行的佛教艺术论坛上对此做过进一步的阐述，兹不赘述。举上述例子只是希望对世界文化遗产的保护决不能掉以轻心，更不能将它们作为当地政府部门的"摇钱树"而随意撼动。

"丝路文物"作为丝绸之路文化不可再生的重要载体，对其多元文化内涵的挖掘与文化特质的把握在保护与研究中至关重要。我认为，"文化多元"，不仅仅是"量"的叠加，更应是"质"的交融，是多种文化基因在不同条件、环境中的传承、变异与创新，从而促进了文化的发展与繁荣。例如我们看一幅晋唐时期的佛教壁画，不应只去判别它的图像所反映的宗教内容，也必须关注所反映的世俗生活，关注蕴涵其中的各族民众的信仰、期盼和梦想，关注某些宗教以外的东西（如习俗、服饰、时尚，如艺术性、风格

---

① 第二年，诗序改为一则短文由《新观察》杂志发表，诗歌则刊登在1981年4月24日的《人民日报》上。

特色等）；是"各美其美""同善共美"，是"和而不同"，而非互相排斥。在相关研究中，我认为还应该进一步探索对这些文物的宏观认识与个案研究的关系，进一步探求生成这些文物的文化交流大背景与具体人文、地理环境的关系；同时，也要关注其与当代政治、经济、文化的关联。例如，新疆吐鲁番地区古墓葬出土的一批伏羲、女娲图，其与我国早期创世纪神话传说及楚辞等文学作品密切关联，与初唐时期的礼仪制度在西州的贯彻密切相关，也是中原地区民俗在西域民族聚居地区流变的生动例证。对这批文物，展示虽多而整体把握并深入研究尚显薄弱。

对"丝路文物"的研究离不开对"丝路人物"及其经行路线的新认识。文物的主体还是创造了这些"物"的"人"，这就关系到对体现物质文化、非物质文化"核心"的人的理解，涉及对开拓、经行与活跃在丝绸之路的一些代表人物的评价（如张骞、法显、鸠摩罗什、隋炀帝、玄奘、郑和等），涉及对政治、经济、军事、宗教与文化关系的分析。如隋炀帝时期在张掖举办 27 国贸易大会，用派设行政管辖机构、通婚等手段，巩固丝路门户伊吾，为保证丝路北、中、南三道畅通，促进西域和河西地区经贸往来与文化交流做出了贡献，其历史作用却往往被今人忽视。又如高僧法显于公元 4 世纪末西行取经求法，早于玄奘两个多世纪，不仅在南亚大陆求法逾八年之久，而且还渡海到了盛行佛教的师子国（今斯里兰卡），瞻仰佛牙精舍，巡礼众多佛寺胜迹，最后经海路至山东半岛登陆，回到祖国。2013 年秋，我在斯里兰卡观瞻了曾留下法显踪迹的一些文物遗址，访寻丝绸遗踪，感性认识到斯里兰卡不仅是陆上丝绸之路在南亚的一个终点，也是陆上丝路与海上丝路的一个连结处[①]。了解这一点，对于我们今天实施"一带一路"战略似不无意义。再如新疆出土的一些古代民族文字写本的佛经残卷，和以鸠摩罗什为代表的西域译经高僧的关系，似乎还有深入探究的必要。这对了解这些人物在佛教中国化的过程中的地位与作用，对认识"人"在丝路文化传播和交融中的主体、能动作用，都会有所启益。

要整体把握、宏观认识"丝路文物"，还必须在加强调查、搜寻、整理

[①] 柴剑虹：《壁画丝踪——兼及观瞻斯里兰卡石窟得到的启示》，《敦煌研究》2014 年第 1 期；柴剑虹：《斯里兰卡掠影》（一）（二），《丝绸之路》2014 年第 3 期、第 5 期。

现存出土文物的基础上，加快并不断完善丝路文物资料库的建设步伐。丝路国内段所出文物，不仅分藏于国内的文博保护、展示单位与研究机构，而且已有相当数量流失海外；丝路国外段的相关文物，我们掌握的资料还十分有限。因此，如何加强与国内外文物收藏单位、研究机构和研究者的实质性合作，也是摆在我们面前一项十分重要的工作。近些年来，国家文物局等部门均有国内机构与个人相关的科研项目立项进行，取得不少进展；但开展国际性的合作仍步履缓慢。新疆龟兹研究院在调查、搜集 20 世纪初德、俄等国探险队于新疆所获寺庙、石窟文物方面，有很多收获，尤其是通过赵莉研究员在本次论坛上的介绍，我们会有许多惊喜；但是，此种调查工作，更多的还是依靠个人单方面的努力（当然也离不开国外一些机构、人员的协助），还不是真正意义上的双方有计划、有分工、有步骤的实质性合作，其工作成效不免受到影响。第二次世界大战末期苏军在德国"截获"的壁画、彩塑等新疆艺术品，现在入藏俄罗斯圣彼得堡爱尔米塔什博物馆，至今没有对我们完全公开。我曾几次提议由中、俄专家学者合作整理研究，至今尚未得到积极响应。还有 1979 年我在北庭故城遗址考察时，就听说 20 世纪 50 年代初苏联考古队曾对该遗址进行过发掘，运走了一批发掘品。这批文物的下落，似乎一直没有准确的信息。另外，丝路上的丝绸，是我们研究丝路文化的物质要素。多年来，赵丰研究员和他在中国丝绸博物馆、东华大学的研究团队，四海寻访丝绸文物，细心整理研究，取得了令世人瞩目的成绩。可望在此基础上，建设一个比较完备的丝绸文物的资料库（包括工艺、技术）。总之，掌握丝路文物流散的"家底"，是资料库建设不可缺少的一项重要的基础工作。在本次论坛上，我们听到了浙江大学鲁东明教授的合作团队对新疆文物开展数字化保护的介绍，令人振奋。利用数字技术全方位记录文物信息，不仅是对传统的文物保护手段的突破，而且为文物的展示、研究提供了新手段与辅助性支持，为丝路文化的传播带来新的气象。事实证明，这一创新性的工作，将为丝路文物的保护与研究开拓更为广阔的前景。常书鸿先生生前曾寄厚望于浙江大学的计算机技术，期盼能够真实复原经岁月沧桑已经褪变了的敦煌壁画、彩塑原有的绚丽色彩。诚如有的专家所指出的，跨越了时空的"原真"与"现真"的"无缝对接"，充满挑战，但也绝非空想。我们欣喜地看到，常老的梦想正在实现。

　　丝路文物的保护研究，丝路文化的普及、传播，离不开图书出版。作为一名编辑，我也一直比较关注这方面高质量普及读物的编著与出版工作。这类出版物如何能做到资料翔实、图片新颖、观点准确、文字简洁，如何在遵循学术规范前提下实现内容与形式的创新，其中的关键，是坚持质量第一，社会效益至上，追求学术性与可读性的统一。这些，都需要作者与编者的艰苦努力；具体内容，我曾在其他场合做过叙述。限于篇幅，本文就不再赘叙了。

寻找安西都护府

□林梅村

北京大学考古文博学院

新疆库车古称"龟兹"，汉代西域三十六国之一，唐代进入鼎盛时期。其疆域以库车绿洲为中心，北枕天山，南临大漠，西与疏勒接壤，东抵铁门关，与焉耆为邻；相当于今新疆轮台、库车、沙雅、拜城、阿克苏、新和六县市。汉代龟兹王居延城，唐代称"伊逻卢城"。

图1 龟兹王城的北城墙

龟兹古城位于库车县新老城区之间皮朗村西侧，今称"皮朗古城"，是新疆第二批自治区级文物保护单位（图1）。该古城破坏严重，如今仅存几个大土墩，城内外遗迹多不可考。我们最近发现一些线索，说明龟兹王城东北郊外麻扎甫塘墓地有火祆教古墓，萨克刹克土墩可能是《大唐西域记》所言王城西门外大佛像废墟，哈拉墩是王城东门内龟兹都督府遗存，而雀鲁拔克土墩则为王城北门外安西都护府重要指挥中心之一。草拟此文，见教于海内外研究者。

一、龟兹王城的前生今世

《晋书·西戎传》记载："龟兹国……俗有城郭，其城三重，中有佛塔

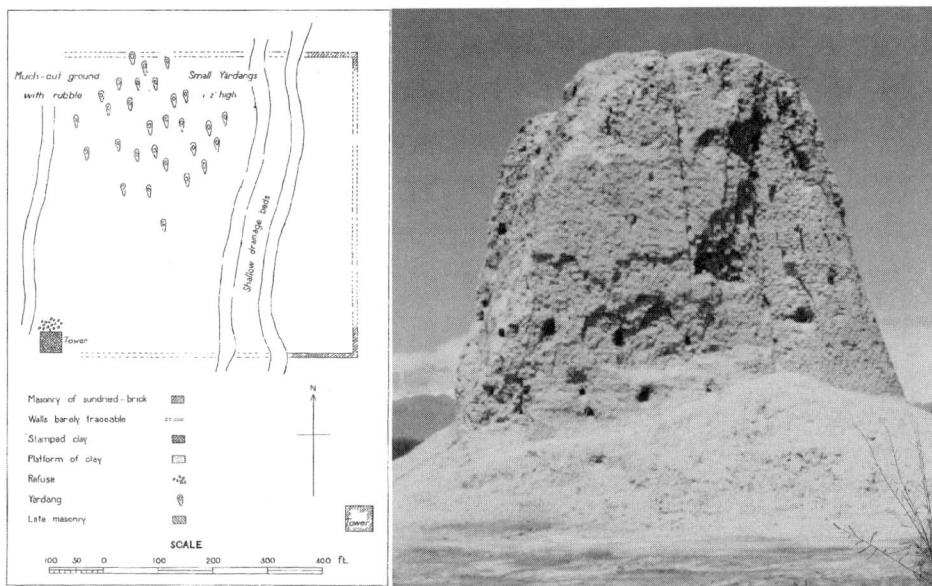

图2 轮台县拉依苏河畔唐代烽燧及斯坦因测绘图

庙千所。……王宫壮丽，焕若神居。"[1]1913—1916年，英国考古学家斯坦因第三次中亚考察期间重访塔里木盆地，寻找《汉书·西域传》提到的乌垒和渠犁。斯坦因首先在轮台县东南拉帕尔村调查了阔纳协海尔古城（Kōna Shahri），然后赴轮台城东南11英里迪那河下游考察奎玉克协海尔古城（Koyuk Shahri）。随后，他在轮台西境拉依苏河畔发掘了一唐代烽燧，并测绘了平面图（图2）。这是斯坦因轮台考古唯一一项实质性成果。[2]2013年夏，我们赴新疆和田考察途中调查过这座唐代烽燧，附近有汉代烽燧。[3]这个发现相当重要，为寻找安西都护府烽燧系统提供了重要线索。

斯坦因第三次中亚考察期间曾经到库车调查皮朗古城，并绘制了平面图（图3）。当时，皮朗古城有些地方城基宽约60英尺（约18米），高达18英尺（约5.4米）；古城东墙北段城墙的马面仍可清楚地看到，平均高约23英

① [唐]房玄龄等：《晋书》，中华书局1974年点校本，第2543页。
② M. A. Stein, *Innermost Asia: Detailed Report of Explorations in Central Asia and Westernmost China.* vol.3，Oxford: Clarendon Press, 1928, plate 39.
③ 林梅村：《考古学视野下的西域都护府今址研究》，《历史研究》2013年第6期。

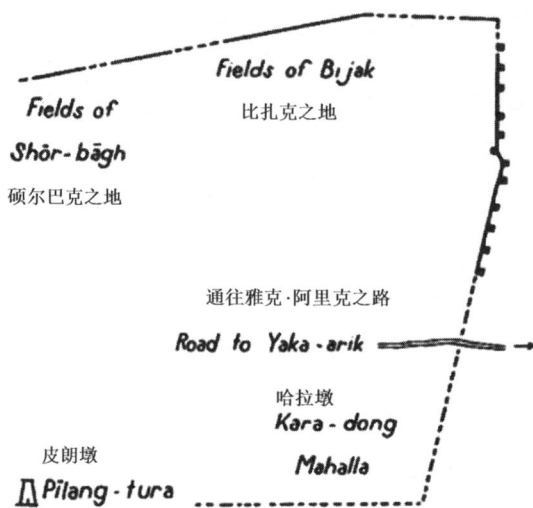

图3 斯坦因所绘皮朗古城平面图

尺（约 6.9 米），但是古城西墙业已不存。古城周长约 3 英里（约 4.8 公里）。①

1958 年，黄文弼先生对龟兹古城进行过实地调查。据他考察，"龟兹城在库车市东郊，位于库车河（且尔色依）东岸，西距大桥里许，乌库公路横贯而过，乌恰河（渭干河）流经城中。该城范围颇大，城墙可见者北东南三面，略呈方形，迂回曲折，颇不整齐。城内除了九大土丘外，大部分已辟田园"。古城现存遗迹主要为唐代伊逻卢城残垣断壁，平面呈不规则正方形。古城墙残高 2～7 米，夯土板筑，每隔 40 米左右有城垛一个。目前只有东、南、北三面城墙尚可辨认，西墙已荡然无存。古城北墙西起劳开墩村之西，东至麻扎甫塘村，全长 2075 米；东墙起自麻扎甫塘村北，南至皮朗村东转西，全长 1608 米；南墙仅存两段，一段在皮朗墩东南，另一段在皮朗墩西南艾里克勒克巷附近。自皮朗墩至萨亦巴克墩都有残墙，全长约 1809 米；西墙在萨克刹克土墩东侧，今已不存。由此推算，龟兹王城周长约 7000 米（约 14 华里），与《大唐西域记》所言龟兹"都城周围十七八里"大致相符。②

2012 年 7 月中旬，库车县萨克萨克街道棚户区改造工程在挖掘地基时，意外发现大量古钱币。此次出土的窖藏钱币应属墓葬陪葬品，埋藏地点距地面约 4.5 米。由于现场施工扰乱较大，已无法确切判断窖藏的原貌，但可确定窖藏位置西距龟兹故城西墙约 150 米。窖藏钱币周边施工现场还发现有 13 口井、2 口完整的陶缸以及大量烧土的痕迹。窖藏钱币西南约 10 米处有一段东西向、长约 43 米的夯土痕迹残留，十分明显。后经当地文物部门清点

---

① M. A. Stein, *Innermost Asia: Detailed Report of Explorations in Central Asia and Westernmost China.* Oxford: Clarendon Press, 1928, vol.2, pp. 806-808 and vol.3, plate 39.

② 黄文弼：《新疆考古发掘报告（1957—1958）》，文物出版社 1983 年版，第 54 页。

辨识，此次出土窖藏古钱币多达4.4万枚，数量之大在新疆考古史上十分罕见。古钱币用麻绳拴牵，封装在一个长75厘米、宽40厘米、深30厘米左右的陶罐里，主要是五铢钱、剪边五铢钱、龟兹无文小铜钱、货

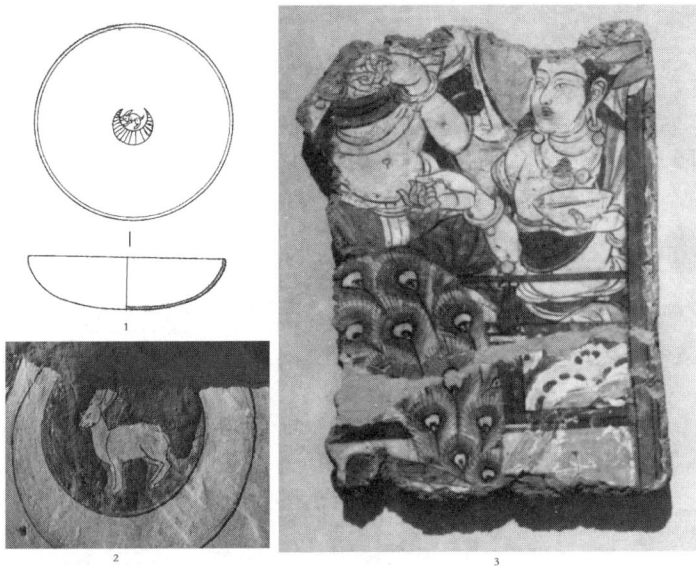

图4 皮朗古城出土月兔纹银颇罗与克孜尔壁画

泉、大泉五十、龟兹五铢等，年代主要在西汉至两晋时期。其中一枚三国时期的"太平百钱"在新疆是首次发现，唯独不见"汉龟二体钱"。文物工作者据此估计，埋藏钱币的时代或许在隋以前。[①]

1997年5月，当地掘井工在龟兹故城内西南，现库车第三小学与供电所之间某地打渗水井，在距地表2.18至3米的深处掘得一月兔纹银颇罗（图4，其1）。其内盛满方孔铜钱，有近百枚之多，可惜锈成一团。其中一枚被认作汉代五铢钱，故研究者将银颇罗定为东汉龟兹人之作。[②] 殊不知，月兔纹题材来自小乘佛教《兔王本生故事》。《大唐西域记》卷七"三兽窣堵波"讲过这个故事。据说林中有一兔、一狐、一猿。一日客入林中，饥渴待毙，三兽欲觅食相救。最终狐得鱼而猿得果，唯兔一无所获。兔见一团烈火，纵身而入，舍身饲客。上天闻之怜悯，留兔影于月轮上。[③] 这个本生故事在西域诸国广为流传，如克孜尔石窟壁画（图4，其2）、吐峪沟石窟壁画皆绘有兔王本生故事。

① 毛咏：《新疆库车县棚户区改造意外发现1.4万枚窖藏古钱》网络版；王瑟：《库车出土一万四千枚古币：首次发现一枚三国时期"太平百钱"》，《光明日报》2012年8月13日。
② 刘松柏、郭慧林：《库车发现的银颇罗考》，《西域研究》1999年第1期。
③ 季羡林等：《大唐西域记校注》，中华书局1985年版，第579页。

西域早期金银颇罗皆素面无纹，西突厥统治时期（约6—7世纪初）始见纹饰，如焉耆博格达沁古城出土粟特文银颇罗。[①]这件银颇罗所盛"五铢钱"可能是龟兹五铢，一直沿用到唐代。[②]《大唐西域记》记龟兹"货用金钱、银钱、小铜钱"，[③]所谓"小铜钱"即龟兹五铢。《新唐书·西域传》记载："上元二年（675）中，素稽（指龟兹王）献银颇罗、名马。"[④]法国学者伯希和在渭干河西岸都勒都尔·阿护尔（Douldour—Aqour）遗址（今称"夏合吐尔古城"）发现的唐代佛寺壁画残片中有类似的银颇罗图像（图4，其3），现藏巴黎吉美亚洲艺术博物馆。[⑤]因此，这件月兔纹银颇罗可能是隋唐时代龟兹王之物。

东汉末佛教传入西域后，龟兹人改用火葬，王公贵族和高僧皆以佛塔为葬地。这是龟兹城郊外不见汉代以后高等级贵族墓葬的原因之一。魏晋至前凉时期，中原王朝在楼兰设西域长史府，管理塔里木盆地诸绿洲王国。尼雅出土两枚西晋简牍（图5，林编684和678号）文义相连，读作："晋守侍中大都尉奉晋大侯亲晋鄯善、焉耆、龟兹、疏勒、于阗王写下诏书到……"[⑥]这份诏书说明塔里木盆地诸国统治者听令于西晋王朝。近年新疆文物考古研究所在库车新城区友谊路发现魏晋十六国砖室墓，当即西域长史派驻龟兹的中原官兵的墓地。[⑦]这个发现说明龟兹王城东墙就在库车友谊路西侧。

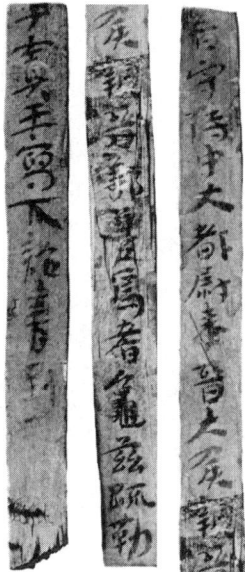

图5 尼雅出土西晋诏书木简

① 林梅村：《中国境内出土带铭文的波斯和中亚银器》，《文物》1997年第9期。
② 龟兹五铢又称"汉龟二体钱"，时代下限可达8世纪（张平：《龟兹文明——龟兹史地考古学研究》，中国人民大学出版社2010年版，第120页）。
③ 季羡林等，前揭书，第54页。
④ [宋]欧阳修撰：《新唐书》，中华书局1986年点校本，第6232页。
⑤ 关于夏合吐尔古城的最新研究，参见林立：《夏合吐尔和乌什吐尔地面佛寺遗址研究》，《西域研究》2005年第3期，第79—129页。
⑥ M.A. Stein, *Ancient Khotan: Detailed Report of Explorations in Central Asia and Westernmost China*. Oxford: Clarendon Press, 1907, vol.2, plate CXII-CXIII；林梅村：《楼兰尼雅出土文书》，文物出版社1985年版，第5页。
⑦ 新疆文物考古研究所：《新疆库车友谊路魏晋十六国时期墓2007年发掘简报》，《文物》2013年第12期。

二、龟兹王城郊外火祆教墓地

1958 年，黄文弼在皮朗古城郊外麻扎甫塘墓地发现一件忍冬纹陶盆，现藏新疆博物馆（图 6，其 5）。我们曾经撰文指出这件忍冬纹陶盆实乃火祆教纳骨器，年代约在公元 5—6 世纪。[①] 日本女史影山悦子也认为是火祆教纳骨器，但是她误以为出自焉耆。[②] 此外，黄文弼还在麻扎甫塘墓地发现一件椭圆形纳骨器和两个纳骨器的器盖（图 6，其 1、2 和 4），年代亦在 5—6 世纪。这件椭圆形纳骨器长径约 49 厘米，比一般佛教舍利盒略大，恰好可以放入人的大腿骨，必为火祆教纳骨器无疑。

1984 年，新疆文物普查队在库车河西岸台地上发现一处古代墓地，与皮朗古城隔河相望，今称"库车南戈壁墓地"。该墓地占地面积 21 万平方米，北邻库车清真寺，古墓压在现代伊斯兰麻扎下。墓葬形制主要为竖穴土坑，随葬品以陶器为主，夹砂红陶居多，外表饰红陶衣，有一件为模制陶器。器型主要有单耳罐、单耳壶、釉陶三耳罐，三系罐，双耳罐，碗形陶灯、熏

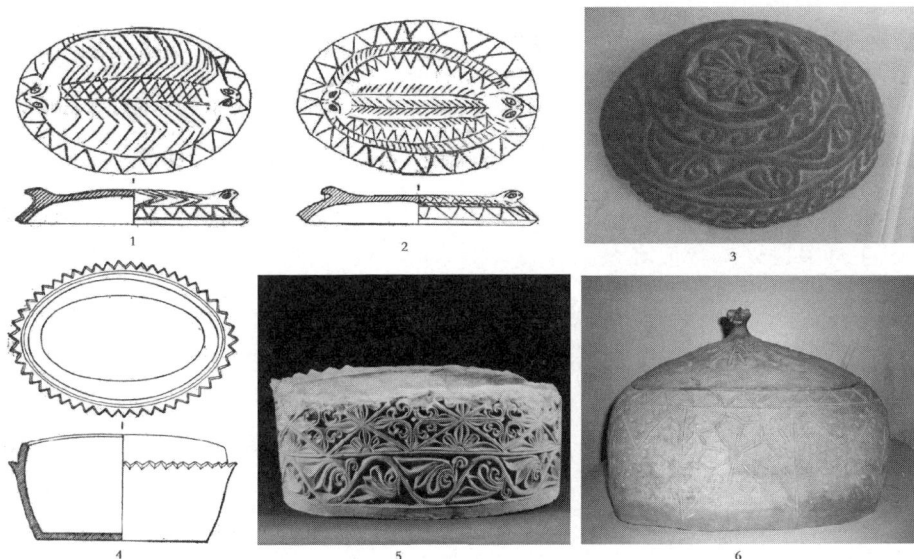

图6 麻扎甫塘和南戈壁墓地出土火祆教纳遗物与碎叶出土纳骨器

① 林梅村：《从考古发现看火祆教在中国的初传》，《西域研究》1996 年第 4 期。
② ［日］影山悦子：《東トルキスタン出土のオッスアソ（ゾロアスター——教徒の納骨器）について》，《オゾエント》1997 年第 40 卷第 1 号。

炉、坩埚，以及火葬用的骨灰罐。有些陶器上刻划画几何纹、波浪纹、忍冬纹、堆塑人面纹和彩绘图案，年代定在西晋至唐代。[①]

安西都护府建立以前，塔里木盆地在西突厥统治之下："统叶护可汗，勇而有谋，善攻战。遂北并铁勒，西拒波斯，南接罽宾，悉归之。控弦数十万，霸有西域，据旧乌孙之地。又移庭于石国北之千泉。其西域诸国王悉授颉利发，并遣吐屯一人监统之，督其征赋。西戎之盛，未之有也。"[②]唐初龟兹等西域五国依附于西突厥。龟兹王诃黎布失毕娶突厥女阿史那氏为妻。贞观二十二年（648），唐朝昆丘道行军大总管阿史那社尔平龟兹。这才结束了西突厥对塔里木盆地的统治。

在中亚粟特文化的影响下，西突厥可汗信仰火祆教，故塔里木盆地一度流行火祆教，那么，龟兹城郊麻扎甫塘墓地发现的火祆教纳骨器，当为西突厥古墓。库车南戈壁墓地出土的模制莲花波浪忍冬纹陶灯图案，与碎叶出土火祆教纳骨器莲花纹样（图6，其6）如出一辙，亦为西突厥火祆教遗物（图6，其3）。1907年，法国学者伯希和在库车渭干河古渡口西岸都勒都尔·阿护尔遗址发掘出两件粟特语文书，与之共出的汉文残纸记有"和众坊正曹德德"、"付钱人安元俊"、"怀柔坊□丁安拂勒"等，可见龟兹国有许多中亚曹国、安国迁来的粟特人，有些粟特人还当了乡官"坊正"。[③]此外，当年龟兹国还活跃着许多粟特商人。正如影山悦子指出的，克孜尔石窟第14、17和38窟菱格画中戴白帽的商人当为粟特人。[④]那么，龟兹王城郊外纳骨器墓葬群中亦有粟特火祆教徒之墓。

三、王城西门外的大佛像

唐初玄奘西行求法时，龟兹王城西门外有两尊高90多尺的大佛像。《大

---

① 新疆自治区文物普查办公室、阿克苏地区文物普查队：《阿克苏地区文物普查》，《新疆文物》1995年第4期；新疆文物局等单位编：《新疆文物古迹大观》，新疆美术摄影出版社1999年版，第216页。

② [后晋] 刘昫等撰：《旧唐书》，中华书局1975年点校本，第5181页。

③ Éric Trombert, Ikeda On et Zhang Guangda, *Les Manuscrits Chinois de Koutcha, Fonds Pelliot de la Bibliothèque Nationale de France*, Paris, 2000.

④ [日] 影山悦子：《粟特人在龟兹：从考古和图像学角度来研究》，荣新江等主编：《粟特人在中国——历史、考古、语言的新探索》，中华书局2005年版，第192页。

唐西域记》记载："大城西门外路左右各有立佛像。高九十余尺。于此像前建五年一大会处。每岁秋分数十日间。举国僧徒皆来会集。上自君王下至士庶。捐废俗务奉持斋戒。受经听法渴日忘疲。诸僧伽蓝庄严佛像。莹以珍宝饰之锦绮。载诸辇舆谓之行像。动以千数云集会所。常以月十五日晦日。国王大臣谋议国事。访及高僧然后宣布。会场西北渡河至阿奢理贰伽蓝（唐言奇特）。庭宇显敞佛像工饰。僧徒肃穆精勤匪怠。并是耆艾宿德硕学高才。远方俊彦慕义至止。国王大臣士庶豪右。四事供养久而弥敬。"[1]

1903年，日本大谷探险队成员渡边哲信调查了渭干河畔夏合吐尔和乌什吐尔（或称"玉其吐尔"）遗址，并进行部分发掘。从中发现带有"陶拓所""天宝""大历"字样的唐代纸文书残片。渡边哲信将夏合吐尔比定为"阿奢理贰寺"，并将河对岸的乌什吐尔比定为柘厥关。[2]1907年法国学者伯希和到夏合吐尔遗址进行发掘，掘获一批汉文和吐火罗语文书。伯希和将该遗址称作"都勒都尔·阿护尔"，认为即阿奢理贰寺。[3]王炳华根据伯希和收集品，进一步论证了渭干河两岸夏合吐尔和玉其吐尔古城分别为唐代柘厥寺和柘厥关。[4]

唐天宝九年（750），高僧悟空从犍陀罗东归，途经龟兹国。他在游记中将阿奢理贰寺和柘厥寺列为两个不同的寺院。其文曰："次至安西（指龟兹），四镇节度使开府仪同三司检校右散骑常侍安西副大都护兼御史大夫郭昕、龟兹国王白环（亦云丘兹，正曰屈支城）。西门外有莲花寺，有三藏沙门名勿提提犀鱼（唐云莲花精进），至诚祈请译出《十力经》。可三纸许以成一卷，三藏语通四镇，梵汉兼明。此《十力经》，佛在舍卫国说。安西境内有前践山、前践寺，复有耶婆瑟鸡山（此山有水滴溜成音。每岁一时采以为曲，故有耶婆瑟鸡寺）、东西拓（柘）厥寺、阿遮哩贰寺。于此城住一年有余。"[5]所谓"阿遮哩贰寺"即阿奢理贰伽蓝，而"东西柘厥寺"分别为渭干河两岸夏合吐尔和乌什吐尔遗址，并非阿奢理贰伽蓝。为此，新疆文物考古研究所张平重新

① 季羡林等，前揭书，第61页。
② ［日］上原芳太郎编：《新西域记》上卷，有光社1936年版，第330—338页。
③ Louise Hambis(ed.), *Mission Paul Pelliot III Site de Koutcha : Douldour - aqour et Soubachi*, Paris, l967; *Mission Paul Pelliot IV Temples const rui ts : Douldour - aqoure et Soubachi*(textes) , Paris, l982.
④ 王炳华：《新疆库车玉其土尔遗址与唐安西柘厥关》，收入《丝绸之路考古研究》，新疆人民出版社1993年版，第82—105页。
⑤ ［唐］悟空：《悟空入竺记》，收入圆照撰：《大唐贞元新译十地等经记·十力经序》（大正新修《大藏经》第五十一卷《史传部三》）。

图7 王城西门外大佛像废墟（今萨克刹克土墩）

做了实地调查。他发现阿奢理贰伽蓝在克孜尔尕哈石窟与皮朗古城之间的博特罕那佛寺遗址。该佛寺位于库车县伊西哈拉乡贷维来特巴赫村东北约5公里，西北近邻克孜尔尕哈石窟。由于博特罕那佛寺造型独特，平面呈品字形，故《大唐西域记》谓之"奇特寺"。①

我们注意到，皮朗古城西墙外，库车河古渡口附近有个萨克刹克土墩。从照片看，现存土墩仍高达7～8米（图7）。②据黄文弼调查，"该土拉位于且尔色依东边，西南距大桥约百余米，在乌库公路的北侧。据本地人说，过去四周有围墙，中为土墩，高五级，可能是个佛塔。在旁边有庙宇，荒废后一度改为坟地。最近被铲平，当取土时发现十多个石柱础……由此可见，这个土墩是一个很大的建筑遗址"。③西域大佛往往建在古城西郊，如北庭古城西大寺大佛像（图8）。④

《王延德使高昌记》称之为"应运大宁寺"。其文曰："宋太平兴国六年（981），四月狮王避暑北庭，邀延德，凡六日至北庭，憩高台寺，又明日引延德游境内佛寺，有寺曰：'应运大宁寺'。贞观十四年（640）造。"⑤

我们认为，萨克刹克土

图8 北庭古城西大寺大佛像

① 张平：《龟兹阿奢理贰伽蓝遗址新证》，《新疆文物》2005年第1期。
② 萨克刹克土墩彩色照片，引自新疆文物局等单位编：《新疆文物古迹大观》，新疆美术摄影出版社1999年版，第213页。
③ 黄文弼，前揭书，第55页。
④ 中国社会科学院考古研究所编：《北庭高昌回鹘佛寺遗址》，辽宁美术出版社1991年版。
⑤ 王国维：《古行记四种校录》，收入《王国维遗书》第十三册，上海古籍书店1983年版。

墩当即龟兹王城西门外高90余尺大立佛废墟。唐代1尺约合30.7厘米，那么，这尊大立佛高达27米。张大千旧藏敦煌唐写本《张君义文书》提到龟兹王城附近有仏陁城。录文如下：

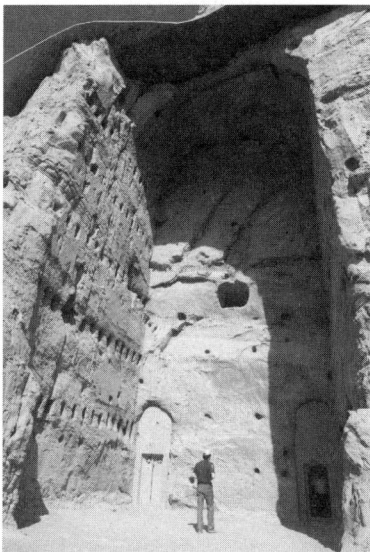

图9 克孜尔石窟谷西区大像窟

> 1. 敕四镇经略使前军（牒）张君义
>
> 2. 五月六日（破）连山阵同日······
> 日破临崖阵
>
> 3. 同日破白寺城阵九日破□坎（城）
> 阵同（日）······
>
> 同日破仏陁城阵
>
> 4. 十一日破河曲阵十二日破······
> 十四日破故城阵
>
> 5. 同（日）破临桥阵
>
> 6. 傔人（张君义）

刘安志认为，这件文书所言"白寺城"在渭干河畔都勒都尔·阿护尔遗址（今称玉其吐尔），唐朝在白马寺附近设柘厥关，而仏陁城可能是《大唐西域记》所言龟兹王城西门外高90余尺大立佛。[1]

如前所述，库车县萨克萨克街道正是龟兹王举行大法会的"大会场"所在地。看来，东汉末佛教传入龟兹后，这里成了宗教传播与商业贸易的重要活动中心之一。

龟兹地区现存最大的佛教造像遗迹，首推克孜尔石窟谷西区大像窟，编号第47窟（图9）。主室窟顶高达16.5米，窟内原泥塑立佛高逾16米，甚至比北魏和平初年（460年）开凿的山西大同云冈石窟昙曜五窟中18号窟的15.5米立佛和16号窟的13.5米立佛还要高大。殊不知，克孜尔大像窟并非龟兹王国最大的佛像，最大的佛像实乃龟兹王城西门外两尊高达27米的大佛像。

---

[1] 刘安志：《敦煌所出张君义文书与唐中宗景龙年间西域政局之变化》，《魏晋南北朝隋唐史资料》第21辑，武汉大学文科学报编辑部，2004年，第273页。梅村案：都勒都尔·阿护尔遗址实乃夏合吐尔古城，渭干河对岸古遗址才是玉其吐尔。

据以上讨论，龟兹王城西门当在萨克刹克土墩东侧，正对库车河古渡口（图10）——今库车团结新桥。库车老城区大巴扎就在当年龟兹王举办佛教大法会的"大会场"故地。由此向西渡库车河，可达唐代丝绸之路北道渭干河古渡口柘厥关和白寺城；由此向西北，可达《大唐西域记》

图10 库车河古渡口

所言"阿奢理贰伽蓝"（今博特罕那佛寺遗址）。

四、王城东门内龟兹都督府遗迹

贞观十四年（640）八月唐灭高昌国，九月置安西都护府于西州交河城（今吐鲁番交河故城），管理西域地区军政事务。贞观二十二年（648），唐军进驻龟兹国以后，便将安西都护府移至龟兹国都伊逻卢城，同时在龟兹、焉耆、于阗、疏勒四城修筑城堡，建置军镇，由安西都护兼统，史称"安西四镇"。唐朝平定龟兹后置龟兹都督府，领羁縻州九，以龟兹王叶护珨为都督。龟兹都督府东接焉耆都督府、南接毗沙都督府、西南邻疏勒都督府，隶属于安西都护府。

图11 库车哈拉墩遗址

关于龟兹都督府的设置时间，诸书记载不一。吴玉贵认为应在显庆三年（658）。[1]据黄文弼调查，麻扎甫塘墓地一些古墓压在皮朗古城

① 吴玉贵：《突厥汗国与隋唐关系史研究》，中国社会科学出版社1998年版，第406—411页。

东城墙之下，[①]说明龟兹都督府建立后伊逻卢城东城墙进行过扩建。如果龟兹都督府遗址在皮朗古城，那么很可能在城内哈拉墩（图 11）之上。据黄文弼调查，"哈拉墩位于库车县城东郊约 3 公里，在皮朗古城内，乌恰河东面平原上。遗址东距皮朗村约 300 米，北距百材艾力克村约 100 米，南 240 米抵乌库公路。……所谓哈拉墩，是一座用土坯垒砌，形状不甚规则的土墩。土墩南北长 25 米，东西宽 15 米，高出地表 3.2 米。

从遗址的近代取土坑的坑壁上观察，土墩之下灰层厚约 2 米。经初步调查，灰层分布范围为南北 85 米、东西 116 米，总面积当在 9359 平方米以上"。[②]第一、二层（上层）堆积的遗物有铺地方砖、板瓦、筒瓦、墨书龟兹文陶器残片、釉陶灯、大陶缸，以及开元通宝、大历元宝、建中通宝等钱币。北区遗址出土有晚期砖、瓦、陶器残片、铜器。从地理位置看，哈拉墩位于龟兹王城（今皮朗古城）东门内。库车县城的人民路贯穿皮朗古城东西两城门，很可能建于龟兹王城内东西大街上。近年新疆文物考古研究所在库车县友谊路发掘了一批西晋十六国时期的砖室墓，[③]说明龟兹城东墙在库车友谊路西侧。

值得注意的是，哈拉墩上层文化遗址出土了建中通宝和大历元宝等唐代钱币。[④]据王永生考证，大历元宝、建中通宝等唐代钱币是安西都护府为抗击吐蕃，坚守西域而于大历、建中年间（776—783）在龟兹自行铸造的。[⑤]

早在魏晋十六国时期，龟兹地区就流行中原建筑材料，但是只用于砖室墓。龟兹地面建筑使用砖瓦始于唐代，而且只有高等级建筑才使用瓦当、陶水管和铺地砖。在龟兹地区，中原式建筑材料主要见于伊逻卢城内外，如雀鲁拔克墩、塔什墩、皮朗墩、哈拉墩。不过，皮朗古城内只有哈拉墩

图12 哈拉墩出土唐代砖瓦和陶水管

---

① 黄文弼，前揭书，第 59—60 页。
② 黄文弼，前揭书，第 93 页。
③ 新疆文物考古研究所，前揭文，第 37—55 页。
④ 哈拉墩出土唐代钱币，引自黄文弼，前揭书，图版八七。
⑤ 王永生：《大历元宝、建中通宝铸地考——兼论上元元年以后唐对西域的坚守》，《中国钱币》1996 年第 3 期。

上层文化遗址发现了唐代砖瓦和陶水管（图 12），那么，龟兹都督府治所很可能就在哈拉墩遗址。[①]

五、王城北门外安西都护府遗迹

唐太宗贞观二十二年（648），唐军进驻龟兹国以后，便将安西都护府移至龟兹国都伊罗卢城。《新唐书·西域传》记载："始徙安西都护府于其（指龟兹）都，统于阗、碎叶、疏勒，号四镇。"《通典·边防典》则说："今安西都护府所理则龟兹城也。"公元 8 世纪初，慧超自印度东归，途经龟兹。他在游记中写道："又经疏勒东行一月，至龟兹国，即是安西都护府，汉国兵马大都集处。"[②]

2011 年夏，我们陪同美国华盛顿大学邵瑞琪（Richard Salomon）教授到南疆考察。在库车县博物馆参观时，我们见到皮朗古城出土的唐代筒瓦（图 13）。据报道，2010 年新疆降水量异常偏多，年总降水量，北疆为 303.4 毫米，较常年偏多近五成；天山地区为 463.7 毫米，

图13 皮朗古城出土唐代筒瓦

较常年偏多近一成；南疆为 93.2 毫米，较常年偏多近九成。[③]南疆这点降雨量，根本不需要在房顶铺瓦。库车博物馆所藏唐代筒瓦，与洛阳唐代砖瓦窑出土筒瓦如出一辙，显然是驻守龟兹的安西都护府戍卒烧造的。西域地区唐代古城皆无见砖瓦，皮朗古城唐代建筑采用高规格中原砖瓦，说明安西大都护府就在此城。

回京后，翻检考古报告，得知 1958 年黄文弼在皮朗古城北城墙外雀鲁拔克（B）土墩发现大型唐代建筑遗址，从中发掘出唐代砖瓦（图 14）。他在

① 哈拉墩彩色照片，引自新疆文物局等单位编，前揭书，第 213 页；哈拉墩出土唐代砖瓦，引自黄文弼，前揭书，图版八四。
② [日]桑山正进编：《慧超往五天竺国传研究》，京都大学人文科学研究所，1992 年，第 25 页。
③ 赵婷、宋晓东：《新疆冬季降水偏多，北疆降水量近五十年来最高》，引自中国新闻网 2010 年 3 月 12 日。

图14 雀鲁拔克土墩出土唐代砖瓦

报告中写道："雀鲁拔克（B）土拉，在 A 土拉之东，贝难阿勒克村北，龟兹北城墙的北侧。该土拉为方形黄土台，面积约22.8米×22米，高2.8米左右。在台面上散布有筒瓦、板瓦、压纹铺地砖，以及较多的红陶片等。我们曾在此开了两个4米×4米的探方（T1、T2）。两个探方相邻，中间只隔一道隔梁。……经过长期积水浸灌，原建筑已全被摧毁，墙壁变为泥土，土台两侧保存土坯垒砌的遗痕可以为证。……此外，在调查中还发现有筒瓦、瓦当、压纹砖，其作风与哈拉墩上层及皮朗所出者完全相同，与唐大明宫出土的砖瓦质色完全一致。是此建筑的时代相当于唐代，或即为唐人所造。"[1] 其实，雀鲁拔克土墩的唐代砖瓦与两京皇宫御用砖瓦（图14）并不完全一样，前者明显比后者级别低。

黄文弼还在报告中提出："在哈拉墩上层出土的遗物中，与大陶缸、砖瓦陶片共出的有不少唐钱，最早者为开元钱，最晚者为建中通宝，因此这些遗址的活动时期应在唐初至唐末。若把这些遗迹与历史记载联系起来看，可以说这个城是唐朝在龟兹所建立的一个政治中心区，或许是唐朝安西都护府的

---

[1] 黄文弼，前揭书，第56—57页，图版四〇、四一。

所在地。"①

黄先生将安西都护府置于皮朗古城是正确的，但是定在古城内哈拉墩上层文化遗址不一定正确。据《资治通鉴》卷二百一十五记载："是时，天下声教所被之州三百三十一，羁縻之州八百，置十节度、经略使以备边。安西节度抚宁西域，统龟兹、焉耆、于阗、疏勒四镇，治龟兹城，兵二万四千。"那么，安西都护府在龟兹驻军多达 24000 人。数以万计的汉兵，不可能在龟兹王城内驻防。此外，伊逻卢城是龟兹王宫所在地和龟兹都督府治所，安西都护府指挥中心恐怕只能设在王城郊外。从地理位置看，雀鲁拔克土墩位于龟兹王城北门外，通往柘厥关的丝绸之路大道旁（图15），并采用中原建筑材料，当即安西都护府重要指挥中心之一。

图 15　皮朗古城遗迹示意图

贞元五年（789），高僧悟空西行归来，途经疏勒镇，会见镇守使鲁阳；到于阗镇，见镇守使郑据；到龟兹，见四镇节度使、安西副大都护郭昕；到焉耆镇，见镇守使杨日佑。② 可知当时安西四镇仍在唐军控制之下。于阗出土汉文文书最晚纪年为贞元六年（790）十月四日，表明安西四镇最终陷落

① 黄文弼，前揭书，第58页。
② ［唐］悟空：《悟空入竺记》，收入圆照撰：《大唐贞元新译十地等经记·十力经序》（大正新修《大藏经》第五十一卷《史传部三》）。

于 790 年。[①]

　　物换星移，唐开成五年（840），回鹘人从蒙古高原大举西迁中亚，塔里木盆地开始了突厥化、伊斯兰化的历史进程。回鹘人首先在吐鲁番盆地建立了新的家园，史称"高昌回鹘王国"。[②] 公元 10—11 世纪，西迁中亚的回鹘人与当地突厥系民族联合，在八剌沙衮和今喀什两地建立伊斯兰文化中心，史称"喀喇汗王朝"。[③] 公元 9 世纪以后，龟兹地区只是作为高昌回鹘王国或喀喇汗王朝的附庸。尽管 1295 年元朝一度在龟兹设立曲先塔林都元帅府，那只是昙花一现。[④] 除此之外，龟兹地区再未形成过任何政治文化中心。具有千年文明史的龟兹城终于走向衰亡，逐渐陆沉于库车河畔荒漠之中。

2014年11月23日于京城蓝旗营寓所

---

① 薛宗正：《安西与北庭——唐代西陲边政研究》，黑龙江教育出版社 1998 年版，第 313 页。
② [德] 葛玛丽（A.V.Gabain）撰，耿世民译：《高昌回鹘王国（公元 850 年—1250 年）》，《新疆大学学报》1980 年第 2 期。
③ 林梅村：《中亚民族与宗教》，江西人民出版社 2012 年版，第 367—370 页。
④ 刘迎胜：《元代曲先塔林考》，《中亚学刊》第 1 辑，中华书局 1984 年版，第 243 页。

昆仑、河源与西域

□巫新华

中国社会科学院考古研究所新疆考古研究中心

中华大地西高东低，古今认同。而横贯于中华大地西部的昆仑山脉、帕米尔山结，则无疑是中华大地山川的脊梁。古籍中所谓"河出葱岭"、"河出昆仑"绝非想象或杜撰，有着亚欧大陆地理环境条件的必然，也有着深远的亚欧大陆各大古代文明彼此交流互动各自发展的历史文化底蕴。当然，昆仑山首先是我国先秦时代昆仑神话的地理载体，然后是中国上古文化中运化文明、缔造万物的仙山圣地。其地理区域所在明确定于新疆，出自西汉武帝之手。汉武帝军事上全面出击匈奴，外交上大举西进贯通西域，控制亚欧大陆贸易通道的做法，使汉王朝掌握了东西方物流贸易的控制权。文化交流与世界性贸易通达所带来的巨大利益，以及开疆拓土万邦来朝所获得的空前政治成果，极大地凸显出西域山河对于国祚举足轻重的作用。

一、"河出葱岭"、"河出昆仑"出处

语出《尚书·禹贡》和司马迁的《史记.禹本纪》等古籍。意思就是华夏族的母亲河黄河的源头出自于阗昆仑山。张骞凿空通西域，旅途所见昆仑山以及葱岭河（叶尔羌河与塔里木河）、蒲昌海（罗布泊）之奇观，汉代太史令司马迁在其名著《史记·大宛列传》中记载："汉使穷河源，河源出于阗，其山多玉石，采来，天子案古图书，名河所出山曰昆仑云。"[①]

由此道出"昆仑山与中国河（黄河）河源在西域"这个又影响中国2000

---

① 司马迁：《史记·大宛列传》，中华书局 1982 年版。

多年的历史文化观念。同时表明兹事体大，"昆仑山与黄河河源"在西域这事是由古代中国最伟大的皇帝"秦皇汉武"之汉武帝在听取张骞等亲自出使西域使者的考察汇报之后，仔细查阅地图和文献，周密研究思考之后的慎重决定。

《汉书·西域传》："河有两原，一出葱岭山，一出于阗，于阗河北流与葱岭河合，东注蒲昌海，其水亭居，冬夏不增减，皆以为潜行地下，南出于积石，为中国河云。"这里所说的于阗河即为白玉河、墨玉河以及二者汇流而成的和田河；葱岭河即叶尔羌河以及和田河与之汇流之后的塔里木河；蒲昌海又名盐泽即古代罗布泊；"河"是中国古代特指黄河的专称。这段文字明确指出了古代塔里木河入注古代罗布泊后伏流地下，到青海积石山后复出地表。实际上，张骞把发源于帕米尔山结、昆仑山并东流的塔里木河的主要支流和田河、叶尔羌河作为黄河的上源。张骞眼中的这条中国河河源——塔里木河在注入罗布泊后又潜行地下，至青海积石山再度冒出地面再度成为黄河源头。这就是昆仑山诸水流入塔里木河注入罗布泊，然后潜入地下，至青海积石山地区重新出露地面的黄河之源神圣传说。这也是黄河重源说的官方由来，此类记载累累于史籍[①]。

张骞考察黄河源时所到达的地方在现今的帕米尔高原，即是昆仑山西段，也是昆仑山山脉实际起源的帕米尔山结。就现代科学结论而言，他看到的并非实际地理学上的黄河河源，河源实际在昆仑山东段的青海省境内。然而由于上古一贯的大昆仑文化内涵以及古代地图、图册、文献记载的强大影响，以张骞为代表的西行出使大臣和往来商旅亲眼所见：帕米尔以西昆仑山水全部西流并最终汇聚于罗布泊。而罗布泊水无论冬夏与旱涝，水量从不增减的奇景，使汉武帝最终还是根据先秦上古中国一贯说法和当时积累的上古文献和图册，将中国河（黄河）河源地点定于昆仑和葱岭。这样确定的河源虽然地理学的误差在1300公里左右，但是文化、历史学上的误差却为零！

---

① 《山海经》："昆仑墟在西北，河水出其东北隅。"《山海经》曰："敦薨之水，西流注于泑泽，出于昆仑之东北陬，实惟河源。"《水经》载："河出昆仑，经十余国，乃至泑泽。"《山海经》又称："阳纡之山，河出其中。"《穆天子传》："阳纡之山曰河北，冯夷所居，是惟河宗氏。"《释氏西域志》："阿耨达大山，上有大渊水。即昆仑山也。"《尔雅》："河出昆仑墟，色白；并千七百川，色黄。"《淮南子》："昆仑之墟，河水出其东北陬，赤水出其东南陬，洋水出其西北陬。"《洛书》："河自昆仑，出于重野，径积石为中国之河。"等等。

二、河源——千古一贯的传统文化思想

河源的官方正式考察开始于西汉。汉使张骞一行溯塔里木河上行，经龟兹（库车）、温宿（阿克苏）、疏勒（喀什噶尔）翻越葱岭而至大宛。返回时，经昆仑山考察了塔里木河上游河流。到达罗布泊时，发现塔里木河等河流无论怎样源源不断地注入湖中，而湖水则既不显增加也不显减少。于是认为湖水潜流地下，进入青海地域于积石山重新出露地面，而成为黄河的源流。

"黄河重源说"代表著作：

1.《史记·大宛列传》："于阗之西，水皆西流注西海。其东水东流注盐泽，盐泽潜行地下，其南则河源出焉。"

2.《汉书·西域传》也说："其河有两原，一出葱岭山、一出于阗。于阗在南山下，其河北流，与葱岭河合，东注蒲昌海。蒲昌海一名盐泽者也，去玉门、阳关三百余里，广袤三百里。其水亭居，冬夏不增减，皆以为潜行地下，南出于积石，为中国河云。"①这是黄河重源说最重要的经典依据之一，也是最早的记载。从此，张骞的这个黄河伏流重源说成为皇家正统学说，直至晚清。

3. 北魏郦道元撰《水经注》也沿袭《史记》、《汉书》的说法。

4. 清代徐松著《西域水道记》中，仍取《史记》、《汉书》的说法。

5. 清代康熙和乾隆时已经探清了真正的河源，可是乾隆四十七年（1782），由纪昀、王念孙等参加编写的《河潭纪略》把罗布泊"即黄河上源也"，"潜行地下，其南则河源出焉"仍然写入书中。

6. 道光二十二年（1842）成书的《嘉庆重修一统志》，仍把罗布泊"即黄河上源也"，"潜行地下，其南则河源出焉"写入书中。

---

① 《汉书·西域传》："西域以孝武时始通，本三十六国，其后稍分至五十余。皆在匈奴之西，乌孙之南。南北有大山，中央有河。东西六千余里，南北千余里。东则接汉，阨以玉门、阳关，西则限以葱岭。其南山，东出金城与汉南山属焉。其河有两源，一出葱岭，一出于阗。于阗在南山下，其河北流与葱岭合，东注蒲昌海。蒲昌海一名盐泽，去玉门、阳关三百余里，广袤三百里。其水亭居，冬夏不增减，皆以为潜行地下，南出于积石，为中国河云。"万斯同按："于阗东去长安九千六百七十里，东北至都护治所三千九百四十七里。都护治乌垒城，去阳关二千七百三十七里。而河源在于阗东境，其去阳关不甚远，当汉使穷河源时，未置河西四郡，则视于阗为遥。迨四郡既开，自敦煌列亭障直至盐泽，而轮台、渠犂皆置田卒、设官吏，后又命都护尽护南北道诸国，则于阗亦在节制中，其去河源不远矣。"万斯同：《昆仑河源考》，见《指海十二集》（丛书），大东书局。

7. 到了 1948 年还有现代学者认为，"创潜流之说，虽非事实"，但却更创造了一条新的流路，即黄河上游—庄浪河—溺水—疏勒河，与罗布泊连通。

三、汉武帝确定昆仑、河源位置的传统文化影响因素

中国西北地区，并不是古代中国人的主要活动区域，那里也不大适合发展我们祖先擅长的农业生产。上古时代那里是一个神秘的区域，一般人根本到不了。但是无论如何，古代中国人始终对昆仑保持着热诚的信仰。总是不顾艰难险阻地向西北追寻这座圣山的地理位置，周穆王、汉武帝寻找昆仑都是在这样的背景下展开的。

黄河是中国北方第一大河。上古时代，华夏民族主要生活在黄河两岸。所以，黄河本身具有十分神圣的地位，是人们崇拜的对象。其神灵河伯也成为中国所有河流之神中最著名的一个。从商朝开始，一直有祭祀黄河的国家礼仪。既然黄河如此神圣，那么，对于当时的人们来说，弄清楚黄河的源头，就是一件值得努力的事。作为黄河源头的昆仑山虽然是神话，但在古人眼里，它是具有地理学上的真实意义的。对于那时候的人类而言，地理性真实和信仰性真实是一致的。所以，人们在昆仑神话不断发展的过程中，一直寻找机会，接近这座圣山。

春秋战国时期成书的《穆天子传》记载周穆王西征途中，"天子授河宗璧，河宗伯夭受璧西向，沈璧于河，再拜稽首。祝沈牛马豕羊。"河宗号之："帝曰：'穆满，示女春山之瑶（宝），乃至于昆仑之丘，以观春山之瑶（宝）！赐语晦。'"[1] 后来，穆王按照河神传达的天帝旨意，"遂宿于昆仑之阿，赤水之阳。吉日辛酉，天子升于昆仑之丘以观黄帝之宫，而封丰隆之葬以诏后世。癸亥，天子具蠲齐牲全以禋于昆仑之丘。"[2] 根据这段材料，穆王寻访昆仑山，是受到黄河河神的委托。因此可以说，周穆王寻访昆仑山在很大程度上是为了追寻黄河源头。这象征性地揭示了中国古人追寻昆仑与祭祀

---

[1] 张耘：《山海经·穆天子传校注》，岳麓书社 2006 年版。
[2] 同上。

黄河有密切关系①。

按照《穆天子传》的说法，周穆王登上了昆仑，拜谒了山上的黄帝之宫，为丰隆（雷神）的坟墓封了土，并举行了祭祀昆仑山的仪式。

《穆天子传》成书于战国时代，那时秦穆公平定西戎，西戎大部已经经昆仑西迁。该书的作者一定是昆仑山信仰者，很可能主要依据秦穆公平定西戎所掌握的情况和上古时期流传下来的材料撰写记录了一个久为流传的古史传说。周穆王游历昆仑的记载在一定程度上证明此山在中国上古史中的真实性。其后，我们熟悉的汉武帝则正式把神话昆仑落实为真实的地理学山脉。

汉武帝之前，秦文化是中国先秦文化中接受袭来文化最多并吸收各种亚欧不同区域文化的合成体。秦文化的最大特征是开放性的"拿来主义"，秦人远祖曾大量拿来过夏商文化，相对而言最突出的是其拿来戎狄文化最多，以致被春秋时期的其他列国视为"戎化"，并被鄙夷地歧视为西戎之一支。

秦人长期居住在上古中国文明区域的西部，与西方的羌、西北方的戎风俗文化的接触自然十分普遍与平常。考古学资料中的洞室墓、屈肢葬和带铲形足端的袋足鬲被学术界视为秦、戎共同的文化现象。秦、戎文化很大程度上可以视为同一文化系统②。这里所说的戎、狄是上古中国西北部与秦人关系密切的游牧部族。戎即西戎，是活动于中亚广大区域的斯基泰人，我国文献则称之为塞种，诸如《史记·匈奴列传》"秦穆公得由余，西戎八国服于秦"之类的记载汉文史籍中较多，反映出这些人活动频繁影响巨大。秦人深受西戎尚武风尚的影响，并在生活习俗等方面大量吸收戎狄文化。狄是指上古中国北方阿尔泰语系部族人群的名称。秦人立国于戎狄之地，与戎狄人群杂处，自然十分有条件广泛吸取融汇西方、北方各部族文化的特点。而戎狄部众是中国上古时代最便捷接触亚欧大陆西方各大文明区域文化影响的人群，其多元文化的因素特点极为鲜明和突出。秦文化又通过诸戎狄部族直接或间接地学习接受了上古时代西来的优秀文化，在发展强大自己的同时也向中国文明核心区域广泛传播出去。

客观地说，秦人是春秋战国时代中国吸收亚欧大陆多元文化与向西传播

---

① 陈连同：《论古代昆仑神话的真实性——古人为什么要探索昆仑的地理位置》，《广西师范学院学报》2011年4期。
② 赵世超：《秦人用人得失与秦文化》，《秦文化》第一辑，西北大学出版社1993年版。

中国文化的主要当事人，也是最大的受益者。秦国在列国中称霸便最大程度反映出当时亚欧大陆各主要文明区域相互之间频繁文化交流与各自快速发展的历史事实。正是由于不断地吸收各周边民族的先进文化成分，秦人才逐渐由一个偏处西隅、被视为西戎的落后邦国发展成为吞并六国、建立中国历史上第一个强大王朝的大帝国，中国历史上的始皇帝也由此出现。

从《穆天子传》和《山海经》来看，早在商周时期中原地区已经与西域有着十分频繁的经济文化往来。从秦国所在腹心地带陕西关中向西经河西走廊通过昆仑山北缘、天山南北麓而抵达中亚、西亚的亚欧大陆中部的天然通道，早已成为东西方交通的大道。《穆天子传》所描绘的中原与西域的交往通道表明公元前6—前5世纪前后，关键路段为河西走廊、昆仑山北缘、天山南北麓为主的东亚贸易商道，而由阿尔泰山、天山北麓直通蒙古高原的草原商道作用次之。这条主商道的控制者是西戎（塞种、月支），而阿尔泰山、天山北麓，以及天山西北七河流域区域通往西方的草原商道则主要由斯基泰人控制①。

西方文献记载：斯基泰人在公元前7世纪时已控制了伊塞克湖和巴尔喀什湖之间以及天山以北的广大地区，并创造了广布欧亚草原的"库尔干"（Kurgan），意为"人工构筑"的圆丘墓葬文化，并随之影响到中国农耕文化区域的丧葬文化。库尔干墓葬文化特征为石围竖穴式墓葬形制，葬俗中有较多的火崇拜因素。塞种人饲养马匹，较早使用战车，掌握较为先进的青铜冶炼技术，崇尚动物文化有着极为发达的动物纹式文化，其活动分布范围从黑海地区经过北高加索，直至西伯利亚的叶尼塞河流域。塞人共分为三支：中亚锡尔河、阿姆河流域以及天山地带的尖帽塞克；与印度、伊朗相邻的牧地塞克，以及分布在里海或庞特海岸的近海塞克。

中国西部的西戎（塞种、月氏）人是最为了解中国核心文化特质的国际化程度最高的人群，他们很早就是中国玉文化的使用者和昆仑山玉石的发现

---

① 塞种人、斯基泰人以及其后的大月氏人，同为公元前8—前3世纪广泛活动在蒙古高原西部、河西走廊，以及包括新疆在内的广大中亚和南俄草原地带上印欧语系东伊朗语族之游牧民族。斯基泰人（Scythians）。又译"西古提"人（Skutai）、西徐亚人或赛西亚人；古代波斯人称之为Saka（塞克人），分为戴尖帽塞人、饮豪麻汁塞人、海那边的塞人；古代亚述人称之为Ashkuzai，古波斯和古印度人称之为Saka，古希腊人称之为Skuthoi或Sacae，中国《史记》、《汉书》中称之为"塞"或"塞种"、尖帽塞人或萨迦人。

和石贩人。故在中国史籍中称"玉起于禺氏",由于塞人地处东亚文明核心区中国文明的西部,天然地成为亚欧大陆东西方商贸的主要中转者。他们向东转手得到高端商品的同时向西输出中原的丝绸,并通过中亚斯泰人转运到西方。这样的转手贸易者角色,使古代西方很早就认识了中国塞种人,他们以丝绢的名称称呼中国塞种人。《禹贡》《尔雅》《管子》《淮南子》《拾遗记》均有琳琅干产于昆仑的记载。《晋书·食货志》载"秦,旄羽,迥带琅干",说的也是关中琳琅干的西域来源。公元前623年,秦穆公统治的秦国势力向西到达了河西走廊西至昆仑山地区。就目前所得的考古资料来看,输往中亚和欧洲的中国丝织品正是从这以后才成规模进行。之前的丝绸贸易恐怕只是少量的短距离转手贸易,规模极为有限。当然,戎、塞种、月氏向西迁徙和游牧也辗转将秦人的中国文化影响带到了西方。西方人最早所知道的中国就是以"秦"为代表的。公元前5、前4世纪,古波斯文献中出现的"塞尼"、古希伯莱人《旧约·以赛亚书》的"希尼"皆为"秦"的译音。总之,公元前3世纪以前,中原与中亚及欧洲之间通过河西走廊的经济文化交流关系就是通过秦人和塞人为主的游牧民族建立起来的。

汉武帝在张骞出使西域之后,仍然不断派遣后续使者,前往西域探寻黄河源头。汉武帝根据当时西行汉使们做出的最可靠第一手实地考察报告,结合上古图书文献而确定于阗南山为昆仑,并进而明确了河源。这表现了汉武帝对昆仑信仰的真诚,也反映出昆仑信仰的巨大影响力。

四、河出昆仑的其他方面的原因

1. 佛教的影响。按照古印度的吠陀文明的理解,雪山四周有河流四向分流,河流之源同出一处。西方佛教徒因此提出黄河水发源于阿耨达山的说法。郦道元注释阿耨达大水为古代塔里木河南面的一条支流,向下汇流于阗河、葱岭河同入蒲昌海(古代罗布泊)潜行地下为河源。

2. 特殊的政治需要。张骞通西域的目的:联结西域诸国,抗击匈奴;同时断绝西域这个沟通东西方的物流大通道,以断匈奴的右臂。如果像《史记·大宛列传》所说:"汉使穷河源,天子按古图书名河所出曰昆仑",那么黄河的上源在昆仑山，中国、西域同饮黄河水，就是一家人了。政治上的需要和地理上的真实发生了一致性碰撞。这样黄河重源说的流行就有它的时代必然性。

3. 古代中国人对自然现象的观察、理解与认识的不足。对于古代罗布泊来说，上源的水汹涌湍急，汇流下注流入罗布洼地，古人的观察是"其水亭居，冬夏不增减"。这湖是内陆湖，四周又没有任何河流流出，水面又没有什么升降，最简单、最直觉的解释是径流水量伏流潜行地下流走了。所以"皆以为潜行地下，南出于积石，为中国河云"。

4. 昆仑与帕米尔的地理特性。这也是一方面原因。帕米尔—亚欧交通关键点，亚欧大陆唯一四个方向直接连接东亚、西亚、南亚、中亚几大区域的便是帕米尔高原。它是许多山系汇集的中心，称为山结、山巢或山汇。我国古时又称其为"诸山之祖"。以帕米尔山结为中心，向四周呈辐射状延伸出五大山系和三大水系。五大山系是：向东偏北延伸的天山山脉、向东偏南延伸的昆仑山山脉（天山、帕米尔和昆仑山从北、西、南三面环抱着塔里木盆地）、向南偏东延伸的喜马拉雅山山脉（昆仑山、喜马拉雅山环抱着青藏高原）、向西偏南延伸的兴都库什山山脉、向西南延伸的吉尔特尔山—苏莱曼山山脉。三大水系是：向西的阿姆河水系、向东的塔里木河水系和向南的印度河水系。故有万水之源一说。帕米尔这个"亚洲心脏"既是古代中国人西出的门户，也是横贯亚洲大陆交通线的连接处，曾经在人类各地古代文明发生、发展中发挥了非常重要的"中介"作用。

五、河源的千古争论

考察河源的记载不见于上古文献，即所谓的"经"。关于河源的最早考察者自西汉张骞开始，此后数百年这一著名结论从无人质疑，到了唐代才有人开始提出疑问，这些人以杜佑、欧阳忞为代表[1]。其实对这一观点西汉时期也有人质疑，代表人物就是司马迁、班固。《史记》作者司马迁提出疑问说："禹本纪言河出昆仑，今张骞穷河源，恶睹所谓昆仑者。禹本纪、山海

---

[1] 万斯同：《昆仑河源考》，见《指海十二集》（丛书），大东书局。

经、所有怪物余不敢言。"之后反对的声音不绝于耳。

唐人杜佑著《通典》指出"班固所载张骞穷河源事亦为臆说，而非实见蒲菖海与积石河通流也"。清代齐召南《水道提纲》成书于乾隆二十六年（1761），明确提出黄河上游有三源：北源扎曲、中源玛曲、南源卡日曲。中游玛曲即约古宗列渠，齐召南把它定为正源，近现代教科书中也都采用这样的说法。直到1978年，河源考察队探明南源卡日曲更长，定为黄河源，才把黄河正源纠正过来。但齐召南的约古宗列渠正源说，在学术界至今仍是一家之言。

六、河源、昆仑在西域的政治影响

黄河数千年来一直是中国文化和王朝皇脉的象征。秦汉以降，寻找黄河源头并加以祭祀，便成为皇权天授，天子正统性的直接体现，为国之大事。自汉武帝起，历代王朝都把黄河源头认定为目前起源于昆仑山、帕米尔高原山麓，流经塔克拉玛干全境的塔里木诸支流。晚清新疆省的出现与保有便是几千年来中国与昆仑、河源有关统治哲学的现实反映。左宗棠平定新疆其实有着中国历代王朝统治哲学方面根深蒂固的考虑，那就是保住河源、昆仑，保住国脉，维护清王朝皇权天授的道义，以保清王朝万世基业。

平定新疆后，随之开展的最后一次罗布泊地区河源考察也是证据之一。这样来说，古代帕米尔、昆仑山、天山与中国古代文化的发生、发展有着至关重要的血肉联系。一句话，国脉之所系。

七、昆仑、河源在西域的真正原因——东西方文化交流

科学发展的今天，中国历史文化研究出现了一个有趣的现象，即学术界主张的文明起源与神话提示的文明起源终于在昆仑山和黄河河源这个观念上一致起来。我们现在看到的上古有关昆仑与河源神话传说，都是由生活在中原地区的古人记载下来的。而这些神话传说的中心却不以中原为主，而是以西北方向的昆仑山为主，原因何在？至少说明中国西域在上古时代就是中国

人眼中重要而又圣神的热土。

其实原因非常简单，那就是亚欧大陆各古代文明区域从幼年时代就已经通过西域（新疆）广泛而频繁地进行文化交流。换言之，亚欧大陆各大区域早期文明的优秀文化成果，上古时代就有类似于现代文明的全球化传播过程。而这个对于上古中国人来说，能够不断汲取文化营养，并推动和发展自己的关键性唯一性通道区域，就是昆仑与河源所在地。

上古中国历史记载与传说，表明夏朝建立之前中国黄河流域周边地域，乃至整个东亚都为夷蛮之地。上古传说中的大禹父子，在黄河中下游广大地区的夷人之中建立了夏朝之后，中华大地才开始有东夷西夷之分。考古发现和研究表明，夏朝建立之前，东亚大地的上古时代居民尚未有游牧与农耕之分。正是黄河流域的夷人开创了东亚新石器时代的定居农业文化。之后，夷人的西部邻居夏人以及北部、西北部邻居戎狄引进了青铜时代的游牧文化。黄河流域广大区域的农耕与游牧文化的接触、碰撞、交融导致了夷夏结合，华夏得以出现。上古中国大地上的夷夏戎狄的融合与转换开创了中国昆仑神话的历史，并进而形成独特的东亚文化传统。这样的上古中国历史，反映的就是早期东西方各大文明之间的广泛文化交流。

大约5000年前亚欧大陆西亚和中亚部分地区已进入青铜时代，逐渐形成了世界文明体系。大约4000年前东亚开始进入青铜时代世界体系，和欧洲一样东亚也是这个体系的边缘地区。从出土的石器、陶器、玉器、作物、居住方式等来看三代文化显然是东亚新石器时代定居农业文化的继续，但是新出现的青铜器、金器、牛、羊、马等表明中原受到了中亚青铜游牧文化的明显影响①。这就是东亚上古中国文化中昆仑神话与几乎所有美好之物都是西来的主要原因。

中国上古时代的夏、商、周三代，考古学文化的划分大体上属于青铜时代。这个漫长的历史时代，也是中国文化传统形成的关键时期。最新的考古学研究成果表明石器、陶器、水稻、粟、猪、狗、半地穴或干栏式住宅、土坑葬、玉器等定居农业文化因素在东亚可以追溯到八九千年前，而青铜、小

---

① 易华：《夷夏先后说》，民族出版社2012年版。此处观点对易华所述多有借鉴。另见宫本一夫：《从神化到历史：神话时代、夏王朝》，吴菲译，广西师范大学出版社2014年版；平势隆郎：《从城市国家到中华：殷周、春秋战国》，周洁译，广西师范大学出版社2014年版。

麦、黄牛、绵羊、马、火葬、金器等与游牧生活方式有关的文化现象在东亚出现不早于5000年或4000年前。国际学术界目前基本肯定中国新石器时代定居农业文化是本土起源，而青铜时代中国北部、西北部游牧文化有着强烈的外来影响因素。

从全球史观的角度，同时结合考古学多学科最新成果，透视中国上古三代文化中的外来因素。上古（史前）中国是东亚区域唯一一个相对独立自主的文化体系，是东亚的唯一轴心文明区，但并不是完全孤立的。考古发掘和研究表明大约从夏代开始出现了一系列新文化因素：青铜、黄牛、家马、山羊、绵羊、小麦、砖、金崇拜、支石墓、火葬和天帝崇拜，以及游牧尚武好战之风席卷东亚。摘要简述如下。

1. 青铜器与青铜技术

青铜冶炼和铸造是高度复杂的技术活动，不可能是一人一时一地完成的，有一个不断改进和完善的过程，是众人协作的结果。逻辑上在亚欧大陆不大可能有两个独立的起源。冶金术的具体起源地还难以确定，不过最早的冶金遗迹发现于西亚与东欧结合地带的巴尔干到安纳托利亚地区，距今大约7000年。这个地区，距今5000年前已发明范铸法和失蜡法，不同比例的砷青铜、锡青铜、铅青铜或铅锡青铜也在那里相继发明。

4000年前在西亚，主要的青铜冶铸技术工艺均早已发明并进入成熟期，并对亚欧大陆与之相对应的其他文明区域产生重大影响。阿凡纳谢沃文化（Afanasievo Culture）、辛塔什塔—彼德罗夫卡文化（Sintashta-petrovka Culture）、安德罗诺沃文化（Andronovo Culture）等标志着中亚及其附近地区4000年前左右进入了青铜时代。西亚、中亚地区常见的青铜器是刀、斧、剑、头盔、镞、马衔、凿、针、锥、耳环、指环、镜等。这一时期文化的一个共同的特点是畜牧业和父权日益发展而种植业和母权萎缩。

新疆地区古墓沟文化、小河墓地、吐鲁番洋海墓地、博州阿敦乔鲁居址与墓地等遗址的考古发现和研究表明大约4000年前左右，新疆部分地区已进入青铜时代，且与中亚、西亚、中原均有联系。新疆成为上古中国西北地区青铜冶铸技术由西向东传播的桥梁。冶铜术最早发明于西亚地区，距今已有 7000 年以上的历史。在甘肃东乡林家马家窑文化遗址中，出土了铜刀，其年代为距今约 5000 年。在主要分布于河西走廊的四坝文化遗址中，出土了较多的小件工具、装饰品等青铜器。在被认为很可能与尧都有关的山西襄汾陶寺大型史前城址中，出土了铜铃、铜环、铜齿轮形器和青铜容器的残片等，其年代为距今 4300 年至 4100 年。中国古代的冶铜技术很可能是通过河西走廊从中亚传入的。

冶铁术也最早出现于西亚。最早是利用陨铁。公元前 1400 年前的赫梯人已经掌握了通过冶炼铁矿石得到铁的技术。在我国新疆地区，出土了接近公元前 1000 年的小件铁器。在中原地区，发现的迄今年代最早的铁器制造于公元前 800 年前后的西周晚期。冶铁术有可能也是从西亚经过中亚地区传入我国的。不过正是冶铁术在中国春秋战国突飞猛进的创新发展，导致中国人利用自己发达的烧陶技艺发明高炉炼铁法，进而随后逐步发明和掌握铸铁脱碳炼钢法和炒钢法。类似的炼钢术西方最早使用也在 18 世纪，这就是世界历史上春秋战国以后中国领先世界将近 2000 年的科学技术与经济实力原因之一。

公元前 2000 年以后，亚欧大陆从西亚、南亚、中亚、东亚之间的西东文化交流就已经十分频繁。最关键的咽喉枢纽道路以途经天山、帕米尔昆仑山、阿尔泰山的绿洲之路和草原之路为主。传播的不止是青铜器和青铜技术，而且包括众多的物资，如牛、马、羊及相关技术。

2. 羊与羊毛制品

山羊和绵羊骨骼经常同时出现在西亚新石器时代遗址中。位于伊拉克和伊朗之间的扎格罗斯（Zagros）山脉及其附近地区可能是山羊和绵羊的最早驯化地。最近对扎格罗斯山脉南端的甘兹·达列赫（Ganj Dareh）和阿里·库什（Ali Kosh）出土的山羊骨骼进行了重新研究，进一步确证西亚大约在 10000 年前已经放养山羊了。

东亚养羊与西亚相比大约晚了 5000 年。数百处经科学发掘的新石器时代遗址中大约有 50 处出土过羊骨或陶羊头。早期新石器时代遗存中都没有羊的骨骼。西安半坡的"绵羊"标本很少，不能确定是家羊；河姆渡出土的陶羊头有可能是羚羊，苏门羚（Capricornis sumatraensis）是河姆渡遗址出土的 61 种动物中唯一的羊亚科动物。新石器时代晚期或末期才出现羊的踪迹，青铜时代遗址中出土的山羊和绵羊骨骼才是确凿无疑的家羊。羊在东亚新石器时代混合农业经济中所占比重不大，几乎可以忽略不计。进入青铜时代后，从新疆到中原羊的数量明显增多。在齐家文化和殷墟遗址中均有完整的羊骨骼出土。羊在青铜时代人们经济生活和精神生活中的地位明显提高。商代西北羌人以养羊为业；周代中原养羊亦蔚然成风。《诗·小雅·无羊》："谁谓尔无羊，三百维群……尔羊来思，其角濈濈。"

山羊和绵羊的驯化不仅是考古学亦是分子遗传学研究的难题。山羊和绵羊是不同的物种，在驯化的初期就表现出明显的多样性，都是由至少两个亚种分别驯化而来。根据 mtDNA，山羊可分为四系，A 系很可能源于西亚，B 系源于巴基斯坦，A、B 两系占主流，C、D 两系罕见。通过对 13 个品种 183 只山羊完整 mtDNA D-loop 研究表明，中国山羊亦可分为四系，A 系占主流，B 系次之，C、D 两系仅见于西藏。现在世界上的绵羊品种多达 1400 余个，Y 染色体研究表明至少可分为两个不同的亚种。mtDNA 研究发现西亚绵羊可分为三个亚种，其具体驯化过程比以前想象的还要复杂。通过对东亚 13 个地区 19 个品种 449 只"本土"绵羊的 mtDNA 研究没有发现独特的遗传标志，支持东亚绵羊像欧洲绵羊一样来自中亚或西亚。

3. 马、马车与骑乘

家马（Equus caballus）的野生祖先主要分布于欧亚草原的西端。乌克兰和哈萨克草原新石器和青铜时代文化遗址中大量马骨的出土显示了从野马到家马的驯化过程。骑马和马车技术可能源于西亚的骑驴和牛车制作技术。波台（Botai）位于哈萨克草原北部，是一处特殊的铜石并用时代（前 3500—前 3000）遗址，出土动物骨骼 30 余万块，其中 99.9% 是马骨。安东尼等研究表明，这些马主要是用于食用、祭祀（随葬）和骑乘，至少部分是家马。列文认为乘骑必然会导致马脊椎特别是第 13—15 腰椎变形。她检测了波台遗址出土的 41 个样本，却没有发现相应的变化。由此推断波台文化的主人是狩猎采集者，以狩猎野马为主，也许兼营小规模的农业。最近发现波台人已经开始挤马奶了，游牧生活方式正在形成。

在东亚数百处经科学发掘的遗址中从未发现马的骨架，只有零星的马齿或马骨出土，不能确定为家马，确凿无疑的家马和马车见于商代。此后 3000余年的历史证明中原并不适合于养马。"买马以银，养马以金"，中原从未培育出优良地方马品种。大量车马坑的发现表明中原确系马的"葬身之地"。从马的分布来看，中原一直是"贫马"地区。

马的驯化是一个世界性的难题。对来自 10 个不同时代和地方的 191 匹马的 mtDNA 研究展示了丰富的遗传多样性，支持家马是多地区或多次驯化的假说。普氏野马（Equus Przewalskii）与家马染色体数目不同，是一种不可驯化的动物。将内蒙古赤峰地区大山前和井沟子遗址青铜时代 9 匹家马mtDNA 与东亚、中亚、近东、欧洲等地家马的 mtDNA 序列进行系统发育网络分析显示，9 匹古马并没有聚集在一个聚簇中，而是分散在具有一定地理分布倾向的现代家马聚簇中，从一个侧面反映了中国家马起源的复杂性。家马起源于东亚的考古学和遗传学证据在中国、韩国、日本还没有发现。

马车（Chariot）此处特指青铜时代流行于欧亚大陆的一种有辐两轮轻快马拉车，主要用于战争、狩猎、礼仪和比赛，也普遍用来陪葬。这类马车在西亚（主要是安纳托利亚和两河流域）、中亚（主要是乌克兰和哈萨克斯坦草原）和东亚（主要是商、周文化遗址）均有出土，不仅基本形制相似，而且许多细节相同，充分表明它们有共同的起源，不太可能是独立的发明。安东尼等主张马车起源于欧亚草原西端，主要根据是辛塔什塔—彼德罗夫卡文化墓葬中出土的 14 辆车，其年代约为公元前 2100—前 1700 年。李特尔等早在70 年代就系统地研究了车辆的起源和传播，指出无辐车和有辐车均起源于西亚，然后分别传入欧洲、非洲和亚洲的中亚、南亚和东亚。针对辛塔什塔—彼德罗夫卡文化中出土的马车，李特尔等指出它们过于原始和简陋，还不是真正的马拉战车。另外高加索地区出土了公元前 14—前 15 世纪的青铜马车模型，支持马车近东起源说。

从目前出土的早期马车来看，东亚安阳马车可能是最先进的：轮径最大，轨距最宽，车厢最大，时代较晚。林已奈夫、夏含夷等明确主张东亚的马车来源于西亚或中亚草原。最近王海成对马车进行了细致的系统考察，指出东亚不具备独立发明马车的基本条件。

5. 小麦

六倍体小麦（Triticum aestivum）即普通小麦已成为全球不可或缺的粮食作物，在欧亚大陆早期文明或国家产生过程中起过重要作用，是史前全球化的标志性作物。中外学者已基本达成共识：小麦起源于西亚，后传入欧洲和东亚，并取代小米成为旱作农业的主体作物。只是具体传播时间和途径还存在争议。最近 10 来年中国北方地区发现了一批早期小麦遗存，表明距今4500 年左右即龙山时代传入了中国古代文化的核心区域。传播途径可能包括了几条不同的路线，即欧亚草原大通道、河西走廊绿洲通道以及沿着南亚和东南亚海岸线的古代海路。甘肃东灰山遗址堆积成因复杂，张掖黑水国南城北遗址出土的马厂文化碳化小麦可佐证东灰山小麦年代和遗址堆积成因的判读可信，河西走廊地区是小麦传入中国的关键地区。

小麦在中国传播和普及经历了一个漫长的过程，大体上先是由西向东、后由北朝南展开。小麦传入中国，但没有传入相应的食用方法，经历了粒食到粉食的本土化过程，形成了不同于西亚啤酒、面包传统的面条、馒头传统。根据作物种类和饮食方法可以勾画东西两种不同传统：西亚或西方的饮食特点是研磨面粉加以烘烤，而东亚或东方主要是煮和蒸。小麦、大麦和牛在中国被接受，可以和这些物种在印度的传播以及如何转化为食物的方式进行对比，唯有小麦在两大传统中均为主要粮食作物。

植物微化石（macrofossils）确定植物种类，而稳定同位素可以测定人和动物的食谱，同时利用这两种方法研究可以解决欧亚草原上农业传播的问题：公元前第三个千年西亚驯化的大麦和小麦到达了中国，而中国驯化的黍和荞麦西传到了欧洲。一般认为高价值和数量稀少的植物如香料和麻醉剂屡屡长距离迁移或贸易，而提供能量的主食如谷物和块茎类全球化过程较少发生。公元前第 3 千纪也是一个激动人心的时代，一个更早的类似于"哥伦布交换"的主食全球化过程在旧大陆展开。

6. 砖建筑

砖是人类建筑史上首项重大发明。西亚特别是两河流域缺乏天然石头，新石器时代几乎与陶器同时发明了砖。生砖指砖坯（abode）、粘土砖（clay brick）或泥砖（mud brick），又称日晒砖（Sundried brick），可追根溯源到近万年前的西亚。制砖是苏美尔人的重要日常工作，阳光充足的夏季第一个月称之为砖月。苏美尔时代大量使用生砖，熟砖即烧砖（fired brick or burnt brick）或烤砖（baked brick）也开始出现。巴比伦时代流行釉砖和琉璃砖，砖雕或画像砖亦应运而生。青铜时代西亚地区用多种砖建造神庙、宫殿、围墙、道路、桥梁、水渠和居民住宅；砖砌建筑技术 4000 年前传播到了印度河、尼罗河流域和地中海地区，希腊罗马时期传播到了整个欧洲。

新石器时代中国北方流行半地穴式住房，南方流行干栏式建筑，中原发明了窑洞建筑。龙山文化末期如平粮台遗址已出现砖坯和排水管。东灰山四坝文化日晒土坯砖可能是中国最早的土砖。镇原县齐家文化房基发现了上百米陶水管，每节水管长 53 厘米，设有子母口，可互相衔接，早于二头里，已接近当时的世界水平。陕西周原西周遗址出土了砖瓦等建筑材料，证明 3000 年前周人就生产和使用砖瓦以及制作难度较大的排水管道。虽然周代已有砖踪瓦迹，春秋战国时期陆续出现了长方形黏土薄砖、大型空心砖、断面成几字形的花砖、长方形凹槽砖和栏板砖等，秦汉时期黏土砖的制作技术已成熟，样式亦相对固定。"秦砖汉瓦"可追溯到四坝、齐家文化，但砖瓦建筑秦汉时代才开始普及。生砖和熟砖制作技术均可追溯到西亚，唯有空心砖可能是中国的发明。

7. 支石墓、墓道与火葬

朝鲜半岛支石墓数以万计，是世界上支石墓最密集的地区。中国西北、西南和东北青铜时代流行过石棺墓，并不是支石墓、刻石墓或巨石墓的起源地。中亚卡拉苏克亦有密集的石棺墓或石砌墓群，朝鲜半岛支石墓可能源于中亚。欧洲发现了许多更早的支石墓或巨石文化，伦福儒认为英国和丹麦的巨石文化可以早到公元前 5 千纪，不晚于公元前 4000 年，比埃及金字塔更古老，并且进入了酋长社会。地中海沿岸的一些支石墓或立石可以追溯到 5000 年前的早期青铜时代（约前 3200—约前 3000）。4000 年左右的支石墓常见于欧洲、中亚和西亚，有人推测与半游牧生活方式有关。

前方后圆坟不仅与日本国家的起源和民族形成有关，而且有中国圆坟和方坟的影响，可能是祖灵祭祀的体现。中日坟丘墓的相似性表明这种影响是明显的。日本、韩国、中国的周沟墓一脉相承，可以追溯到卡约文化。中国青铜时代以来墓葬制度受到了中亚、西亚的明显影响。墓道在欧亚大陆有共同的起源，由单条墓道演变到多条墓道。东亚从未发现新石器时代的墓道，商代晚期突然出现了四条墓道的大墓。

8. 金器

金之美者为黄金。黄金是金属文化的象征。古埃及辉煌的文化令人叹为观止，大夏黄金宝藏令人目不暇接，斯基泰被认为是草原黄金的主人。环黑海地区（Circumpontic Metallurgical Province）收集到的 7.8 万余件史前金属制品中有 5.5 万余件是黄金制品。金羊毛、金苹果的故事流传久远，西亚似乎有一个黄金时代，可与东亚玉器时代交相辉映。

东亚黄金制品不早于青铜器。中国早期金器见于齐家文化、夏家店下层文化和三星堆等商、周时代文化遗址，大体而言与青铜相伴而来。金沙遗址出土太阳神鸟是绝世精品，已被指定为中国文化遗产标志。夏、商、周金器主要是装饰品和祭祀或礼仪用品，不难在中亚、西亚找到对应的原形。

青铜技术和游牧文化是亚欧大陆西端、中端古代文明的技术文化基础。青铜、牛、马、羊、小麦、大麦、蚕豆、牛耕、车马、毛制品、砖、火葬、墓道、好战风尚、黄金崇拜、天帝信仰等是青铜时代亚欧大陆古代文化全区域传播交流的典型标志物。中国是亚欧大陆的一个重要组成部分，中国文化吸收西方多元文化精髓也同时发挥重要的反方向文化影响是亚欧大陆人类文明发生和发展的基本面。至于东亚文明核心区中国文化对亚欧大陆其他区域的强烈文化影响，因不直接关涉主题不赘述。

正是基于亚欧大陆东西方这样的强烈相互影响，故而有汉武帝遍查上古图书，而后根据外交使节带来的西域资料明确宣告天下昆仑山位于西域于阗、葱岭一带，而中国河——黄河源于昆仑山、葱岭的惊人之举。西域大山诸水汇流成塔里木河至罗布泊潜行于地下出青海积石山为黄河源[①]。汉武帝钦定昆仑山于西域，明确黄河河源所在地的做法，绝非张骞凿空之后中国人对亚欧大陆各个主要文明区域重要性的新认识，而是进一步强化和强调了西域这处中国文明的仙山圣地之重要。其背景是亚欧大陆这块世界最大的地理板块，其实是人类文明最基本的策源地。这个地理板块上各古代文明都是通过西域这个地方得以相互交流影响，得以相互促进发展，最终现代人类文明得以在这里成形并滥觞。

[①] 《史记·大宛列传》卷一百二十三："太史公曰：禹本纪言'河出昆仑。昆仑其高二千五百余里，日月所相避隐为光明也。其上有醴泉、瑶池'。今自张骞使大夏之后也，穷河源，恶睹本纪所谓昆仑者乎？故言九州山川，尚书近之矣。至禹本纪、山海经所有怪物，余不敢言之也。"《汉书·西域传》也说："其河有两原，一出葱岭山、一出于阗。于阗在南山下，其河北流，与葱岭河合，东注蒲昌海。蒲昌海，一名盐泽者也，去玉门、阳关三百余里，广袤三百里。其水亭居，冬夏不增减，皆以为潜行地下，南出于积石，为中国河云。"

西域考古应沿着"黄文弼之路"走出去

□朱玉麒

北京大学中国古代史研究中心

图1 黄文弼在西北科学考察途中，1927

说到今年成功列入世界文化遗产的"丝绸之路"，则不能不提到新疆文物与考古。

有着"中国新疆考古第一人"之称的原北京大学教师、中国科学院考古所研究员黄文弼先生（1893—1966）曾与斯文·赫定一起进行新疆考古（图1），是1949年前唯一到过新疆罗布泊等地区考察的中国考古学家。2012年，其生前藏书及考古资料由其家属无偿捐赠并入藏新疆师范大学。新疆师范大学为此专门成立了黄文弼特藏馆，并在2013年召开了"黄文弼与中瑞西北科学考查团国际学术研讨会"、成立了黄文弼中心，而随着新疆师范大学新校区的竣工，新的黄文弼图书馆将于2015年正式开馆。北京大学历史学系暨中国古代史研究中心教授、新疆师范大学黄文弼中心主任朱玉麒前不久在接受《东方早报·艺术评论》专访时认为，在"丝绸之路"被列入世界遗产以及当前新疆暴力恐怖分子猖獗的背景下，中国应当扩大考古学的视野，真正让考古以及其他学科走出国门，理解中国西北边疆与内陆中亚、丝绸之路的关系，"距离黄文弼第一次考察西域已经八十多年了，但我们没有继续再沿着黄文弼之路把它扩展到中亚，使得中国文明在世界史上的意义突显出来。在今天，丝绸之路经济带的概念提出来，丝绸之路申遗也成功了，我们真的应该踏着黄文弼的足迹走出去——这个真的很急迫"！

回顾黄文弼，"一个人的考察队"

《东方早报·艺术评论》（下简称"艺术评论"）：黄文弼先生被称为中国的"新疆考古第一人"，您认为原因是什么？

朱玉麒：因为从 19 世纪末到 20 世纪初，对中亚包括西域考古历史的研究工作做得最多的还是外国的一些探险家，包括斯文·赫定、日本的大谷（光瑞）探险队等。而黄文弼是参加了 1927 年中瑞西北联合考察团才得以进入新疆的，此后又有三次新疆的考察活动。所以在这个过程当中，他就成为我们中国西北考古的第一号人物。尤其了不起的是，他在这么艰苦的环境下每天坚持把考察的内容及时记录、写成笔记和日记，而且在抗日和内战的动荡时代没有停止研究，把这些考古收获都整理出来。他后来的代表作叫"三记两集"（图 2），概括了整个新疆地区的考古面貌。三记是《罗布淖尔考古记》、《吐鲁番考古记》、《塔里木盆地考古记》，两集就是《高昌陶集》、《高昌砖集》。

图2 黄文弼西域研究的代表著作"三记两集"

　　这是个非常了不起的贡献。为什么这么说呢？中瑞西北科学考查团中，西方的学者把这些材料收集回去后，他们策划了一个长时段的研究工作，由各方面的专家合作进行，到现在为止，出了76本西北考察团的报告。西方长时段、大规模地做，在中国，却只有黄文弼在孤军奋战。所以，新疆师范大学黄文弼中心的副主任刘学堂教授，他也是一位考古学家，就准备写一本关于黄文弼的传记，称作《一个人的考察队》，表彰黄文弼在西域考古领域孤军奋战所做出的贡献。虽然当时的考察有十个中国人，但他们分别从事西北生物、地质、气象等的领域，每一个学科都以一个人为标杆来做，这是跟当时中国特定的学术氛围、团队有关系的。黄文弼一个人就把考古方面的材料做出来，做成这"三记两集"，是非常需要毅力、勇气和学识的。他为这些研究确实也做了很多的知识储备、收集了非常多的材料，从现在捐献给黄文弼特藏馆的文献来看，有俄罗斯的，有整个欧美在做西北考古方面的许许多多的材料，包括日本方面的材料都非常全面，真是一个小型的西北考古的资料库。

　　黄文弼的后人希望把黄文弼生前文献捐赠为公器的消息，我们是偶然听说的，就跟黄纪苏先生（黄文弼之孙）联系，他说："没问题，我什么时候有机会到新疆来，看看你们的情况到底怎么样。"正好，新疆师范大学从2011年开始创办了一个学术的讲坛"昆仑名师讲坛"，我们请他来做了一次讲座，然后请他寻访他祖父曾经在这里考察的足迹，他和夫人都非常感慨，没想到祖父那么艰难。因为现在坐汽车、住宾馆，仍然感觉到路途的遥远，那个时候完全没有这样的条件（图3），所以等黄文弼三年回去的时候，牙也掉了、

图3 西北科学考查团在考察途中

身体也落下了很多痼疾。究其原因是到很多地方没东西吃，吃杏干充饥。杏干太甜了，吃的时候不觉得，后来就把牙齿蛀掉了，非常艰难，三年没有回去。同时的地质学家袁复礼也是五年没有回去，回去也把牙齿掉光了，还因为这段长期的考察，生下的孩子前后相差五岁。

艺术评论：老一辈的考古学者都非常不容易。

朱：我们也带黄纪苏先生参观了一些新疆的高校和科研机构图书馆，看看哪些地方能收藏并充分利用黄文弼的这些资料，比如新疆大学和吐鲁番博物馆都去了。后来就是在2012年前后，他们全家商量，觉得新疆师范大学是比较适合寄托的地方，就决定把资料捐赠出来。从黄文弼先生的儿子、民族史学家黄烈开始，就一直有这个心愿，要把黄文弼先生生前的文献捐赠给公家。他在2006年、82岁去世之前，就跟黄纪苏说："不要着急，等一个平和的时代到来，把（黄文弼先生的）东西捐给比较用得着的地方，我们心里就踏实了。"黄纪苏和他的老母亲、四个姐姐，就一直有这个愿望。他们认

图4 1924年9月北大国学门同仁在三院译学馆前合影。
左起一排：董作宾、陈垣、朱希祖、蒋梦麟、黄文弼；二排：顾颉刚、马衡、沈兼士、胡鸣盛；三排：常某、胡适、徐炳昶、李玄伯、王充玮

为这些东西不属于他们家的，而是一个前辈知识分子把这些资料拜托给他们保管，有一个合适的时机，就应该捐赠给一个合适的地方。

艺术评论：就是一个家国情怀啊！

朱：确实是。

艺术评论：需要把这个家国情怀找一个相契的地方。

朱：黄文弼先生真是一个大学者，视野开阔、学识广博。他在中国考古史上比较有贡献的几件事情，一个就是西北考古。他前后四次来过新疆，一直到1949以后60多岁了，他还来过。如果不是由于"文化大革命"的冲击，他在1966年去世的话，他可能还会再来，而且还会在西域考古史上做出更大的贡献。所以我们也觉得，他的整个收藏以及自身经历都是百年中国历史的缩影和见证。包括五四运动，他也是见证者（图4）。他在五四运动的时候刚刚留校北大。胡适只比他大两岁，那个时候已经回国当教授了。他对胡适是毕恭毕敬的。傅斯年比他晚一届。他与这些人的通信后来都留下了，可以看到黄文弼跟这些人之间的互动。所以别看考古学是一个研究以往的死学问，但是他做得有声有色，他觉得西域考古对于了解中国文明非常重要。

"重走黄文弼之路"，寄托文人情怀

艺术评论：我觉得黄文弼他们考古也不是单纯的考古，寄托了很多知识分子的家国情怀在里面，这个我觉得对当下的学人意义更大。

朱：纯粹的学术的东西当然我们也需要，而它背后肯定有知识分子的寄托，从中可以看到他精神的依靠是什么。

艺术评论：所以新疆师范大学设立黄文弼研究中心，包括黄文弼图书馆，它的意义可能也在于，在中国发展的大背景下对这个西域地区如何看。

朱：对，当时新疆师范大学提出三点建立黄文弼中心包括特藏馆的意义，其中一点就是纪念所有开拓者在西域历史上的贡献，同时它也是爱国主义教育基地，让我们看到中国的先驱者对西域的考察与精神所在。

艺术评论：而且他不是靠嘴上说的，是靠身体力行的，作为黄文弼中心有怎样的谋划呢？

朱：我们确实也已经有一些想法，当然在后面的过程中可能会继续扩大，首先我们要对黄文弼，包括黄文弼前后的中外西域考察者、探险家进行全方位、整体的研究。

艺术评论：实际是以黄文弼为代表的一个群体。

朱：黄文弼只是一个标志，就像老说起的德国探险队曾经四次来新疆考古，他们号称"吐鲁番探险队"，用吐鲁番代表了全部新疆地区的考察。在现在柏林的勃兰登堡科学院——一个德国的国家科学院，专门成立了吐鲁番中心。这个中心就是对整个西域采集到的各种语言文字的文献进行语文学的整理、研究，其中的许多胡语文献非常难得，是印欧语系中非常早期的语言学材料，对于研究只有几百年历史的现代德语、英语、法语的前史，了解印欧语系的源流是非常有用的。对这些文献的研究已经有一百年了，他们还没做完。德国科学院吐鲁番中心的这种模式其实就是我们黄文弼中心的模式（图5）。以黄文弼命名，来从事对于西域考察和研究的学术史工作，这是我们比较重要的一个方面。第二个方面就是我们要以黄文弼特藏为核心，汇集并不断延续西域研究的文献资料，使之成为世界范围内西域研究的资料中心，向海内外研究者开放。这是我们比较重要的一个谋划。具体到黄文弼本人的研究，我们也有一些想法。譬如说，对黄文弼的研究，越做越发现他本身是

图5 各国学者参观新疆师范大学黄文弼特藏馆

一百年来中国历史的缩影。我们准备拍一个纪录片，以黄文弼个人为核心，来看他人生的四个阶段所代表的中国现代史上的四个阶段。

艺术评论：那就是"重走黄文弼之路"？

朱：对，就是重走黄文弼之路。新疆师范大学准备由学校牵头来做，请最好的摄影、编剧来做这个事情。现在还没有贸然行事，就是希望可以找到特别合适的合作者。黄文弼是非常值得研究的。我们在研究过程中就觉得，在当下西北考察、探险史的认识上，我们只知道斯坦因、伯希和、斯文·赫定、日本的大谷光瑞考察队等外国探险家，中国人被淹没了，但实际上黄文弼是存在的。

艺术评论：就是被遮蔽的考古大师。

朱：绝对是，他的贡献真的不亚于这些外国人。"三记两集"是国际上都承认的。2013年我们开了一个黄文弼与中瑞西北科学考察团的国际学术研讨会，与会的西方历史语言学家纷纷表态说太值得把它翻译过来。他们遗憾自己不懂汉语，实在没有办法来阅读黄先生的考古报告，但希望了解其中的考古信息——这确实是国际性的呼吁，所以我们准备在工作过程当中加强国际间的联系，把这些书翻译成通用的英文、日文的黄文弼著作集，其中日本学者已经翻译出版了两册（图6）。

艺术评论：而且黄文弼跟斯文·赫定他们的意义不一样，他是被迫的，因为他本身并不是学考古的。

朱：就是赶鸭子上架，发现列强都在这么动手的时候，中国人反而不作为。——黄文弼虽然之前参与北大古物学会的工作，但并不是一个合格的考古学者。前往新疆，确实是有一种爱国主义情绪产生的使命感。

图6 黄文弼西域著作及部分日文译本

图7 中瑞西北科学考察团的友好合作，左起： 图8 考察团中外队员在一起做气象测试
袁复礼、斯文·赫定、徐炳昶。

艺术评论：最初，他其中一个目的是监视斯文·赫定他们？一开始有很强烈的家国情怀在里面。

朱：是有政治意识。所以其实后来西方包括日本对于黄文弼的评价也有两种声音，他们互相在打架，我们都不知道。一方面，他们说黄文弼是奸细；但另一方面，西方包括日本的学者捍卫说黄文弼的做法是正当的。如果没有黄文弼的监督的话，会是什么样的状态？所以任何人立身于黄文弼当时的立场，他也一定会这样做的。而且黄文弼当时的身份是公开的：我就是要监视你们国外的人员在中国的考察行为是否正当。

艺术评论：应当的，西方人设身处地想也应该是这样。

朱：对的，所以后来斯文·赫定非常谅解黄文弼，而且觉得跟这些中国学者合作太重要了（图7、8）。每当遇到一件文物，譬如说一个文字碑刻，中国学者带了大量的书，有的东西他们根本不用看，马上告诉你这是什么。西方人单枪匹马的考察是不行的，得把东西拿回国，然后找他们的汉语学家翻译，那当然不如中国学者在场方便，多好啊！所以他后来非常高兴和中国学者合作。当然当中也有很多不愉快，那也是由于各有各的利益、目的存在。黄文弼是一个距离我们不算远的人，而围绕他的事业，已经有那么多误解、空白存在，所以我们也越来越觉得：既然我们承担了黄文弼中心的工作，那就不仅仅要利用和保管好这些特藏，更希望能够把黄文弼的贡献体现出来，这是我们的重要目的。新疆师范大学在这方面已经投入了难以估量的人力和物力。2013年是黄文弼先生诞辰120周年，我们想联合黄文弼在新疆考古获得收集品的珍藏单位如国家博物馆，以及他曾经工作过的高校和学术机构一起办"黄文弼与中瑞西北科学考察团的国际学术研讨会",但是没有得到回复。所以新疆师范大学就独立支撑了这个会议,其实非常艰难,网络上的批评家认为"今年是黄文弼诞生120周年,各大高校和科研机构正大力实施的学术创新工程当然不会放过这个拿他来创收和刷新业绩的机会",实在有违事实,也过于刻薄。那个会议很成功,与会的考古学家就很感慨地说:这个事情本来不应该由新疆师范大学来承担,而应该是国家层面,或者至少是考古文博层面来承担。

艺术评论:那国家博物馆的那些资料有没有跟你们共享?以后可能展开更深层次的研究会需要。

朱:国家博物馆成立之前的中国历史博物馆把黄文弼当年收集到的文书与日本方面合作,出版了《中国历史博物馆法书大观》,这当中有很多西域的资

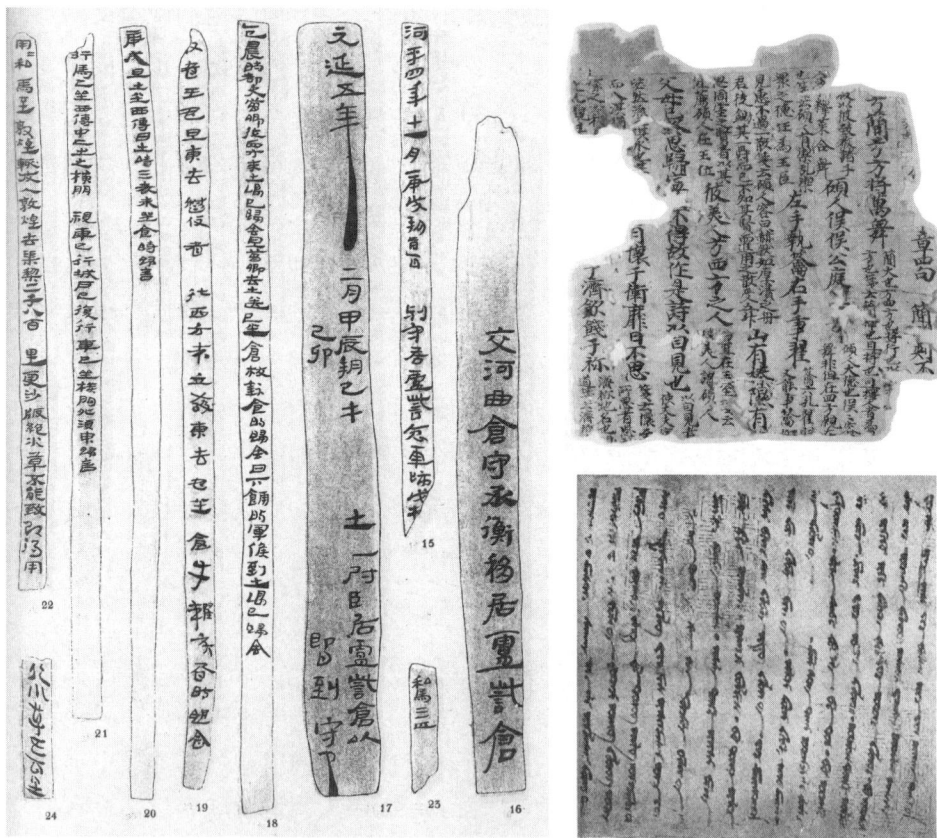

图9 黄文弼所获西域文献

料——很遗憾收藏黄文弼文书的重要图录反而没有中文版，我们不仅在国内没有办法看原件，甚至连影印件也要通过日文版来看，这类行为确实需要改进。现在涉疆问题备受关注，内地的博物馆也不断在跟新疆的文博部门联系，不断要搞新疆的展览。其实国家博物馆中黄文弼的这批文献、文物是最值得展览的（图9）。当年黄文弼把其中的一些图版在他的"三记两集"中表现出来后，外国学者就马上开始写大量的书评、根据模糊的图版研究其中的文献，因为很多黄文弼文献是能够解决一个具有国际性的语言学、历史学问题的。

不仅仅是纯学术问题

艺术评论：其实现在整个新疆以外的地区，大家都关注新疆的进展。您觉得从西域文史的角度来研究西域，怎么把这种思路深入，更深层次地来服务于我们国家的文化政治的大背景？具体到西域文史研究这一块，您怎么看？

朱：其实我在调往北京大学工作之前、在承担新疆师范大学西域文史研究中心工作的时候，就一直在考虑这个问题。从事西域这方面的研究，我真觉得不单是纯学术的研究，它同时有一个时代或者说国家义务承担的问题。这几年新疆师范大学西域文史研究的特色，还是注重于近代史上新疆的研究。因为近代史上的新疆治理，已经进入到现代国家主权的意识层面，特别是清代，面临的强敌就是俄罗斯，所以这个时候就要考虑国家领土主权的问题。在这方面，近代史上比如清代新疆的前期、后期都给我们留下了许多深刻的经验和教训。这些历史的过程，文献整理和历史研究做得还是不够，所以西域文史研究中心还是偏重于做近代史——近代新疆史料的整理和研究，这个学术的过程当中我们也去寻找清代新疆治理的许多经验。

譬如刚开始的时候大部分区域在管理上是一种军府制度，地方政权还是由各民族自理——伯克制、扎萨克制什么的，上面凌驾一个满族或者蒙古族的最高官员，主要是在军事上给予控制。在这个过程当中清政府发现有许多弊病，譬如说民众始终融合不进来，维吾尔族等等的少数民族与清帝国的内地社会始终隔离，包括在新疆一地造城，也要造一个满城、一个汉城，管理上也是一种隔离的制度。上情不能下传，下情也不能上达。所以清代的新疆治理就不断在调整，最后到 1884 年新疆建省，跟内地一样就建立了一个行省制的"甘肃新疆省"。这个概念，龚自珍在建省之前的六十多年——道光年间就提出来，他认为要让这个国家统一、稳定，就必须建省。

又如，我们知道乾隆统一天山南北，他的宣传攻略就做得非常好：战事刚刚结束，他就让中原内地，特别是汉族知识分子了解到西域新疆已经成为清帝国的疆域，他的十大武功在边疆地区的平定、统一方面，还真不是吹的。平定金川以后，就有《平定金川告成太学碑》——把这个消息告成于知识分子的先师孔子，然后由孔庙的立碑达到告成于天下的目的。这种攻略，就是把武功变成文治，而武功被理解为文治的一部分。所以清代的知识分子都非常踊跃地讨论中国的问题。

现在内地许多人其实并不知道"新疆人"是一个什么概念，一说新疆人就认为是维吾尔族人，不知道现在的新疆有 40 多个民族成分，其中有 13 个世居民族——这种概念没有，就造成了很多误会。

艺术评论：包括您刚才讲的新疆必须建设，从现在的眼光看，从某种程度来讲又是回到当时原点的问题。

朱：没错，你说得对，民族区域自治不能理解偏颇。这个民族区域自治不是说某一个民族的自治。如果真用"自治"这个概念的话，那应该是新疆各族人民的共同自治。更何况随着时代的发展，这个自治概念也应该与时俱进地去理解和执行。

艺术评论：所以近代史的研究也是对当下的思考。

朱：对，对当下的思考。我们虽然在很实证地做这些以往历史的研究，但我们觉得也有义务给国家、给学术界提供具有现代意义的信息，这种服务于当下的政治思考也不是随便附会，而是由实际的历史经验得出。包括在我们上海的的援疆工作委员会，对于新疆的支援投入很大，但它也应该和西域研究的学术团体有所交流，现在却比较隔离。没有关于新疆历史的先行理解，这种投入也找不到门路，这个其实应该由国家来协调，使新疆学术参与到援疆的过程当中来。作为学术的研究者，我们也觉得应该来参与现代新疆实际建设的工作，可是也找不到一个切入点，只能通过学术研究的深入来达到深入理解新疆，解释新疆史的细节。

艺术评论：包括您刚才提到跟国家博物馆这样的文博系统、考古系统的协调，因为学术研究是综合性、立体的。这方面黄文弼先生倒是一个启示，他搞考古但也打通了自然、地理、人情、社会风俗等。

朱：所以你看他的《蒙新考察日记》非常丰富，他在西北边疆的考察过程中，也不仅仅是作为一个考古学家在做他的笔记，而是把当时整个的风俗生态全面表现出来。

艺术评论：所以从这个角度看黄文弼研究的意义其实很大。包括现在援疆，它实际上也是一个综合立体地来看问题的方式，而现在很多是一种条块分割的方式。

朱：条块分割，很多东西有时候我觉得做得有点大而无当，不切实际，这些情况下面也有反映上来的。比如有些县就几万人口，但给他们造了一个可以容纳上万人的现代化医院，这个有什么意义呢？

从我们研究近代新疆的历史来看，有些民生工程今天处理的方式可以向历史借鉴，譬如双语教育的问题。中华人民共和国成立60多年以来，到目前为止，我刚刚去过的莎车县，许多维吾尔族农民根本不懂汉语，他们连汉语的"谢谢"都不会说，而在这里生活了一段时间的汉族人，至少这些简单的维吾尔语交流问候还是会的。

艺术评论：对比哈萨克斯坦这些国家，他们在苏联时期推广俄语双语教育比较成功，似乎很少出现与什么极端组织的沟通。

朱：嗯，不说别的，整个苏维埃联盟时期普及了一种通用语言——俄语，所以即使现在中亚分成了几个独立的国家，但是在他们与原苏联加盟共和国以及俄罗斯之间可以用俄语互相交流。我觉得双语教育总是浮在面上，提出双语教学的宏伟口号，投入也不少，但是在很多地方的做法是有偏差的。新疆现在的这个局面和形势，我们的教育没有跟上是很重要的一个。如果我们中国现在自己还没真正了解新疆，那就是个大问题。

中国考古至少得走到中亚地区

艺术评论：谈到考察，比如说文物，我们这一次也考察了一些文物，你们搞学术研究跟这种文物考察,有没有一些新的发现?包括你们自己有没有组织一些像他们这种探险队考察新疆文物,包括天山以外,或者说怎么协调和博物馆考古系统的关系,这也是黄文弼先生身体力行给我们的一些启示。

朱:新疆的各个学科说起来应该是一盘棋,当作完整的一盘棋来下,才能下得很成功。过去我们西域文史研究中心也一直力求跟文博系统交流,例如吐鲁番文物局,我们都有很好的互动关系。我们虽然是教师或者案头学者的身份,但还是很多地参与到他们的野外考察和考古工作中。我们曾经有两次跟吐鲁番文物局合作翻越天山,翻越天山历史上的通道,这个在唐代就是国道,就是丝绸之路的古道。翻越使我们体会怎么从吐鲁番盆地的西州到达北面的北庭,这种线路是怎么形成的,这对于我们研究唐代的吐鲁番文书、西域的历史有非常多的好处。自己去体验一下,才发现当时的交通不是很容易的。包括我们研究岑参的诗歌,他一天就从北庭到了交河,怎么走法,我们试了一下,一天是完全可以走完的,用一种急行军的状态。所以古代军事系统的研究自己不去亲身走一下是不行的。另外,新疆得天独厚的问题就是,它虽然没有一个整段清晰的历史,历史上的民族处于游弋的状态中,历史的文献残缺不全,但它的万幸在于干旱,所以留在地底下的东西都能保存下来。由于这个原因保存下来的大量文书,经过考古挖掘所得,就给我们学者来做西域史的研究填补诸多空白提供了机会。

艺术评论:近20年有很多新发现,有没有你们参与的新发现?

朱:有,譬如说像吐鲁番的文书这一块。吐鲁番文书真是一个神奇的宝库!曾经有人统计过,吐鲁番文书里有24种文字,书写了27种语言(图10),就是这么大一个信息量,而且在这些文书中除了我们汉藏语系当中的文字以外,还有印欧语系的文字,有阿尔泰语系的文字,都非常全。所以西方人为什么要来探险呢?就是来寻找。他们就发现,从人种学上来分析,吐鲁番盆地有最早的欧罗巴人种,这种人种留下来的语言文字对于研究印欧语系的起源是非常有价值的。

艺术评论:包括楼兰美女?

朱:包括楼兰美女,那是在古墓沟发现的,是王炳华所长带队考古发现的。回到吐鲁番文书,留下来的地下文献有这么丰富的东西方语言文字。吐

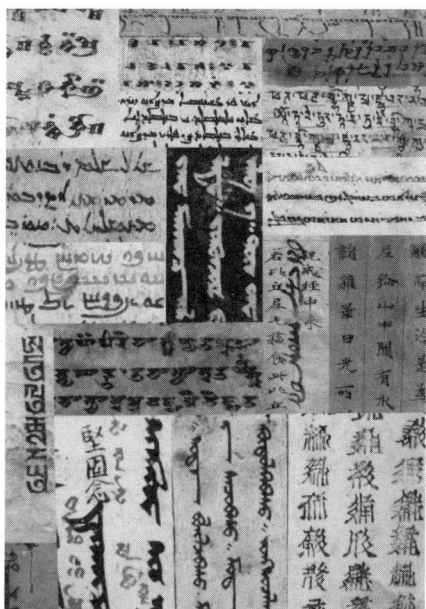

图10 柏林勃兰登堡科学院吐鲁番中心介绍册
上的吐鲁番多语种文献

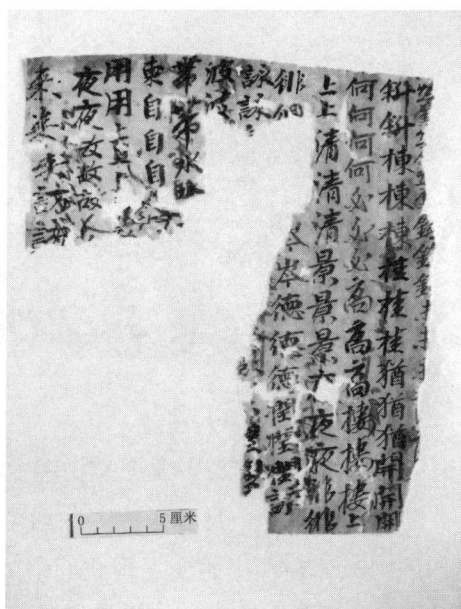

图11 吐鲁番文书儿童习字中的古佚诗

鲁番文书的重新出现大概分三个阶段：一是 19 世纪末 20 世纪初到黄文弼，这些早年考察、探险队发现的文书散藏世界各地；二是 1949 年以后的发掘材料，大部分都在新疆维吾尔自治区博物馆；三是 1978 年以后，很多新的发掘和征集，大量的材料收藏于吐鲁番博物馆。在第三阶段，吐鲁番文物局也会邀请各地学者跟他们一起合作，在这里面我们确实有很多新的发现，对我们理解古代西域很有帮助。比如我们就在吐鲁番文书的习字残片中发现了一首南朝或隋朝的"佚诗"（图 11），我们整理总结了好几点文学与文化史的意义，确实也觉得很兴奋，因为通过一个小小的碎片可以释读出不为我们所知的历史细节。吐鲁番文书还有一些账本，一件账本里面可以发现吐鲁番这个地方在几个月中到来的人，有吴客，就是来自江南的人，也有来自宁远国，就是费尔干纳盆地，也就是现在乌兹别克斯坦的客人……可以发现，出于经济利益的驱使，很多人都会通过丝绸之路进行交易，这让我们感到古代民众确实是希望交流的，当时的交流大都走陆地的丝绸之路，所以丝绸之路在世界文明史上非常重要。

艺术评论：谈到丝路的研究，像吐鲁番也在做丝路的研究，像这次丝路

图12 吉尔吉斯斯坦碎叶古城

申遗成功以后，你们与中亚的文物考古界有没有一些学术交流与互动？

朱：我正好上个月去了中亚的两个国家——吉尔吉斯斯坦和塔吉克斯坦（图12、13），在那里确实发现我们中国的孔子学院是行之有效的。过去我们也在想丝绸之路的申遗是不是我们中国人的一厢情愿，结果发现完全不是这样。当苏联解体后，中亚的几个国家一直在谋求他们和各国之间的交流。因为苏联解体以来，这些中亚国家确实出现了严重的社会倒退，经济、文化各方面都倒退，所以他们也一直在寻求和中国之间的贸易来往、文化交流，确实把中国看成一个非常可信的大国来支持。通过"丝绸之路经济带"，他们希望能够继续跟中国在更多的领域进行合作。我们这次到吉尔吉斯斯坦的一个目的，就是去看碎叶古城，那是李白的故乡。所以吉尔吉斯的学者也非常谨慎地问：如果我们提出李白是吉尔吉斯的诗人，你们同不同意。我们说完全没有问题，现在中国的李白研究界主要的观点也认为李白出生在中亚的碎叶。而有关他的族别也可商榷，可以继续研究他是

图13 塔吉克斯坦片治肯特遗址

突厥人、粟特人还是胡化的汉人。南京大学的周勋初教授认为李白可能不是一个纯种的汉族人，这反而越发证明了汉族文化的向心力。所以，从今天的角度来说，一个中亚的民族人士不远万里来到中国，结果成为中国伟大的诗人，中国作为具有包容性的民族文化的国度，不是不言而喻了吗？内陆周边这些国家这几年来到新疆师范大学留学的也比较多，他们也渴望了解古代中国和近代中国的情况，所以我们黄文弼中心也想承担起这份责任，让他们来看，来了解我们中国新疆古代和今天的面貌。

艺术评论：唐代的那些地方有的属于中国，也留下了不少汉文化遗址，我们在吉尔吉斯斯坦有没有什么考古、综合性的考察？

朱：这一次我们去看了他们很多遗址。那些遗址的考古确实在苏联时代做了很多工作，到了现在的俄罗斯时代，他们六十年来如一日，每年都派人进行考古。现在经费缺少，这些工作也很艰难。吉尔吉斯和塔吉克斯坦当地考古者都希望中国的学者与他们合作，跟他们共同发掘考古。因为他们的很多历史是与中国历史联系在一起的。

艺术评论：李白都生在碎叶，我想碎叶城的考古发掘对中国文化来说是义不容辞的。

朱：据说我们中国也有一些考古专家到那里去，是文化部门派过去的，但是后来没有后期效果出来，就杳无音讯了，这些国家的专家其实也希望过来交流。我们在这两个国家看到相同的现象，即这些国家的许多重要道路，由中国的路桥工程队在建设。可是这些平坦通达的、中国援建的新丝绸之路，如今还只有外国的联合纵队利用它们前往考古的工地，却不见我们中国学者的身影。

艺术评论：这是很大的问题，可能国家需要政策，去年有个世界考古论坛在上海召开，我们采访了英美几位重量级考古学者，他们认为中国的考古都是局限在本地的眼光，他们希望中国考古也可以走出去，走出去我们未必要走到埃及，但至少是可以到中亚的，而且主要是在丝路上，这条路跟中国文化紧密相连。

朱：需要脚踏实地的跟他们做一些合作，不能停留在口号上。

艺术评论：现在实际上是没有真正走出去？包括走到吉尔吉斯斯坦、哈萨克斯坦这样的国家都没有？

朱：没有！动手考古都做不了，我们现在只能看他们的考古资料。

艺术评论：比如您这次到吉尔吉斯斯坦，因为资金的问题，他们也很欢迎。中国现在资金不缺，完全可以投入资金、人员。这样走出去的困境在哪里？

朱：困境还是经费能不能投入与确保到位。

艺术评论：这是中国 30 多年来经济发展的问题。内地也是这样，自己的考古都做不来，但这个肯定还是要做。从国家层面来说，要新疆稳定，那不可能是新疆一个区域的，而是一个立体的、外围的……所以现在对于整个文化，包括我们考古的眼光，可能决策者需要一些考虑。

朱：对，决策者需要通盘的考虑、纵深战略的考虑，不仅仅中国的历史是跟西域有联系的，中国的民族也是有联系的。我们提出很多概念，比如跨境民族，哈萨克族、吉尔吉斯族、塔吉克族这些都属于跨境民族。包括维吾尔族和乌兹别克斯坦的民族之间的语言交融等都是很清晰的，他们肯定跟中亚地区是有联络的。我们一定要把中亚民族形成交融的过程搞清楚，当然要参与到对那些周边国家的考察过程中。从科学的考古角度来说，周边这些国家也有很多佛教遗址和中原形式的文化遗迹，对于现在已经伊斯兰化的这些国家来说，他们对这些遗址考察不敏感，他们真的希望中国学者来考证。

艺术评论：汉文化遗址也应该有不少？

朱：没错，很多方形的城址显然是中国式的。

艺术评论：汉代以来的一些移民带过去的。

朱：移民过去，还有就是唐代在那些地区直接或间接的有效控制，如安西都护府、羁縻州、羁縻都督府的机构，都是。安西四镇的碎叶城也是唐代建的，所以我们去看就很亲切。当年苏联的考古资料公布出来以后，北京大学教授张广达先生看到城外寺庙遗址的存在，他就判断这是大云寺，那阿克贝希姆遗址就必定是碎叶城——当然还有其他的史料证据，所以改变了以前把碎叶城理解为另外一个遗址的多少年的错误。这是汉文化的遗址。

艺术评论：从这个角度来说，这个考古可能比一些区域内的小考古更有意义。

朱：对，更有意义。譬如说，唐代"安西四镇"中有碎叶镇，怎么证明碎叶镇的存在？ 1982 年、1997 年吉尔吉斯斯坦的阿克贝希姆遗址先后出现了两块用汉字写的石刻，苏联考古学家没有做出来，结果日本的学者在 1996 年释读出安西副都护、碎叶镇压十姓使杜怀宝的题铭，最终用文字实物确定了碎叶城的具体位置。这对于我们中国人来说也是个伤心事。中亚北部的佛教遗址包括碎叶的考古，日本的学者加藤九祚在那里做过很多工作，他们最先释读了这个汉文石刻（图 14），而这个本来由我们中国学者来参与研究可能更合适，结果日本捷足先登。这个石刻我们这次考察也才看到，当年张广达先生写《碎叶城今地考》的时候还没有看到这些石刻文字，他的文章最后也提到"对于这个问题（指碎叶城今地）的彻底解决，我们寄希望于考古发掘工作。考古发掘的成果往往能够根本改变个别地区历史地理研究的面貌"。如果中国学者能够及时参与进来，很多问题可以做得更好。但很可惜我们中国没有走出这一步。

艺术评论：比如像西方人对埃及考古的参与，或许要到这种程度才能真

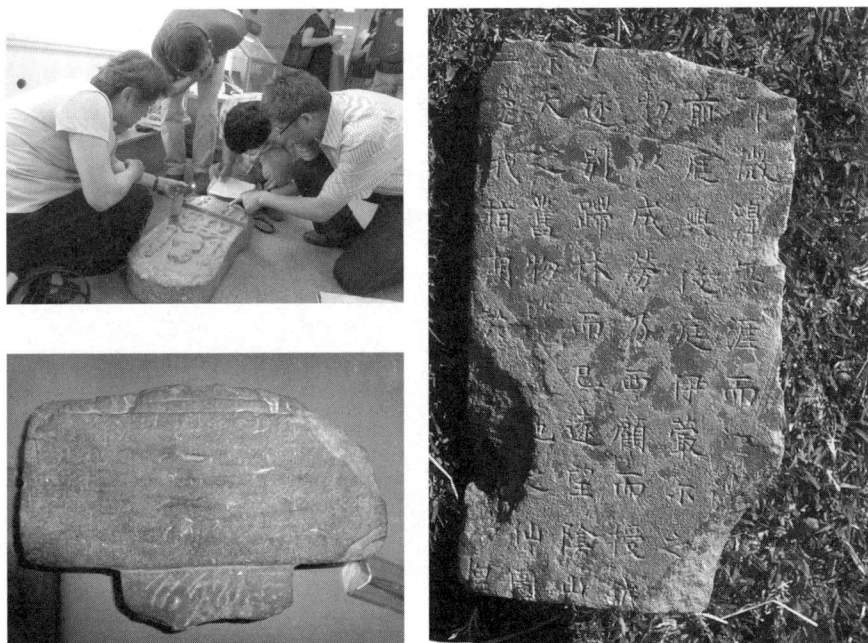

图14 吉尔吉斯斯坦唐代古城中出土的汉文石刻

正理解。

朱：对，这才是真正的全球性的考古视野，我们实际也真的可以参与到埃及（考古），但现在却是与我们有直接关系的中亚都没做。如果中国的考古学家有这样走出去的思路，黄文弼中心完全可以帮忙牵线搭桥。

艺术评论：所以可以这样理解，中国考古真正走出去，应当以西域为抓手，而且也契合整个国家民族的方略。

朱：对，也符合西域作为文明交流的十字路这样的一个概念。黄文弼在1927年走出了中原，来到了西域，把这个丝绸之路的考古推进了一步；现在已经过去80多年，我们没有继续再沿着黄文弼之路把它扩展到中亚，使得中国文明在世界史上的意义突显出来。在今天，"丝绸之路经济带"的概念提出来，丝绸之路申遗也成功了，也就是说，一个国际性的合作组织已经成立了，我们真的应该踏着黄文弼的足迹走出来——这个真的很急迫。现在抓手也有了，黄文弼中心愿意为大家提供走到中亚国家的机会，因为在那边有新疆师范大学参与建设的孔子学院，他们都很愿意以这样的理念来工作，即孔子学院不仅仅是为了培养这些国家的汉语学习者，也更希望推动中国的研究者与所在国之间进行文化交流活动。

（本文原载《东方早报》2014年10月22日《艺术评论》4—6版）

航空遥感考古技术在新疆地区的实践及其启示

□于志勇

新疆文物考古研究所

新疆是我国西部重要的边疆、多民族省区，地域辽阔，自古以来，历史文化多元，文化形态多样，文化遗产资源丰富；特殊的历史、地缘格局和考古史背景，使得新疆文化遗产研究和保护具有强烈的国际性特质。当前，伴随着国家社会经济的发展，尤其是城镇化建设的加速和"丝绸之路经济带"建设的全面实施，以及多国联合成功申报世界文化遗产之后"申遗"时代的到来，新疆文化遗产保护、考古调查和研究，正面临着新的机遇和挑战。

做好对首选申遗的大遗址的保护和未来拓展项目的历史文化内涵的系统揭示，逐步阐明丝绸之路经济带沿线文化遗产链上多文明源流的内涵，服务于"丝绸之路经济带"建设，文化界、知识界乃至全社会对管用、有效的当代科技考古技术手段一直心怀期待。而在日新月异的当代科技成果当中，航空影像、遥感探测为主的空间信息技术[1]，越来越多地应用于文化遗产资源的全面调查、有效保护、系统研究、整体规划，在新疆地区的考古实践中业已发挥出了重要的作用。

本文拟就新疆丝绸之路文化遗产资源保护过程中以航空遥感考古为主的空间信息技术的应用，探讨新疆地区航空遥感考古实践的重要性、必要性、紧迫性；强调全面系统地开展围绕新疆古城址为中心的航空遥感考古工作，对丝绸之路路网以及内陆亚洲历史文化遗产分布的规律性探索，对丝绸之路文化遗产的重点保护和系统研究，具有积极的促进作用。

---

① 邓飚、郭华东：《遥感考古研究综述》，《遥感信息》2010年第1期。聂跃平、杨林、王长林：《遥感考古学——一门极具发展潜力的新兴交叉学科》，《学科发展》2005年第6期。

一、航空遥感考古技术在新疆地区的应用概况

图1　尼雅遗址卫星影像图

新疆地区航空遥感考古工作，肇始于1993年中日合作开展的和田地区民丰县尼雅聚落遗址考古调查。[1]尼雅聚落遗址地处塔克拉玛干大沙漠南缘的沙漠腹地，是典型的内陆荒漠绿洲古代遗址。聚落呈大分散、小聚居的分布格局。参与考察的华东师范大学刘树人教授运用中国科学院新疆地理所（今新疆生态与地理研究所）的卫星影像和航片资料，对遗址环境地貌及各类型遗迹的分布进行了探索尝试。1994—1996年，中日学者借助当时解密的高精度卫星航片资料，结合精确的 GPS 定位，对尼雅遗址聚落遗址群的分布进行了全面调查，取得了可喜的成果。[2]

1995年，中国社会科学院考古研究所刘建国先生利用有关航片资料，对库车至库尔勒之间的古城址、吉木萨尔县北庭故城等遗址进行了调查。[3]

2002—2003年，日本奈良女子大学相马秀广教授运用卫星影像资料，对吐鲁番地区交河故城、高昌故城，若羌县楼兰古城、米兰古城等绿洲古代遗址的分布和环境变迁进行了调查和研究，[4]对吐鲁番、哈

图2　米兰遗址

---

① 中日尼雅遗址学术考察队编著：《中日共同尼雅遗址学术调查报告书》第一卷，法藏馆，1996年。
② 中日共同尼雅遗址考察队编著：《中日尼雅遗址学术调查报告书》（第二卷），日本木村印刷株式会社1999年版。
③ 刘建国：《新疆高昌、北庭古城的遥感探查》，《考古》1995年第8期；《新疆库尔勒至轮台间古代城址的遥感探查》，《考古》1997年第7期。
④ 相马秀广、高田将志：《Corona 衛星寫真から判讀されるの米蘭遺址群 - 若羌南遺址群——樓蘭王國の國都問題との關連を含めて》，收入《衛星寫真を利用したシルクロード·地域の都市·集落·遺跡の研究》，《シルクロード学研究》VOL17, 2003。

密等地坎儿井遗址群的分布做了研究。

2000—2005 年，新疆文物考古研究所在调查汉代西域都护府遗址的过程中，利用航片资料对轮台地区的古城遗址进行了调查，新发现多处汉唐时期戍堡、馆驿遗址。

2003 年，何宇华、孙永军通过卫星遥感航片资料的解读处理，经过对 TA 卫星遥感解译和环境地质的研究，认为楼兰古城的衰亡是古城上游孔雀河河岸滑坡形成堰塞湖所导致。[①]

2005 年，新疆文物考古研究所与日本奈良女子大学合作，借助高精度的卫星影像资料，

图3　且末县来利勒克遗址

对若羌县米兰遗址、且末县来利勒克遗址的古代灌溉渠系进行了系统踏查。[②]

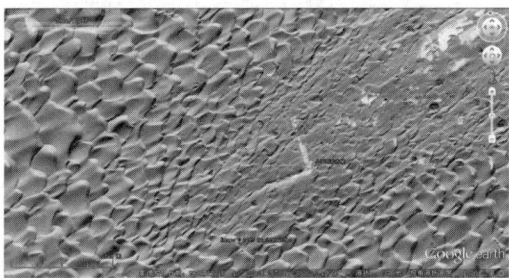

图4　小河西北古城

2004 年，新疆文物考古研究所在对若羌县小河墓地考古调查过程中，根据日本学者提供的卫星影像资料，发现了小河西北古城。2004—2008 年，中国科学院地质与地球物理研究所吕厚远等首次实地调查发现并确认了了小河西北古城址，认为该古城址年代在公元 440—500 年，为文献所记载的“注滨城”遗址。[③]

2009 年，为认真组织实施好国家第三次文物普查工作，在新疆文物局的精心组织和大力支持下，新疆文物考古研究所与中国科学院遥感应用研究所、中国国家博物馆遥感与航空摄影考古中心合作，通过新旧航空影像资料的对比研究，对新疆巴州、和田等地州重点区域进行了特殊普查，应用航空

---

① 何宇华、孙永军：《空间遥感考古与楼兰古城衰亡原因的探索》，《考古》2003 年第 3 期。
② 小方登、相马秀广、于志勇等：《中国新疆且末ォアシス周辺における集落、用水路遗迹の检讨——卫星画像と DEM を利用して》，收入奈良女子大学《中國タリム盆地シルクロード時代の遗址の立地条件からみた類型化——衛星寫真 Corona の活用を通して》国际学术研讨会论文，2010 年。
③ 吕厚远等：《罗布泊新发现古城与 5 个考古遗址的年代学初步研究》，《科学通报》2009 年第 55 卷第 3 期。

图5 巴里坤县清代营塘遗址

图6 哈巴河古城

图7 七角井古城—罗护守捉城

图8 且末县新古城

解译图像、航空摄影调查,获得了一批重要的航空遥感考古资料,为开展特殊区域的考古调查研究和验证工作提供了宝贵的经验。[1]

2009—2012年,新疆文物考古研究所利用谷歌影像资料,对且末、轮台、哈密、吐鲁番等地古遗址进行了调查。在哈密地区的巴里坤县境内发现清朝前期平定准噶尔部时期所建的营塘、牧厂遗址20余处;在哈密市发现唐代伊州西通西州、北庭所建的守捉、馆驿遗址4处;在昌吉州东部地区发现清代古城址3处[2],在哈巴河县新发现方形古城遗址一处,在且末县发现古戍堡遗址一处。

新疆地处内陆亚洲腹地,是丝绸之路的重要区段。运用航空遥感考古技术探查丝绸之路沿线文明废墟,长期受到国际学术界的关注。20世纪90年

① 中国国家博物馆遥感与航空摄影考古中心:《中国航空摄影考古的新进展》,《南方文物》2011年第3期。
② 资料正在整理之中。

代，国外学术界曾将遥感和空间信息技术对秘境西域丝绸之路古遗址的探查方法，称为"宇宙考古学"。回顾新疆地区航空遥感考古学术史，以日本学者为主的国外科研团队，较早地利用卫星遥感和航空影像资料对新疆重要古绿洲遗址的分布、开发等进行了重点研究，在楼兰地区屯戍遗迹的辨识、若羌和且末古绿洲人地关系的分析、坎儿井与水资源的开发历史的探索、历史时期地震对文化遗产的影响（又称"地震考古学"）等方面，取得了系列成果。比较而言，迄今为止，在新疆考古科研、文化遗产管理过程中，我国学者对于航空遥感考古技术，仅局限于利用卫星影像和航片资料开展个案的古遗址调查与发现可视考古地物；对这一科技方法的利用，高位重视不够，推进不力，工作规划性不强，协同创新不够，成果对文化遗产保护的贡献度小。

二、新疆地区开展航空遥感考古的重要性、必要性和紧迫性

新疆地区考古工作，积极开展航空遥感考古探索与研究，有着客观的优势条件和考古学科发展的特殊要求；有着积极响应国家发展战略的现实需求；同时，还有科技考古界的学术交流与挑战的形势背景。

从客观因素分析，新疆地域广袤，地貌类型多样，生态地理环境格局多样，历史人文和经济文化类型特殊性鲜明，边疆地缘区位环境复杂，航空遥感考古技术手段在文物考古调查和研究、文物保护规划、管理领域，可以大有作为。尽管新疆地处古代东西方文明交流的重要区段，是丝绸之路的要冲，受到国内外的高度关注，但是新疆地区考古和研究，存在严重的地域不平衡性、不均衡性，考古空白点多，缺环多，对很多古代遗址点的了解和认知，仅仅停留在一般性调查层面；南疆地区绿洲地带考古基础略好，沙漠地区和山区考古工作罕少，北疆草原、山区考古工作基础薄弱。从新疆文物考古的实际来看，考古活动起步虽早，考古学史可以追溯百余年，文物资源的国际性特征显著，但是由于诸种原因，新疆文物考古事业建设和发展历程曲折而艰辛，专业文物考古机构力量不足，科研队伍建设不健全，队伍结构不合理，科研人员匮乏，与整体素质精良、业务过硬的文物考古队伍相比还有很大差距，很难绝对地担当日益繁重且日趋缜密的考古研究和文物保护、管

理的任务。面对复杂多样的客观环境和考古工作基础状况，需要转变传统考古工作模式，与时俱进，有胆识、有远见地创新工作理念和科研导向，探索高效率、高精度、低成本的科技考古方法，开展多学科的合作研究，航空遥感考古技术无疑是最佳选择之一。在新疆考古实践中尝试运用以航空遥感考古为核心的空间信息技术，对文物考古调查、发掘乃至文物保护规划工作的积极推进，将具有重要的划时代意义；航空遥感考古技术的优越特性，将开拓广阔的考古科研视野和空间，并发挥出突出作用[1]，其重要性不言而喻。

当前，我国正在积极推进"一带一路"建设。"丝绸之路经济带"历史文化的全面系统揭示，需要考古学家、历史学家的实证和史证的支撑，同时更需要科技界的坚实保障；令人瞩目的丝绸之路路网的系统调查和科学研究，需要传统考古学方法结合高科技手段共同去完成。针对当前迅猛的经济开发规划建设的需求，后"申遗"文化遗产的规范管理、科学论证的要求，充分运用以航空遥感为核心的空间信息技术，对全面系统掌握历史文化遗产的价值内涵，服务于新疆社会的发展和稳定，极为必要。航空遥感考古技术在响应当前国家"一带一路"建设，发挥"核心引领、一点带线、以点带面"的路网调查研究过程中，有着举足轻重的关键作用，近年在新疆南疆沙漠地区、无人区、高海拔山区的考古实践中已经凸显出了效能。

在新疆地区开展航空遥感考古工作，现实的紧迫性在于，丝绸之路历史文明内涵的揭示，是世界各国强烈关注的焦点；切实地认知和阐明丝绸之路经济带历史文化特质和属性，争取学术研究的先机和主动权，真正地掌握关涉历史研究的话语权，在维护国家利益大局、促进社会稳定和文化繁荣方面体现出"有据、有理、有力"的现实关怀，是新形势下文物考古工作者的责任和使命。长期以来，由于历史和客观因素的影响，我国学者尤其是新疆地区的学者在丝绸之路历史文化研究、科技考古探索的很多领域，起步晚，底子薄，学术独创性不多，历史考古研究的科学化水平很低，在国际丝绸之路学术研究方面缺少话语权，在航空遥感考古方面更是如此。应对当前丝绸之路文化遗产资源保护与研究的国际学术竞争与挑战，基于新疆地区开展航空

---

[1] 李铁乔、刘传胜、习晓环、王心源：《空间信息技术应用于文化遗产研究的新进展》，《科技导报》2012 年第 6 期。

遥感考古的重要意义，考古学家和科学家必须增强工作的紧迫感和阵地意识，将航空遥感考古技术的应用作为一项重要的工作目标，及早确立整体工作规划，切实为国家文化遗产保护和研究的大局服务，在三至五年内使得遥感考古技术成为新疆考古的亮点和文物保护的有力支撑点。

三、对新疆地区开展航空遥感考古工作的思考

新疆考古工作的实际、未来学科发展的需求和国际化背景下的丝绸之路经济带历史文化研究保护的新形势、新格局，决定了新疆文化遗产的发现、研究、保护工作需要高度重视且应用好航空遥感考古的技术优势，把古遗址的"点—线—面"三方面基础考古工作做坚实。如此，才能深化考古学和历史地理研究，为文化遗产保护、规划工作提供科学严谨的材料。

（一）立足于全国第三次文物普查成果，充分运用航空遥感考古技术手段，以国家、自治区级重点文物保护单位等大遗址为中心，高度关注历史文化价值大的各时期古城址，有重点、分阶段地开展文化遗产资源的完整性详查和性质确认，健全不可移动历史文化遗产档案，为大遗址的保护规划提供科学依据，是亟待开展的重要学术任务。根据第三次全国文物普查资料统计结果，新疆地区现有各类古遗址近万处，这些遗址基本上根据已知线索进行的实地勘察认定，由于地理环境的特殊性、埋藏条件的复杂性以及调查工作的局限，有相当多遗址的整体规模、形制布局、年代特征的认知和判断，不够全面、系统、准确，尤其是对古城址的调查，多停留于古城城垣本体，忽视了相关附属遗迹（水系、作坊、田地、园林等）的空间布局的观察，需要借助航空遥感技术手段，关注、明察构成遗迹组合单元的各重"点"要素。例如，楼兰地

图9　LE古城

区 LE 古城遗址，不仅有保存完整的城墙遗迹，影像资料还显示，在古城的东西部区域有较大规模的屯田田地遗迹、灌溉渠系遗迹；这处古城址从营造方式、形制规模、建置体量等诸多因素综合分析，很可能就是西汉昭帝时期在楼兰的最早屯城"依循城"遗址。[1]

（二）围绕"丝绸之路经济带"建设的实施，充分利用全国第三次文物普查有关新疆烽燧遗址调查成果[2]，高度重视正史文献资料，扎实开展对以汉唐为主要阶段的丝绸之路路网的航空遥感考古"点—线"探查，能够为了解路网的分布格局、时代背景，

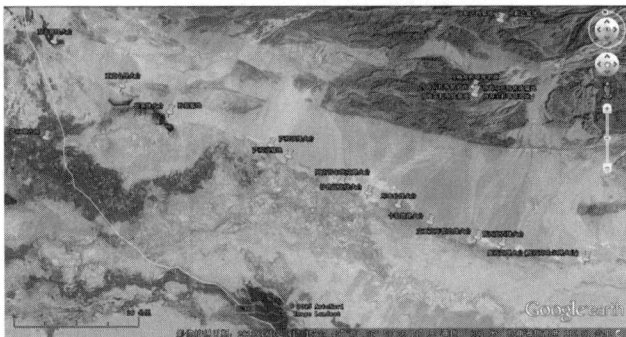

图10　孔雀河烽燧分布图

为丰富"丝绸之路：长安—天山廊道的路网"历史文化蕴涵，为推进丝绸之路经济带沿线中亚各国间的国际合作和交流，做出具有中国特色的积极贡献。众所周知，自汉武帝时期开始，汉王朝为取得对匈奴作战的战略，打通了西出阳关通西域的"楼兰道"，在敦煌—楼兰（今罗布泊西北）—龟兹（今库车），修建烽燧亭障，并在今轮台东部设立"西域都护"治所等军镇建置；西汉末年开通了由敦煌西北至伊吾（今哈密）、车师前国（今吐鲁番）的交通路线，这两条路线在汉晋时期是中原王朝通西域的重要交通干道。历经两千年历史沧桑，古道的路线、走向很多不甚明了，重要的线性分布的烽燧亭障遗迹多已经不存。保存较好的位于尉犁县孔雀河烽燧遗址群，目前发现的烽燧单体有 12 座。汉晋时期，这些烽燧遗迹与敦煌市西北汉代玉门关遗址为中心的烽燧遗址群点线东西相连，同时与向西延伸至龟兹的烽燧遗迹连成一线。如今，通过传统考古实地踏查的方式开展考古调查，寻找并发现楼兰古道，难度极大；借助航空遥感考古技术手段，是发现并确定楼兰道线路的

---

[1] 于志勇：《西汉时期楼兰"依循城"地望考》，西北大学丝绸之路文化遗产保护与考古学研究中心编：《西部考古》第柒辑，三秦出版社 2014 年版。
[2] 新疆维吾尔自治区文物局编著：《新疆维吾尔自治区长城资源调查报告》（上、下册），文物出版社 2014 年版。

最好途径。①

同样，航空遥感考古技术对唐代丝绸之路路网的"点—线"调查，也将有极大助益。唐王朝统一西域后，以安西和北庭为军镇中心，在伊州（今哈密）—西州（今吐鲁番）—西州至安西（龟兹）—疏勒等地，在伊州（今哈密）—北庭（今吉木萨尔）—碎叶（今吉尔吉斯斯坦托克马克）等地建立了许多军镇、守捉、戍堡、馆驿烽燧，有效统治和管辖了天山南北乃至中亚的广袤地区。20 世纪 90 年代，有学者根据有限的考古调查材料，将今库尔勒至库车之间的唐代古城址与《新唐书·地理志》、《旧唐书·地理志》中记载的军镇、守捉、戍堡进行比对和相关史地研究，取得了不少重要成果。②如今，我们已经能够在此基础上，运用航空遥感考古技术，对沿线所涉及的古城遗址与文献所记载的各守捉城给出更为准确的对应。在伊州—北庭一线，近年的新发现也纠正、增补了不少史志所记载的军镇、守捉遗址。相信在未来的考古调查过程中，航空遥感考古技术成果将进一步细化、深化对唐代丝绸之路路网的道、里的考察与研究。

（三）在"点—线"考古调查的基础上，开展对特定时空"面"的西域绿洲城邦古国遗址的航空遥感考古调查，对内亚干旱绿洲历史文明兴衰的规律性探索和比较研究，有重要意义。在中国正史文献中，有丰富的西域绿洲城邦古国的记载，在汉唐时期，楼兰—鄯善、车师、焉耆、龟兹、姑墨、疏勒、莎车、于阗、高昌等曾经先后是塔里木盆地周边的绿洲大国，在中国西域历史和丝绸之路历史上曾经留下了辉煌的篇章，每个绿洲城邦历史文化单元的宏观考古研究，除了需要严肃认真的历史文化细节研究之外，还需要开展绿洲古国广域遗址群的全面探查、考古测量、古地貌、环境和古遗址复原等；民丰县尼雅遗址航空遥感考古的实践已经表明，这一技术是实现绿洲城邦聚落考古学研究学术目标的有效手段。

在西域历史文化特定的时空面上，航空遥感考古技术，对研究汉唐至清朝中原王朝在西域军政建置的体系化，能够发挥积极作用，相关个案研究值

① 2015 年，甘肃省文物考古研究所与新疆文物考古研究所计划组织实施"瓜州—楼兰古道考古调查"。
② 张平：《唐乌垒州城及其关戍考》、《唐代龟兹烽戍守捉遗址考实》，收入《龟兹文明——龟兹实地考古研究》，中国人民大学出版社 2010 年版。

得重视和深化。汉唐西域军镇遗址是中原王朝治理和管辖西域的历史见证。长期以来，学术界多关注于军政中心的军镇建置，缺乏对军镇体系、建制系列等次、不同类别的军事设施遗迹的探讨。近年来，借助航空遥感考古影像资料的识读，考古学家将库车、新和县境内的十余处唐代古城遗址确定为安西都护府（大都护府）时期龟兹驻军的军屯戍地——屯城，从军事考古层面揭示出了安西都护府军镇体系化建置的史实。2014年，同样根据航空影像资料，在巴里坤地区新发现了20余处兵营、营塘、牧厂遗址，通过"点、线、面"的考古分析，结合历史文献，判定这些遗址是研究清朝雍正、乾隆时期平定准噶尔部用兵西域前后军事布防和军镇建置的重要资料。航空遥感考古技术为遗址群的调查和发现发挥出了重要功用。

丝绸之路汉风景观刍论
——以新疆地区世界遗产点为例

□ 陈　凌

北京大学考古文博学院

一、引言

2014 年 6 月 22 日，在多哈召开的第 38 届世界遗产大会上，由中国、哈萨克斯坦和吉尔吉斯斯坦联合申报的丝绸之路项目通过审议，正式列入《世界遗产名录》。三国联合申请的丝绸之路项目，全长约 5000 公里，是古代丝绸之路中的一部分。它从西安出发，到中亚的七河地区为止，项目共涉及 33个遗产点。其中，中国有 22 个遗产点，包括汉长安城未央宫遗址、张骞墓、唐长安城大明宫遗址、大雁塔等，分布在我国河南省、陕西省、甘肃省和新疆维吾尔自治区。新疆维吾尔自治区有 6 处：高昌故城、交河故城、克孜尔尕哈峰燧、克孜尔石窟、苏巴什佛寺遗址、北庭故城遗址。

世界遗产委员会认为，丝绸之路是东西方之间融合、交流和对话之路，近两千年以来为人类的共同繁荣做出了重要的贡献。在评议中，世界遗产委员会指出："丝绸之路见证了公元前 2 世纪至公元 16 世纪期间，亚欧大陆经济、文化、社会发展之间的交流，尤其是游牧与农耕文明之间的交流；它在长途贸易推动大型城镇和城市发展、水利管理系统支撑交通贸易等方面是一个出色的范例；它与张骞出使西域等重大历史事件直接相关，深刻反映出佛教、摩尼教、拜火教、祆教等宗教和城市规划思想等在古代中国和中亚等地区的传播。"

世界遗产委员会的评议高度肯定了丝绸之路在人类文明史中的地位和影

响。的确，在海上丝绸之路大兴之前，陆上丝绸之路一直是古代东西方文明交汇的大动脉。

值得注意的是，自从丝绸之路成为国际学术界关注的热点领域以来，无论中外学者，研究的目光都更多地聚焦于中国境内发现的外来遗物。学者们大多致力于探寻这些遗物与中国境外的联系，取得了众多值得重视的成果。然而，另一方面，对于中国对外的影响关注得则相对少一些。既然丝绸之路是东西方文化交流的大通道，那么文化的往来就既不是单向的，也不是中国本土文化被动地等待外来文化的融合。丝绸之路文化的流动是双向的，既有东来，也有西渐，而且也不仅仅局限于物质和技术的层面。将物质、技术、思想意识形态等不同层面的文化交流摆放在客观而适当的位置，无疑有助于准确认识历史上的丝绸之路，而不是臆想的丝绸之路。

一般说来，考古遗址大体可以分为两类，一是墓葬，二是遗址。遗址又可简单分为日常生活的城镇或聚落遗址，以及宗教遗址。前者，尤其城镇是世俗社会生活最集中的展现平台，而后者则是精神生活集中的展现平台。这两者共同构成了活人世界（或者称为阳界）最主要的存在空间。墓葬作为阴界，是阳界的折射，既包含世俗的成份，也包含精神（或宗教）的成份。因此，地上的遗址、地下的墓葬，可以互证或构拟当时文化建构的状态。同时，我们也注意到，无论是地上的城市也好，或者是地下的墓葬也好，都可以视为人为建构的空间来观察。空间如何建构，绝不是纯粹的技术问题，空间的建构无疑是一种具像的文化建构。作为人活动场域的空间，活人存活在城市（或聚落）之中，死人停居于墓葬之中，空间与其中的活人或死人存在一种互动关系。空间的设计要向存在于其中的活动者显示或传递某些信息，而其中的活动者既感受空间，也要对之做出反馈。美国建筑史学家弗兰姆普敦在他的研究中提出"与美术作品不同，建造不仅是一种再现，而且也是一种日常生活的体验。"[①] 弗兰姆普敦所说是指建筑而言，我认为其适用范围还可以扩大到阴宅。

也许，我们还可以进一步说，无论是阳界还是阴界，空间的建构实际上

---

① 肯尼思·弗兰姆普敦：《建构文化研究——论19世纪和20世纪建筑中的建造诗学》，王骏阳译，中国建筑工业出版社2007年版，第2页。

是文化取向、文化认同的物质体现。倘若从这个角度来观察，建构的空间就可以视为文化的征象，尤其城市的建构更可以视为最重要的文化地标。

在丝绸之路申遗中，城市遗址受到了特别的关注。人们意识到，城镇，特别是中心城镇是丝绸之路上重要的节点。我们注意到，西域古城往往存在诸多的汉风因素，这是以往研究中经常被有意无意忽略的。在此我想捃拾丝绸之路遗产中新疆段高昌、北庭、龟兹三城材料为例略做说明，简单地谈谈个人的一些粗浅认识，敬希学界通人有以教之。

二、高昌故城中的汉风

1962 年，阎文儒对高昌故城进行考察，指出高昌故城分外城、内城、宫城三部分，外城"从残存的痕迹来看，西、南两面的城垣，比较完整，西垣有两个门，北端的门，还保存了曲折的瓮城；北、东两面的城垣，也可能有两个门；南垣有三个缺口，如果正中的缺口，也是门的遗迹，那么就是三个门了"。① 按照阎先生的说法，高昌故城存在着 9 个门，即东、西、北垣各 2 个门，南垣 3 个门。根据刘建国对航空卫星图片的译解，外城东、西、南三垣至少有五个城门带瓮城，并且瓮城的形制各有不同。②（图 1）我们认为，诸门瓮城形制的不同或许是修建年代不同的一种反映。③

郑炳林从吐鲁番文书中检出相关文书，认为阎文儒先生的说法是可以和文献勘合的。④ 吐鲁番阿斯塔那365 号墓出土文书《高昌延昌四十年

图1 刘建国复原高昌故城图

---

① 阎文儒：《吐鲁番的高昌故城》，《文物》1962 年第 7、8 期。
② 刘建国：《新疆高昌、北庭古城的遥感探查》，《考古》1995 年第 8 期。
③ 关于高昌外城城门命名的讨论，详参李军、陈凌：《高昌故城考略》，载北京大学中国考古学研究中心编《古代文明》第 10 卷，科学出版社 2015 年版。
④ 郑炳林：《高昌城诸门考》，《兰州大学学报（社会科学版）》1985 年第 4 期。

（600）供诸门及碑堂等处粮食帐》：[①]

（一）

（前缺）

  1.（前缺）供小门

  2.（前缺）次三斗，付□□，付辛（新）南门上。□

  3.（前缺）贤，供故东门上。次一斗，付僧养，供

  4.（前缺）付阿富，供碑堂。次付仏（佛）佑，供故南门

  5.（前缺）供故西门上。次六斗，付支法，供巷中。次六斗，付

  6.（前缺）养胡，供府门。次二斗，付□（后缺）

  7.（前缺）供小门。次一斗，付（后缺）

  8.（前缺）庚申岁正月十六日。

  9.（前缺）众护，供堂。次二斗（后缺）

  10.（前缺）供北门上。次一斗，付（后缺）

（后缺）

（二）

（前缺）

  1.（前缺）次二斗，付阿胡，供小（后缺）

  2.（前缺）禅喜，供北门上。次一斗，付□受子，供□

  3.（前缺）鹏苟，供鹿门。次一斗，付养胡，供府门。

  4.（前缺）故东门上。次一斗，付众养，供故南门上。次二斗，

  5.（前缺）斗半，付多畔，供碑堂。次六斗，付浮图，供

  6.（前缺）供故西门上。次六斗，付胡奴子，供帐下。

  7.（前缺）供北听（厅）。次二斗，付阿胡，供小门。次一斗，付保

  8. 愿，供辛（新）西门。

  9. □□斗，付高昌，供北门上。欠（次）一斗，付保愿，供辛（新）

  西□

[①] 唐长孺主编：《吐鲁番出土文书》，第一册，文物出版社1992年版，第295—297页。

10. □□斗，付显尊，供巷中。次二斗，付尧保，供胡（后缺）

11. （前缺）胡奴子，供帐下。次一斗半，付阿富，供（后缺）

（后略）

（三）

（前略）

3. （前缺）付□奴，供（后缺）

4. （前缺）大门上。次二（中缺）供鹿门（后缺）

5. （前缺）保（中缺）供辛（新）南门（后缺）

6. （前缺）供辛（新）南门下。一斗，付菩（后缺）

7. （前缺）儿，供北门下。一斗，付申忠，供（后缺）

8. （前缺）下。次一斗（斛）二斗，付众惪（后缺）

9. （前缺）下。六斗，付显尊，供巷中。（后缺）

10. （前缺）神赦，供相（厢）上。一斗半，付（后缺）

11. （前缺）鹿门。次一斗，付怀庆（后缺）

（四）

（前缺）

1. （前缺）供故东门（后缺）

2. （前缺）鹿门。次二斗，付阿胡（后缺）

3. （前缺）西门上。次一斗，付（后缺）

4. （前缺）门上。次一斗，付养，供辛（新）南（后缺）

5. （前缺）四斗，供北听（厅）。

6. （前缺）供故南门上。次一斗，付元祐（后缺）

7. （前缺）奴，供辛（新）西门上。次一斗，付保（后缺）

8. （前缺）鹿门。次一斗，付幼贤，供（后缺）

9. （前缺）付文忠，供相（厢）上。次一斗，付（后缺）

10. （前缺）南门上。次六斗，付（后缺）

　　高昌城的七个城门见诸阿斯塔那 171 号墓出土《高昌延寿十四年（637）兵部差人往青阳门等处上现文书》：①

（前略）

　　4.（前缺）□□（中缺）青阳门外现□伍日。次辛

　　5.□□张祁善、田回□、□愿伯、贾庆□、孙秃子，右陆人，用金章

　　6.□外上现伍日。次冯师保、匡保崇、左海保、田老师、马熹□、张怀洛、右陆

　　7.人，用金福门外上现伍日。次冯隆儿、大宋客儿子、索波□、张相愿、史

　　8.□□、左祐保，右陆人，用玄德门外上现伍日。次阳相保、张显

　　9.□、刘汉伯、解海祐、郭延护、赵愿伯，右陆人，用建阳

　　10.□外上现伍日。次赵养熹、左熹儿、樊相熹、李

　　11.□熹、阴欢子、右伍人，往永昌谷中、横城门里还伍日。次左熹

　　12.相、王来女、张鼠儿、张怀保、王祐子，右伍人，往桢谷中还伍日。□

　　13.赵羊得、赵海伯、阚阿欢、田波结、白阿举，右陆人，往赤谷中□

　　14.伍日。□□□□，马买（中缺）令狐相儿、张庆愿、小张□

　　15.（前缺）秃子，右捌（中缺）阳门里上现□日。次孟康□

　　16.（前缺）张愿伯、□□培，右捌人，供

　　17.（前缺）守愿，白（后缺）

　　18.（前缺）右捌人，供将庆祐，用金章门里□□□

　　19.（前缺）叠举、王善虎、张丰埚、李延熹、支相忠、袁显德、曹海□

　　20.（前缺）门里上现伍日。次令狐阿俶、张善听、张海儿、郭延海

　　21.（前缺）祐，右捌人，□□□愿，用玄德门里

　　22.（前缺）欢愿、张欢幢、宋养祐、

　　23.（前缺）用建阳门里上现伍日。次张善怀、郿欢子、良阿孙、

---

① 唐长孺主编：《吐鲁番出土文书》第二册，文物出版社 1994 年版，第 73—75 页。

小张丰

24.（前缺）相子，右陆人，供将庆怀，用武城门里上现伍日。次张延相贾

25.（前缺）令狐欢悦、竺园得，右伍人，往永昌谷中山头还伍日。

（后缺）

（后略）

该件文书出现了青阳门、建阳门、金章门、金福门、玄德门、武城门和横城门，共七个城门名。这七门分别对应东垣南门、东垣北门、西垣南门、西垣北门、北门、北垣西门、南垣门之一。[①] 这个比定大致可以信从，不过其中武城、横城、鹿城三门还有可以推敲的余地。武城、横城两门的比定问题后文再详细讨论。

先说鹿门，郑炳林以为就是武城门。我们认为，文书中提到的鹿门应该指的是高昌外城南垣东头第一门。"鹿门"这个词出现较早，按《史记》卷四三《赵世家》：[②]

十六年，肃侯游大陵，出于鹿门。

《公羊传》闵公二年：

冬，齐高子来盟。高子者何？齐大夫也。何以不称使？我无君也。然则何以不名？喜之也。何喜尔？正我也。其正我奈何？庄公死，子般弑，闵公弑，比三君死，旷年无君，设以齐取鲁，曾不兴师，徒以言而已矣。桓公使高子将南阳之甲，立僖公而城鲁，或曰自鹿门至于争门者是也，或曰自争门至于吏门者是也，鲁人至今以为美谈。曰："犹望高子也。"

顾炎武《日知录》卷四争门条：

《公羊·闵公二年传》："桓公使高子将南阳之甲，立僖公而城鲁。或曰自鹿门至于争门者是也，或曰自争门至于吏门者是也。"注："鹿门，鲁南城东门也。"据《左传》"臧纥斩鹿门之关出奔邾"是也，争门、吏门并阙。按《说文》："净，鲁北城门池也。从水、争声。士耕切。"是争门即以此水名，省文作"争"尔。后人以"瀞"字省作"净"，音才性切。

① 郑炳林：《高昌城诸门考》，《兰州大学学报（社会科学版）》1985 年第 4 期。
② 《史记》第六册，中华书局 1982 年点校本，第 1802 页。

而梵书用之，自南北史以下，俱为才性之净，而鲁之争门不复知矣。

顾炎武是较早指出鹿门即鲁城南垣东门的。又《左传》昭公十年：

> 晏平仲端委立于虎门之外，四族召之，无所往。其徒曰："助陈、鲍乎？"曰："何善焉？""助栾、高乎？"曰："庸愈乎？""然则归乎？"曰："君伐，焉归？"公召之而后入。公卜使王黑以灵姑銔率，吉，请断三尺焉而用之。五月庚辰，战于稷，栾、高败，又败诸庄。国人追之，又败诸鹿门。栾施、高强来奔。陈、鲍分其室。

此处鹿门指的是齐国城门。高士奇《地名考略》认为"东南门曰鹿门"[1]。《左传》襄公二十三年：

> （冬十月）乙亥，臧纥斩鹿门之关以出，奔邾。

杨伯峻先生注称"鹿门，鲁都南城东门"[2]。由此看来，不仅鲁国有鹿门，齐国也有鹿门。从上引顾、高、杨诸家解释来看，鹿门很可能是战国时代齐鲁对东南门常用的称谓。以此类推，吐鲁番出土文书中提到的高昌鹿门，应该也是指的外城南垣的东头第一门。

从文献记载来看，两汉时代高昌有壁而无城。《汉书》九六下《西域传下》：

> 元始中，车师后王国有新道，出五船北，通玉门关，往来差近，戊己校尉徐普欲开以省道里半，避白龙堆之厄。车师后王姑句以道当为拄置，心不便也。地又颇与匈奴南将军地接，曾欲分明其界然后奏之，召姑句使证之，不肯，系之。姑句数以牛羊赇吏，求出不得。姑句家矛端生火，其妻股紫陬谓姑句曰："矛端生火，此兵气也，利以用兵。前车师前王为都护司马所杀，今久系必死，不如降匈奴。"即驰突出高昌壁，入匈奴。

徐松《补注》：[3]

> 齐召南曰：高昌壁始见于此。《后书》云，自敦煌西出玉门关、阳关涉鄯善，北通伊吾千余里，自伊吾北通车师前部高昌壁千二百里，自高昌壁北通后部金满城五百里，此西域之门户也，故戊己校尉更互屯焉。案拓跋魏时阚爽始立国于高昌，号高昌王，即以此壁得名。

又《汉书》九六下西域传下：

---

① 杨伯峻：《春秋左传注》（修订本）第四册，中华书局1990年版，第1316—1317页。
② 杨伯峻：《春秋左传注》（修订本）第三册，中华书局1990年版，第1081页。
③ 王先谦：《汉书补注》下册，书目文献出版社1995年版，第1648页上栏。

是时，莽易单于玺，单于恨怒，遂受狐兰支降，遣兵与共寇击车师，杀后城长，伤都护司马，及狐兰兵复还入匈奴。时戊己校尉刀护病，遣史陈良屯桓且谷备匈奴寇。史终带取粮食，司马丞韩玄领诸壁，右曲候任商领诸垒，相与谋曰："西域诸国颇背叛，匈奴欲大侵。要死。可杀校尉，将人众降匈奴。"即将数千骑至校尉府，胁诸亭令燔积薪，分告诸壁曰："匈奴十万骑来人，吏士皆持兵，后者斩！"得三四百人，去校尉府数里止，晨火然。校尉开门击鼓收吏士，良等随人，遂杀校尉刁护及子男四人、诸昆弟子男，独遗妇女小儿。止留戊己校尉城，遣人与匈奴南将军相闻，南将军以二千骑迎良等。良等尽胁略戊己校尉吏士男女二千余人入匈奴。单于以良、带为乌贲都尉。

徐松《补注》：[1]

即校尉府所在也。案传言姑句驰出高昌壁，是其时有壁无城。而《后书》言匈奴、车师共围戊己校尉，又校尉城不在交河城内明证。盖前汉校尉城去交河城不远，后汉因之。建初元年，段彭解戊己校尉之围，而破车师于交河城是也。班超再定西域，复置戊己校尉，乃移治高昌壁耳。

"莽易单于玺，单于恨怒，遂受狐兰支降，遣兵与共寇击车师，杀后城长，伤都护司马，及狐兰兵复还入匈奴。时戊己校尉刁护病，遣史陈良屯桓且谷备匈奴寇。史终带取粮食，司马丞韩玄领诸壁，右曲候任商领诸垒"，这件事透露出，前汉在车师设置有众多壁垒。东汉三次复置戊己校尉，最早一次分驻柳中、金满，第二次治高昌壁，第三次的时间和治所史籍失载。不过，东汉时代高昌仍是有壁而无城，这点应该是比较明确的。

"壁"是一种主要用于屯集兵马的比较简陋的独立型军事建筑，而"垒"则是一种主要用于伺察敌情的比较坚固的依附型军事建筑。前凉之前的高昌不可能同时具有"壁"和"垒"两种军事建筑形式。西汉元帝初元元年初置戊己校尉至东汉安帝末年为"高昌壁"时期，东汉安帝以后至东晋成帝咸和二年前凉置郡以前为"高昌垒"时期。高昌故城就是在简陋的"高昌壁"——坚固的"高昌垒"的基础上发展形成的。[2]

---

[1] 王先谦：《汉书补注》下册，第 1649 页上栏。
[2] 王素：《高昌故城的形成》，《中国文物报》1988 年 7 月 15 日第 3 版。

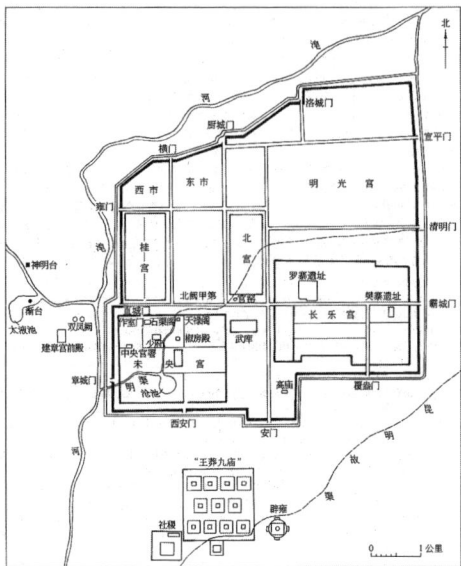

图2 汉长安城平面图

高昌出现城，应该是在魏晋时代以后。吐鲁番文书提到的高昌诸城门带有强烈的汉文化色彩，这一现象有助于我们推断外城的布局与年代。

高昌诸城门的命名是汉文化阴阳五行说的产物，也就提醒我们，高昌城布局很可能是受中原的影响。从魏晋时代高昌城的历史推测，它的兴建最有可能是模仿中原的都城或河西的郡城。

我们不妨看看汉长安、汉魏洛阳、晋魏邺城、前凉姑臧诸城城门命名的情况。

汉长安城十二门分别是东三门（自南往北）：霸城门（青城门、青门）、清明门（籍田门、凯门）、宣平门；南三门（自西往东）：覆盎门（杜门）、安门（鼎路门）、西安门（便门）；西三门（自南往北）：章城门、直城门（龙楼门）、雍门（西城门）；北三门（自东往西）：洛城门（高门）、厨城门、横门。

据文献记载，东汉魏晋建洛阳城时，共十二门，门皆双阙。北魏建都洛阳，对汉晋旧门进行修缮改建，并在大城西北新辟承明门，共十三门。洛阳城原先的 12 个城门，东面 3 个自北而南为上东门、中东门、耗门，西面 3 个自北而南为上西门、雍门、广阳门，南面 4 个自东而西为开阳门、平门、小苑门、津门，北面 2 个自东至西为谷门、夏门。

曹魏邺城城门名见《水经注》卷十浊漳水：

城有七门，南曰凤阳门，中曰中阳门，次曰广阳门，东曰建春门，北曰广德门，次曰厩门，西曰金明门，一曰白门。凤阳门三台洞开，高三十五丈。石氏作层观架其上，置铜凤，头高一丈六尺。东城上，石氏立东明观，观上加金博山，谓之锵天。北城上有齐斗楼，超出群榭，孤高特立。其城东西七里，南北五里，饰表以砖，百步一楼。凡诸宫殿门台隅雉，皆加观榭，层甍反宇，飞檐拂云，图以丹青，色以轻素。

即北二南三东西各一门，共七门。东垣建春门；南垣东头广阳门，中间中阳门，西头凤阳门；西垣金明门；北垣西头厩门，东头广德门。

前凉姑臧城是五城攒聚的布局，情况比较特殊。城门的情况也不完全明确，目前只知道中城、东城部分城门的命名。《晋书》卷一二二吕光载记：

初，光欲立弘为世子，会闻绍在仇池，乃止，弘由是有憾于绍。遣尚书姜纪密告纂曰："先帝登遐，主上暗弱，兄总摄内外，维恩被于遐迩，辄欲远追废昌邑之义，以兄为中宗何如？"纂于是夜率壮士数百，逾北城，攻广夏门，弘率东苑之众斫洪范门。左卫齐从守融明观，逆问之曰："谁也？"众曰："太原公。"从曰："国有大故，主上新立，太原公行不由道，夜入禁城，将为乱邪？"因抽剑直前，斫纂中额。纂左右擒之，纂曰："义士也，勿杀。"绍遣武贲中郎将吕开率其禁兵距战于端门，骁骑吕超率卒二千赴之。众素惮纂，悉皆溃散。

纂入自青角门，升于谦光殿。绍登紫阁自杀，吕超出奔广武。纂惮弘兵强，劝弘即位。弘曰："自以绍弟也而承大统，众心不顺，是以违先帝遗敕，惭负黄泉。今复越兄而立，何面

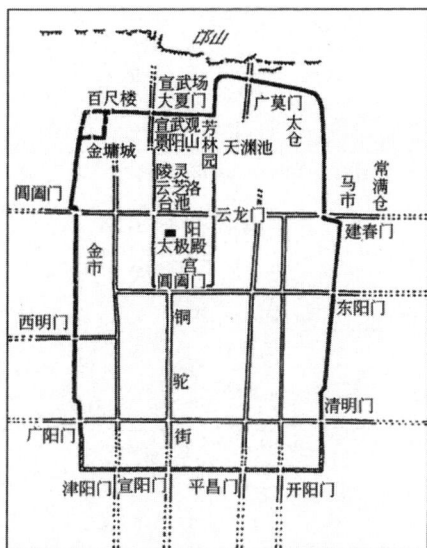

图3 曹魏、西晋洛阳城复原示意图

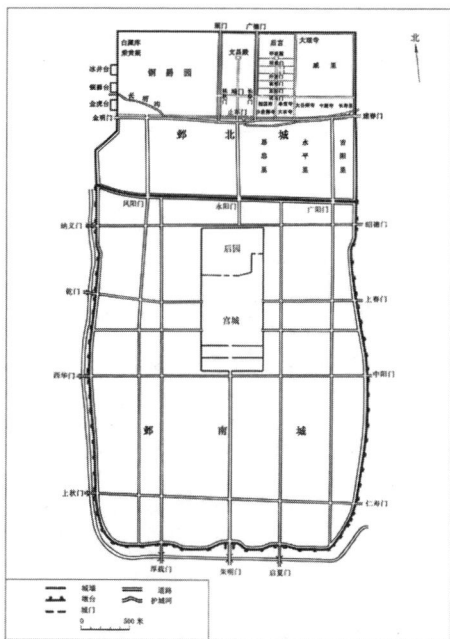

图4 邺城平面图

目以视息世间！大兄长且贤，威名振于二贼，宜速即大位，以安国家。"纂以隆安四年遂僭即天王位，大赦境内，改元为咸宁，谥绍为隐王。以弘为使持节、侍中、大都督、都督中外诸军事、大司马、车骑大将军、司隶校尉、录尚书事，改封番禾郡公，其余封拜各有差。

姑臧的城门，中城东面为洪范门，应即取意于《尚书》"洪范九畴"。《礼记·月令》(《吕氏春秋·十二纪》)，天子依四时在青阳、明堂、总章、玄堂四座堂中听政布政。四堂分别面向东、南、西、北四方。每方在堂的左右又有左、右个，每季三个月依次在左个、堂、右个中居处，即顺时布政。[①]

《晋书》卷一二六秃发乌孤载记：

> （姚）兴乃署傉檀为使持节、都督河右诸军事、车骑大将军、领护匈奴中郎将、凉州刺史，常侍、公如故，镇姑臧。傉檀率步骑三万次于五涧，兴凉州刺史王尚遣辛晁、孟祎、彭敏出迎。尚出自清阳门，镇南文支入自凉风门。

又同卷秃发乌孤载记：

> 吕纂来伐，使傉檀距之。纂士卒精锐，进度三堆，三军扰惧。傉檀下马据胡床而坐，士众心乃始安。与纂战，败之，斩二千余级。纂西击段业，傉檀率骑一万，乘虚袭姑臧。纂弟纬守南北城以自固。傉檀置酒于朱明门上，鸣钟鼓以飨将士，耀兵于青阳门，虏八千余户而归。

《魏书》卷九九张寔附张骏传：

> 骏筑南城，起谦光殿于其中，穷珍极巧，又四面各起一殿，东曰宜阳青殿，南曰朱阳赤殿，西曰正德白殿，北曰玄武黑殿，服章器物皆依色随四时居之，其旁有直省寺署，一依方色。

这些记载为我们提供了姑臧城门命名的可贵资料。综合起来，可知姑臧东城东有青阳门，南有朱明门，西有凉风门；中城东有洪范门、青角门，北有广厦门。

隋大兴城、唐长安城城门，东垣自北而南：通化、春明、延兴；南垣自东而西：启夏、明德、安化；西垣自北而南：开远、金光、延平；北垣自东而西：芳林、景曜、光化。

---

① 《礼记·月令》。

我们将上述诸城与高昌故城城门的情况对照列如下表：

	东（南→北）	南（西→东）	西（南→北）	北（东→西）
汉长安城	霸城门（青城门、青门）清明门（籍田门、凯门）宣平门	覆盎门（杜门）安门（鼎路门）西安门（便门）	章城门直城门（龙楼门）雍门（西城门）	洛城门（高门）厨城门横门
汉魏洛阳城	耗门（青阳门）中东门（东阳门）上东门（建春门）	津门（津阳门）小苑门（宣阳门）平城门（平昌门）开阳门	广阳门（西明门）雍门（西阳门）上西门（阊阖门）	谷门（广莫门）夏门（大夏门）——（承明门）
姑臧	洪范门（中城）青角门（中城）青阳门（东城）	朱明门（东城）	凉风门（东城）	广夏门（中城）
邺城	建春门	凤阳门中阳门广阳门	金明门	广德门厩门
隋大兴城（唐长安城）	延兴门春明门通化门	安化门明德门启夏门	延平门开远门金光门	芳林门景曜门光化门
高昌城	青阳门建阳门	武城门？？门鹿门	金章门金福门	玄德门横城门

通过上表比较，不难看出高昌外垣诸门的命名很大程度上是受了汉长安城、汉魏洛阳城以及前凉姑臧城的影响。尤其是东面诸门的命名上表现得最为明显。郑炳林以为，高昌城开九门受中原的影响，但又不拘于《周礼·考工记》十二门之制，具有自己的特点。[1] 这一看法大体不误。在前面我们提到过，郑炳

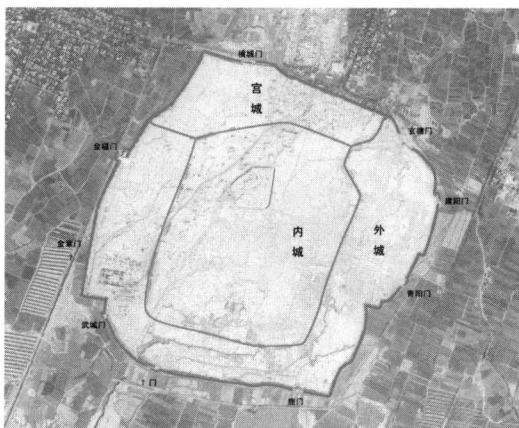

图5 高昌故城外城诸门示意图

林将武城门比定为北面西头城门。比照汉长安城的城门命名，我们认为这个

---

① 郑炳林:《高昌城诸门考》,《兰州大学学报（社会科学版）》1985 年第 4 期。

城门更可能是横城，而武城门则有可能是高昌故城南垣中的西头第一门。据此，我们推测高昌故城外城九门的位置分布如图5所示。

陈寅恪先生的研究指出，魏晋中原战乱时期，士人多避难于河西，由此导致中原文化对河西产生深刻影响。[①]高昌外城的命名情况足以说明，外垣始建的年代应该在十六国的前凉时代。

根据上述对高昌外城城门命名的考察，我们可以推想，从十六国前凉至隋唐时代，当人们走进高昌城的时候，首先展现在眼前的就是具有强烈汉文化色彩的九处城门。它们无疑给出入此城的人传递出浓重的认同于中原的文化取向。

《隋书》卷八三《西域传·高昌国》记载："其都城周回一千八百四十步，于坐室画鲁哀公问政于孔子之像。"史书中虽没有明言哀公问政画像所在，但可以推知应是在当时高昌国行政中心。此类图像的摆放同样传递了浓烈的汉风倾向。

学者们注意到在吐鲁番阿斯塔那墓地出土的麴氏高昌时代的文书中，出现了东南、西南、西北、东北四坊。阿斯塔那154号墓出土《高昌东南西南等坊除车牛额文书》[②]

（一）

1. 东南坊除车牛额

2. □□相、孙怀伯、牛佛奴、□□臭、牛欢富、范摩遮、右陆人上马□。

3. （前缺）麦儿、赵伽子、张明愿、孟伽儿、右伍人，十骑除。

（二）

1. 合除车牛拾壹具

2. 西南坊除车牛额：

3. 康海护，右壹人，十骑除。桑师祐，右壹人，上马除。

4. □□□除车牛额

---

① 陈寅恪：《隋唐制度渊源略论稿》，上海古籍出版社1981年版。
② 《吐鲁番出土文书》第一册，第363页。

该墓又有《高昌西南坊作人名籍》[①]。《吐鲁番出土文书》出有高昌重光二年（621）文书。

阿斯塔那116号墓出土《高昌残文书一》残存"西北坊"三字。[②]该墓出高昌义和元年（614）张头子妻孟氏墓表、重光二年（621）张弘震墓表及张头子随葬衣物疏。50至59号文书起自延和十八年（619），止于重光二年。[③]

阿斯塔那78号墓出土《高昌传用西北坊部海悦等刺薪帐》[④]，该墓出土高昌延寿十一年（634）年文书，纪年最晚为贞观十六年（642）严怀保妻左氏墓志。[⑤]

10号墓《高昌延寿四年（627）参军氾显祐遗言文书》：[⑥]

1. 延寿四年丁亥岁闰四月八日，参军显祐身平生在

2. 时作夷（遗）言文书。石宕渠蒲桃壹园与夷（姨）母。东北放（坊）中城里舍壹□

3. 坵（区）与俗人女欢资。作人傲得与师（下缺）

（后略）

这几件文书的年代在重光二年（621）至延寿十一年（634）这段时间内，表明至迟到麴文泰统治时期，高昌城内已经模仿隋大兴城而设坊了。这就是说，不仅高昌的城市布局、城门命名，既是其内部的区域结构至此也带上了浓厚的汉风色彩。

三、 北庭古城中的汉风

北庭是西域地区另一处重要的城市。《汉书》卷九十六上《西域传上》称"至宣帝时，遣卫司马使护鄯善以西数国。及破姑师，未尽殄，分以为车师前后王及山北六国。时汉独护南道，未能尽并北道也。"汉宣帝时，击破

---

① 《吐鲁番出土文书》第一册，第364—365页。
② 《吐鲁番出土文书》第一册，第374页。
③ 《吐鲁番出土文书》第一册，第370页。
④ 《吐鲁番出土文书》第二册，第41页。
⑤ 《吐鲁番出土文书》第二册，第39—70页。
⑥ 《吐鲁番出土文书》第二册，第204页。

姑师，从姑师分出车师前后王及山北六国。车师后王治务涂谷，《汉书》卷九十六下《西域传下》：

> 车师后国，王治务涂谷，去长安八千九百五十里。户五百九十五，口四千七百七十四，胜兵千八百九十人。击胡侯、左右将、左右都尉、道民君、译长各一人。西南至都护治所千二百三十七里。

务涂谷大体在今吉木萨尔一带。有的学者认为，务涂就是"浮屠"、"浮图"，是 Buddhad 的音译。[①] 此时佛教还未在天山北麓一带流行，因此这种说法比较勉强。清代学者徐松《汉书西域传补注》中提出，唐代可汗浮图城的浮图是汉代务涂谷的音转。[②] 法国学者沙畹《西突厥史料》中将可汗浮图译为"Kagan buddha"。[③] Kagan 即可汗。日本学者松田寿男则对这种比定提出质疑。[④] 我认为，徐松将"浮图"与"务涂"对应是可以信从的；至于比定"浮图"为 buddha，似可商榷。值得注意的是，《汉书》九十四上《匈奴传上》称匈奴"单于姓挛鞮氏，其国称之曰'撑犁孤涂单于'。" 孤涂（ku-t'u<M. kou-dou<*kwah-ðah）意为儿子。[⑤] 孤，鱼部见母遇摄一等合口模韵，高本汉拟 kwo，李方桂拟 Kwag，王力拟 Kua。务，微母遇摄三等合口虞韵，高本汉拟 miug，李方桂拟 mjugh 侯部，王力拟 miokk 侯部，白一平拟 mjoks 屋部。[⑥] 务涂或许与孤涂是译自同一个匈奴语词。《汉书》九十四上《匈奴传上》载，"狐鹿姑单于立，以左大将为左贤王，数年病死，其子先贤掸不得代，更以为日逐王。日逐王者，贱于左贤王。单于自以其子为左贤王。"日逐王为前左贤王之子，不得继位为左贤王，而降居为日逐王，统领西域。务涂谷之得名和这段史事是否有关就不得而知了。

庭州城（别失八里）在 7 世纪以后至少经过数次重修。虽然史书没有太

---

① 岑仲勉：《汉书西域传地里校释》，中华书局 1981 年版，第 491—493 页。
② 徐松：《汉书西域传补注》卷下，见《西域水道记》（外二种），朱玉麒整理，中华书局 2005 年版，第 495 页。
③ Édouard Chavannes, *Documents sur les Tou-kiue (Turcs) occidentaux*, St. Peterburg, 1903, p.12.
④ 松田寿男：《古代天山历史地理学研究》，陈俊谋译，中央民族学院出版社 1987 年版，第 375—386 页。
⑤ 蒲立本：《上古汉语的辅音系统》，潘悟云、徐文堪译，中华书局 1999 年版，第 170 页。
⑥ 此处所引诸家构拟参见以下各书相关章节。Bernhard Karlgren, Analytic Dictionary of Chinese and Sino-Japanese, Paris: Librairie Orientaliste Paul Geuthner, 1923；王力：《汉语音韵学》，中华书局 1956 年版；王力：《汉语史稿》，科学出版社 1958 年版；蒲立本：《上古汉语的辅音系统》，潘悟云、徐文堪译，中华书局 1999 年版；William H. Baxter, A Handbook of Old Chinese Phonology, Berlin: Mouton de Gruyter, 1992. 李方桂：《上古音研究》，商务印书馆 2003 年版。

多记载，但可汗浮图城既然原来是突厥叶护的驻地，在初置庭州时，统治者发生改变，城市功能发生改变，因此城市形态必定有一番改动。假使这一推测成立的话，这应当算是庭州城的第一次改建。王延德在北庭城所见的贞观十四年修建的太宁寺就是这一次改建的一个部分（详见下文）。

《元和郡县图志》卷四十庭州条：[①]

> 庭州因王庭以为名也。后为贼所攻掠，萧条荒废，显庆中重修置，以来济为刺史，治完葺焉。州所管诸蕃，奉敕皆为置州府，以其首领为都督、刺史、司马，又置参将一人知表疏等事。其俗帐居，随逐水草。帐门皆东向开门，向慕皇风也。其汉户，皆龙朔已后流移人也。长安二年，改置北庭都护府，按三十六蕃。开元二十一年，改置北庭节度使，以防制突骑施、坚昆、斩啜。管瀚海军、天山军、伊吾军。

案《旧唐书》卷八十《来济传》，来济于唐高宗显庆五年（660）徙庭州刺史。龙朔二年（662），突厥入寇，来济没于阵。显庆六年（661）三月改元龙朔。可知来济重修北庭的时间在660—661年初。这是第二次改建。

《元和郡县图志》卷四十庭州条在瀚海军下原注称："北庭都护府城中。长安二年初置烛龙军，三年，郭元振改为瀚海军，开元中，盖嘉运重加修筑。"盖嘉运任北庭都护在开元二十四年至开元二十八年六月（736—740）。[②] 可以推知，盖嘉运重修庭州城在就在此期间。这是第三次改建。

回鹘占领庭州以后，庭州城是否有过重修，史无明文。宋太宗太平兴国六年（981），王延德奉命出使高昌，曾至北庭见回鹘可汗。王延德《使高昌记》中有一段关于北庭的描述：[③]

> 时四月，师子王避暑于北廷……地多马，王及王后、太子各养马，放牧平川中，弥亘百余里，以毛色分别为群，莫知其数。北廷川长广数千里，鹰鹞雕鹘之所生，多美草，不生花，砂鼠大如兔，鸷禽捕食之。其王遣人来言，择日以见使者，愿无讶其淹久。至七日，见其王及王子侍者，皆东向拜受赐。旁有持磬者击以节拜，王闻磬声乃拜，既而

---

① 李吉甫：《元和郡县图志》下册，贺次君点校，中华书局1983年版，第1033页。
② 《旧唐书》卷八《玄宗本纪上》、卷九《玄宗本纪下》；《新唐书》卷五《玄宗本纪》；《资治通鉴》卷二一四。
③ 《宋史》卷四九〇《回鹘传》。

王之儿女亲属皆出，罗拜以受赐，遂张乐饮宴，为优戏，至暮。明日泛舟于池中，池四面作鼓乐。又明日游佛寺，曰应运太宁之寺，贞观十四年造。北廷北山中出硇砂，山中尝有烟气涌起，无云雾，至夕光焰若炬火，照见禽鼠皆赤。采者着木底鞋取之，皮者即焦。下有穴生青泥，出穴外即变为砂石，土人取以治皮。城中多楼台卉木。人白晳端正，性工巧，善治金银铜铁为器及攻玉。

这条记载说明，宋代回鹘人居高昌时，已经是半定居式游牧。

通过上述简单的回顾，可知宋以前北庭的历次变更中有一条重要的线索就是汉文化成分的逐渐增加。即便至成为高昌回鹘政治中心时，北庭城中心区域仍以汉风景观为主。

清代学者徐松曾在北庭发现《唐金满县残碑》及唐、元两代的造像碣。[①]外国探险家以及考古调查所发现的遗物，如石狮、刻花石球、铜镜、蒲类州之印、莲花纹瓦当、莲花纹方砖和开元通宝、干元重宝等，均系唐代文物。[②]也有部分为高昌回鹘时期或元代的陶器和瓷器。这说明，北庭古城现存的外城可能建于唐初，后经两次修补。内城墙大约建于高昌回鹘时期，在修建内城时曾对外城进行过大规模的修补加固。北庭古城大约废弃于元末明初。[③]

现存北庭故城三重城的布局，内外城设敌台、角楼、马面，外城北门有瓮城，城墙之外均绕以宽阔护城壕，建筑方式上采用纴木的做法，这些也都反映出北庭城的建设受到中原很深的影响。

图6 北庭古城

---

① 徐松：《西域水道记》卷三。
② 新疆维吾尔自治区博物馆：《新疆出土文物》，文物出版社 1975 年版，图版 136、137、177、85、139。
③ 参孟凡人：《论别失八里》，《新疆社会科学》1984 年第 1 期。

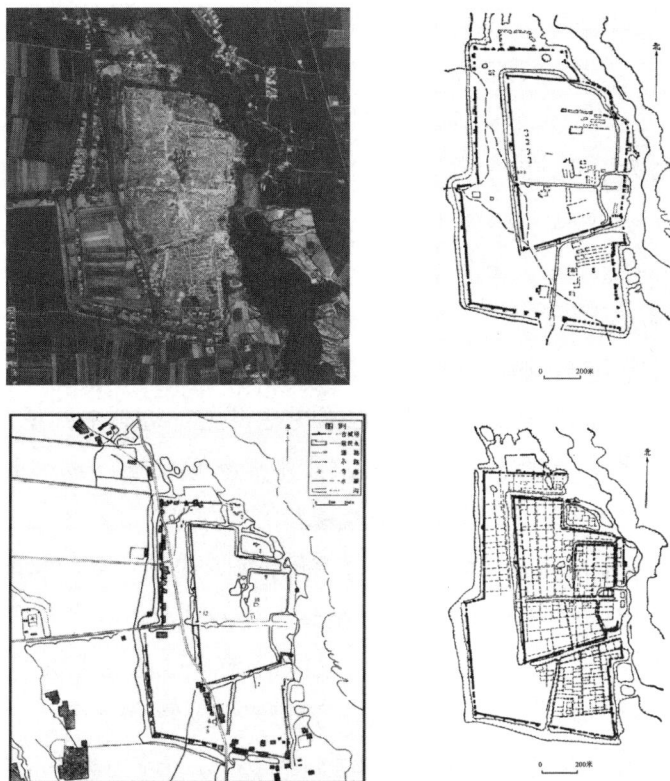

图 7 1. 北庭卫片　2. 袁复礼测绘北庭古城图　3. 北庭古城平面图　4. 航片解译北庭古城

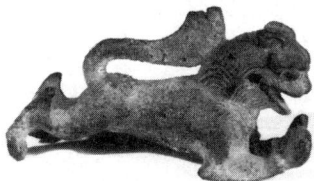

图 8 北庭出土遗物

四、龟兹古城中的汉风

龟兹是塔里木盆地北缘最重要的文化中心之一。现库车县皮朗古城很可能就是古代的龟兹城。[①]20 世纪 20 年代、50 年代，黄文弼在此调查时曾

---

① 关于龟兹城的讨论，详参陈凌、李军：《丝绸之路起始段至天山廊道上的古城》第七章，三秦出版社 2015 年版。

经发现几处重要的遗迹。① 其中萨克刹克土拉四周原有围墙，中间土墩为五级，当为佛塔。旁边原有寺庙，起先被改作坟地，后又被铲平。此处曾发现陶缸、石臼，以及十多个柱础石。根据黄文弼的描述，我推测这里原来可能是一处以佛塔为中心建筑的佛寺。贝难阿勒克遗址，可能为佛寺遗址。紧连北城墙，残存三间房，墙上仍残存有壁画。出土多件圆形、方形莲花瓣纹石础。从萨克刹克土拉、贝难阿勒克遗址发现的遗物显示，这两处佛教寺院乃是采用汉式建筑风格修建的。既然佛寺如此，其他汉式建筑亦必还有。换而言之，晋唐时代龟兹古城中存在相当数量的汉风建筑。

2007年，新疆库车县在友谊路地下街建设施工过程中发现一批古代墓葬。考古工作者共清理了10座墓葬，其中砖室墓7座、竖穴土坑墓2座、瓮棺葬1座。2010年，又清理5座砖室墓。②

其中斜坡墓道单室墓平面呈"甲"字形，斜坡墓道、墓门、甬道、墓室、耳室等部分组成，西向或南向。部分墓砖上还残存有红色和黄色彩绘纹样，说明墓室内原有彩绘。有的还有照壁，照墙上有砖雕的成排椽头、升斗、承兽等建筑雕饰和天鹿、四神、菱格纹、穿璧纹等雕砖图案。

发掘者认为：友谊路发现的全部15座墓葬分布较为集中，墓葬规格较高，部分墓葬呈密集有序分布，墓向又多为南向，或西、东向，表明这里是一处规模较大的墓地，推测砖室墓葬群可能存在不同茔区的区划；墓葬所反映的丧葬文化受汉晋时期中原汉文化传统的直接影响，同时还有一些显着的地域特点；墓葬的主人有可能是长期居住在龟兹地区的汉地吏民、屯戍军吏或河西豪族移民，抑或就是深受传统汉晋文化影响下的龟兹国贵族墓葬。发掘者还认为："砖室墓的形制，与河南、陕西、山西、江苏、山东、甘肃、青海等地发现的晋十六国时期砖室墓非常相似，墓葬构筑方式、用材规格、砖雕风格等，与酒泉、嘉峪关的魏晋壁画墓、敦煌佛爷庙湾墓地、大通上孙家

---

① 黄文弼：《新疆考古发掘报告（1957—1958）》，文物出版社1983年版。
② 于志勇、吴勇、傅方明：《新疆库车县晋十六国时期砖室墓发掘》，见国家文物局主编：《2007中国重要考古发现》，文物出版社2008年版，第94页。新疆文物考古研究所、库车县文物局：《新疆库车县发现晋十六国时期汉式砖室墓》，《西域研究》2008年第1期。新疆文物考古研究所：《新疆库车友谊路晋十六国时期墓葬2007年发掘简报》，《文物》2013年第12期。田小红、吴勇：《新疆库车友谊路晋十六国砖室墓考古发掘新收获》，见《中国文物报》2010年9月7日第1版。新疆文物考古研究所：《库车县友谊路魏晋十六国时期墓葬2010年度考古发掘简报》，《新疆文物》2013年第3—4期。

寨墓地等魏晋时期的墓葬极其相似。出土的部分遗物也与佛爷庙湾墓地、祁家湾墓地、酒泉及嘉峪关魏晋壁画墓、上孙家寨墓地等魏晋墓出土的器物相似或相同。墓葬的年代，应该与甘肃河西地区的晋墓相近，可推定为晋十六国时期，即3世纪后期至4世纪末前后，或者稍晚一些。"①

我们注意到友谊路墓葬照壁与敦煌佛爷庙湾晋墓相近。敦煌佛爷庙湾晋墓中最复杂，也最受人关注的是M133照壁。M133照壁以画像砖砌成，最上方为门阙形式，门上为对虎，左右有阙，左为一执勺女婢，右为一执帚男仆。中间部分共9层，分别有飞马、龟负洛书、龙驮河图、朱雀、玄武、象、方相等。下层部分4层，有砖雕斗拱、托山力士、熊面力士、李广骑射、伯牙抚琴、青龙、白虎等。②友谊路墓葬照壁虽然与敦煌佛爷庙湾接近，但还有相当区别，很可能是龟兹地区改造的结果。另外，墓葬中出土的陶器显示了与塔里木盆地南缘地区的密切联系。

友谊路这批墓葬在库车属首次发现，意义十分重要。当然，关于这批墓葬的性质、年代等相关问题还可以进一步探讨。我们这里关心的主要有两点。第一，无论其墓主为何人，这批墓葬都体现了中原文化的强烈影响。中原的墓葬形式、建筑特点进入龟兹地区高等级的墓葬之中，说明中原文化获到高度的认同。第二，这批墓葬的发现，从一个侧面说明古代龟兹都城应当

图9 皮朗古城

图10 皮朗古城喀拉墩

---

① 于志勇、吴勇、傅方明：《新疆库车县晋十六国时期砖室墓发掘》，见国家文物局主编：《2007中国重要考古发现》，文物出版社2008年版，第94页。新疆文物考古研究所、库车县文物局：《新疆库车县发现晋十六国时期汉式砖室墓》，《西域研究》2008年第1期。新疆文物考古研究所：《新疆库车友谊路魏晋十六国时期墓葬2007年发掘简报》，《文物》2013年第12期。新疆文物考古研究所：《库车县友谊路魏晋十六国时期墓葬2010年度考古发掘简报》，《新疆文物》2013年第3—4期。

② 甘肃省文物考古研究所：《敦煌佛爷庙湾—西晋画像砖墓》，文物出版社1998年版，第36—38页。

就在距离此地不远处。因此，这批墓葬的形态就是当时龟兹城文化景观某些层面的折射。

图 11 库车友谊路十六国墓 M1 库车友谊路十六国墓 M3 照壁

图 12 库车友谊路十六国墓 M3 砖雕天鹿、青龙

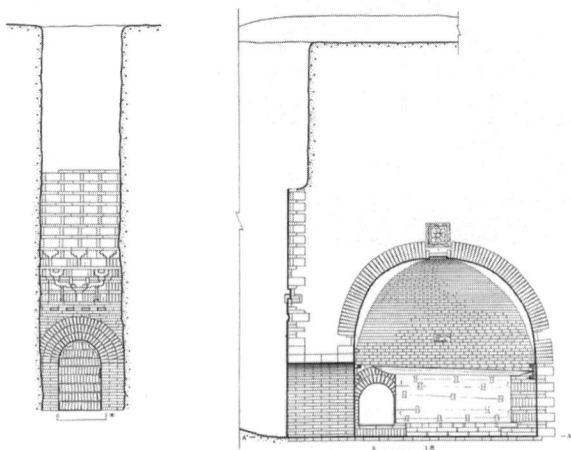

图 13 敦煌佛爷庙湾 M133 照壁

五、结语

事实上，新疆吐峪沟、柏孜克里、克孜尔克、苏巴什等处佛教窟寺的遗迹现象、发现的遗物（如木构件等），及其中的壁画等都多少反映，这些宗教遗址也包含相当比例的汉风外观。当然，包含汉风景观的还远不止于上述这些城址和宗教遗址。可以说晋唐时代以后，西域地区重要的城市、宗教遗址汉风景观逐渐增多，共同构成丝绸之路重要的文化地标景观。这也是西域地区对汉文化认同与向往的重要表征。

中古时期中原王朝 和地方政权治理西域的经验与教训

□李　方

中国社会科学院中国边疆史地研究中心

公元 220 年，中国历史进入魏晋南北朝时期即中古时期。这一时期除西晋短暂统一全国之外，中国基本上处于分裂割据或南北对峙的状态。公元 581 年，隋朝建立，结束了这种状态，统一了中国。隋朝存在的时间较短，仅 37 年而亡。公元 618 年，唐朝建立，再度统一全国，中国封建社会进入鼎盛时期。中古时期，中原王朝和河西地方政权经营西域，既有成功的经验，也有沉痛的教训，值得总结。

一、历史经验

（一）中原王朝和地方政权都认识到西域的重要性

自汉代将西域纳入中国版图以后，魏晋南北朝隋唐时期，无论是统一王朝，还是地方政权，无论是汉族统治者，还是少数民族统治者，都认识到西域的重要性，大多都将收复西域作为自己的历史使命，或将西域视作自身版图的组成部分，从而根据自身的实力和条件，或早或迟地开通西域，经营西域。

西晋、隋朝、唐朝是这一时期统一了全国的统一王朝，这三个统一王朝都相继收复、治理过西域；曹魏、前秦、北魏是这一时期统一了北方中原的王朝，这三个占据半壁江山的王朝也都曾经开辟、经营过西域；前凉、后凉、西凉、北凉是这一时期盘踞河西走廊的地方政权，这四个地方政权也都不同程度地开通、管辖过西域；① 柔然、高车（铁勒）、呎哒、突厥、回鹘、吐谷浑、吐蕃是这一时期北方草原民族或青藏高原民族，这些民族政权也都曾经占领、统治过西域。这些王朝、地方政权（包括地方民族政权）中，曹魏、前凉、西凉、隋朝、唐朝的统治者是汉族，前秦、后凉的统治者是氐族，北魏的统治者是鲜卑族，北凉的统治者是卢水胡，② 而其他少数民族已见上列民族政权。由此可见，这一时期各族统治者都认识到西域的重要性，都积极经营西域。

这一时期各个王朝或政权积极经营西域的原因有二：

一是争正统的需要。入主中原的王朝，不分民族和大小，都自认为是秦汉王朝的继承者，都以恢复秦汉旧业为己任，而开通西域，是恢复汉朝完整版图最好的体现。因此，各个王朝都积极经略西域，借以证明自身的正统性与合法性。比如前秦，其统治者苻坚在统一北方以后，即于建元十九年（383）征讨西域，他说："二汉力不能制匈奴，犹出师西域。今匈奴既平，易若摧朽，虽劳师远役，可传檄而定，化被昆山，垂芳千载，不亦美哉！"③ 继承两汉，开通西域，流芳千载的意图是很明显的。北魏太武帝拓跋焘基本统一北方之后，即于太延二年（436）开始经营西域，他说："自古帝王虽云即序西戎，有如指注，不能控引也。朕今手把而有之，如何！"④ 古今比较，自恃经营西域的手段高于前朝。唐朝，"太宗方事外讨，复修孝武旧迹，并南山至于葱岭为府镇，烟火相望焉"。⑤ 恢复汉武帝旧业，设府置镇，将西域纳入管辖的决心也是很明确的。

前凉、后凉、西凉、北凉虽然是河西地方政权，但名义上大都臣属于东晋南朝或前秦北魏。⑥ 他们经营西域既是自身利益的需要，也是为自身依附

---

① 五凉政权以占据凉州辖地或统治者任凉州刺史而得名。凉州刺史向有管辖西域的职责。五凉政权中唯南凉未能染指西域。
② 北凉初期前由汉族段氏执政 5 年。
③ 《晋书》卷 114《苻坚载记》下。
④ 《魏书》卷 102《西域·焉耆传》。
⑤ 崔融：《拔四镇议》，《全唐文》卷 219、《文苑英华》卷 769、《唐会要》卷 73、《册府元龟》卷 964《外臣部·封册二》。葱岭指帕米尔高原，代指西域。南山指阿尔金山。
⑥ 为保全实力，这些地方政权常两属。前凉臣属于东晋，又接受前秦的册封；北凉接受东晋的官爵，又称臣于北魏。西凉称臣于东晋，又年年朝贡北魏。后凉虽未明确称臣受封，但也两次遣使朝贡北魏。

的王朝争正统。如前凉以晋臣自居，奉东晋正朔，[①] 其经营西域，是远播晋德。[②] 前凉也曾接受前秦"西域都护"的册封，为前秦管辖西域。[③] 西凉亦称藩于东晋，[④] 自称凭东晋之威，管理西域（"冀凭国威"，"统摄崐裔，辑宁殊方"）。[⑤] 南朝刘宋取代东晋以后，亦委任西凉都督高昌。[⑥] 北凉沮渠氏亦称藩于东晋，受东晋"凉州刺史"之职，凉州刺史例辖西域。[⑦] 这些地方政权中，唯后凉未明确称臣受封，但立国者吕光是在奉前秦之命伐西域途中，闻前秦淝水战败而自立的，其治理西域，从某种角度来说，也可以视为前秦统治西域的继续。所以说，这些地方政权实际上也是代表自身依附的王朝经营西域，为自身依附的王朝争正统。[⑧]

二是实际利益的需要。在长期的历史发展过程中，西域已与北方草原和中原连成整体，不可分离。北方草原势力往往联络西域，作为抗衡中原王朝的力量，在失利的情况下，则将西域作为退守的后方，以便东山再起；而中原王朝则必须切断北方草原民族与西域的这种联络，将西域纳入自身的统治范围。河西地方政权也有这种扩大势力范围的需要。隋唐时期，由于吐谷浑、吐蕃和大食（今阿拉伯）的崛起与扩张，拥有西域还成为中央王朝抵制西南和西方势力入侵的实际需要。

比如北魏，鲜卑拓拔氏入主中原后，北方草原上的柔然成为北魏的劲敌经常侵扰北魏。始光元年（424），北魏开始主动反攻，并于神麚二年（429）大败柔然。柔然受到重挫后退守西域，天山南北都成为柔然的势力范围。[⑨]

---

① 《晋书·哀帝纪》：升平五年（361）十二月，其统治者张玄靓受东晋册封："加凉州刺史张玄靓为大都督、陇右诸军事、护羌校尉、西平公"。《建康实录》卷8略同。前凉则奉东晋之正朔，行东晋升平之年号。

② 西凉王李玄盛曾盛称前凉张轨囊括西域，远播晋德。见《晋书》卷87《凉武昭王李玄盛传》。

③ 咸安元年（371）前秦署其主张天锡为"使持节、散骑常侍、都督河右诸军事、骠骑大将军、开府仪同三司、凉州刺史、西域都护、西平公"。《晋书》卷113《苻坚载记上》。

④ 《晋书·安帝纪》载义熙元年（405），"凉武昭王玄盛遣使奉表称藩"。

⑤ 《晋书》卷87《凉武昭王李玄盛传》载其表："今资储已足，器械已充，西招城郭之兵，北引丁零之众，冀凭国威，席卷河陇，扬旌秦川，承望诏旨，尽节竭诚，陨越为效。……又敦煌郡大众殷，制御西域，管辖万里，为军国之本，辄以次子让为宁朔将军、东夷校尉、敦煌太守，统摄崐裔，辑宁殊方。"

⑥ 《宋书·大且渠蒙逊传》："高祖践祚，以歆为使持节，都督高昌、敦煌、晋昌、酒泉、西海、玉门、堪泉七郡诸军事，护羌校尉，征西大将军，酒泉公。"

⑦ 《宋书·大且渠蒙逊传》：义熙十四年（418），"蒙逊遣使诣晋，奉表称藩，以蒙逊为凉州刺史。"

⑧ 北凉流亡政权统治高昌不属此列。

⑨ 《宋书·芮芮传》载："芮芮（柔然）一号大檀，……与中国亢礼，西域诸国焉耆、鄯善、龟兹、姑墨东道诸国并役属之。"大檀可汗在位时间约为公元414—429年。《通典·边防十二》记载，柔然辖境东达朝鲜，北渡沙漠，南临大碛，西抵焉耆之北。二书所载可以说明这个问题。

为了防范柔然借助西域力量卷土重来，太延二年（436），北魏开始经略西域。

隋朝为了抵御北方草原上强大突厥汗国的进犯，建国之初隋文帝远交近攻，与西突厥联络结盟。开皇元年（581），派太仆元晖出使西域，赐西突厥达头可汗狼头纛，[①] 揭开了隋朝经营西域的序幕。

唐朝时，吐蕃联合西突厥残余势力不断侵扰西域各地，迫使唐朝不得不多次兴兵征讨，重兵镇守。西域成为吐蕃与唐朝争夺势力范围的主战场。

（二）中原王朝和地方政权都采取"恩威并用"的方式经营西域

隋文帝诏令突厥"畏威怀惠"而"永为臣妾"，[②] 典型地表达了这个方式及其目的。"恩"指恩惠，包含经济、政治、文化方面的内容；"威"指震慑，包括军事镇守、武力征伐方面的内容。

1. 经济方面。由于中原王朝开通西域主要从政治需要出发，而不是从经济利益出发，因此，经营西域都有意夸耀中原王朝的物质财富，提供优厚的物资给西域诸国，以此吸引西域，达到诸国自愿依附的目的。比如前秦，建元十四年（378），苻坚派凉州刺史梁熙携大量丝绸赴西域，宣秦威德，"于是朝献者十有余国。大宛献天马千里驹，皆汗血、朱鬣、五色、凤膺、麟身，及诸珍异五百余种"。[③] 北魏太延二年（436），拓跋焘遣董琬、高明携众多金银、丝绸赴西域，董琬等人东还时，西域诸国跟随使团朝贡者有十六国之多，"自后相继而来，不间于岁，国使亦数十辈矣。"[④] 隋朝大业五年（609）炀帝西巡，令武威、张掖士女盛饰服装车马，周亘数十里，以示中国之盛，吸引西域 27 国来朝。中原王朝对西域各国朝贡的回赐品，还大大超过了朝贡品的价值。中原王朝或政权在西域设官驻军，以屯田方式自给自足，也是经济恩惠的一种表现形式，这种方式不仅减轻了西域诸国的经济负担，而且将内地先进的生产力引进西域。这些经济措施的实施，大大加强了中原王朝的凝聚力。

---

① 开皇五年（585），派大将军元契出使西域，会见西突厥阿波可汗，等等。
② 隋开皇五年《颁下突厥称臣诏》："和气普洽，使其迁善。屈膝稽颡，畏威怀惠，虽衣冠轨物，未能顿行，而禀训承风，方当从夏，永为臣妾，以至太康。"《日藏弘仁本文馆词林校正》卷664，中华书局2001年版，第243页。
③ 《晋书》卷113《苻坚载记上》。
④ 《魏书》卷102《西域传》。如太延三年（437）三月，就有龟兹、悦般、焉耆、车师、粟特、疏勒、乌孙、渴盘陀、鄯善诸国遣使朝献。十月，又有破洛那、者舌国遣使朝献，奉汗血马。

与中原王朝或政权恰恰相反的是，北方草原民族和青藏高原民族政权占领西域的主要目的，就是攫取当地的经济利益。比如西突厥在西域设官吐屯，主要责任就是收取贡赋。

2. 政治方面。中原王朝或政权都依靠当地首领管理当地，因此，历朝历代都采取羁縻手段册封当地首领。如曹魏赐车师后部王壹多杂守魏侍中，号大都尉，受魏王印，西晋封鄯善王、龟兹王、焉耆王、于阗王、疏勒王为"晋守侍中、大都尉、奉晋大侯"，北魏授车师前国王车伊洛为平西将军、前部王，授高昌王麴嘉为车骑将军、司空公、都督秦州诸军事、秦州刺史、金城郡开国公，隋朝册西突厥处罗可汗为曷萨那可汗。如果说这些王朝对西域诸国的册封或者有封无册，或者有册无封，[①] 或者涉及面不甚广泛，那么，唐朝册封无论在内容上还是范围上都大大超过了前朝，达到了一个高峰。

唐朝在南疆塔里木盆地设龟兹、毗沙、焉耆、疏勒 4 个羁縻都督府及 34 个羁縻州，配合安西四镇管理当地；在北疆设昆陵、濛池二羁縻都护府，下辖 26 个羁縻都督府州，分押突厥十姓部落；在葱岭以西根据国别设置羁縻府州：河中粟特地区（今中亚地区）设康居、大宛等 8 个羁縻都督府州；吐火罗地区（今阿富汗等地）设月氏、大汗、波斯（今伊朗）等 16 个羁縻都督府及 72 个羁縻州，又设 110 个羁縻县，126 个军府。这些羁縻都护府、都督府、州县的首领由西突厥可汗或当地国王首领担任，册封既有少数民族的王位（可汗）又有中央王朝的官爵。[②] 这些王位官爵可以世袭，辖区不交贡赋。

羁縻册封本质上是对西域首领自治权力的认可，前提则是西域承认（服从）中央王朝的统治。因此，这种政治恩惠受到西域的普遍欢迎。在当时的条件下，羁縻册封制度发挥了稳定政局的作用，形成了蕃汉共同维护西域的局面。就政治体制而言，羁縻府州具有羁縻制度与州县制度相结合的性质，体现了唐朝在西域的治理正从羁縻制度向州县制度过渡的特色。但是，这种制度并没有改变西域内部政权结构及其基层组织，因此存在许多隐患，一旦中原形势有变，西域即有覆巢之险。

---

① 册与封内涵不同：册是对少数民族政权最高统治者可汗的认可，所册为少数民族的王位（可汗）系列；封是授予少数民族首领官爵，所封为中原王朝的官爵系列。
② 如册立西突厥阿史那弥射为兴昔亡可汗、左卫大将军、昆陵都护，册立阿史那步真为继往绝可汗、右卫大将军，濛池都护。

3. 文化方面。主要体现在两个层面，一是尊重当地风俗习惯，不干涉当地的文化传统；二是根据当地需要，传播儒家先进文化教育。儒家思想强调以"王道"、"德政"治理国家①，主张"和而不同"。历朝统治者受此影响，在文化上都比较宽容，不强求同化。前秦苻坚说："'西戎荒俗，非礼义之邦。羁縻之道，服而赦之，示以中国之威，导以王化之法'"，"黎元应抚，夷狄应和"。②唐太宗说："朕受天之命，君临四海。地无远近，人靡华夷，咸加抚育，使得安静。"③这些都是这种宽容思想的体现。正因为如此，西域得以创造灿烂的艺术文化。

儒家思想同时主张教化。西域东部高昌麹氏王国曾向北魏遣使奉表，"自以边遐，不习典诰，求借五经、诸史，并请国子助教刘变以为博士"。④北魏欣然同意。吐鲁番出土了高昌时代诸多经史典籍写本：《毛诗》、《论语》、《孝经》、《孝经解》、《汉书》、《三国志》、《晋阳秋》、《谥法》、《急就章注》，大约不少就是这次引进的。唐朝在西域东部州府置官立校，设经学博士、医学博士，培养了大批人才，传播了先进文化，促进了儒学教育。

4. 军事方面。中原王朝皆在西域设军政机构，镇抚当地。如曹魏设西域戊己校尉，西晋设戊己校尉府、西域长史府，前凉设西域长史、戊己校尉、伊吾都尉，北魏设鄯善镇、焉耆镇。而唐朝设置的军政机构是最成系统的。唐朝设安西都护府、北庭都护府两个最高军政机构，分辖南北疆及葱岭以西。安西都护府下设疏勒、龟兹、于阗、焉耆四个军镇（史称"安西四镇"），镇守南疆，⑤东疆则有折冲府等军事机构（详下）。

其时西域形势非常复杂，北面有西突厥残余势力（以后又有突骑施）反叛，东北面有东突厥第二汗国捣乱，西面有大食挑战，南面有吐蕃威胁。吐蕃与西突厥残余势力联合进犯则是唐朝西域守军的最大威胁，公元660年至691年间，迫使唐朝势力三次撤退东疆。长寿元年（692），唐军加强军事力量，派遣3万汉兵镇守西域，从此结束了拉锯战状态，西域局势稳定，以

① 建元十九年（383）正月，苻坚送吕光进军西域时嘱托说："'西戎荒俗，非礼义之邦。羁縻之道，服而赦之，示以中国之威，导以王化之法。'"也表达了苻坚的这种儒家思想。
② 分别载《资治通鉴》卷103孝武帝宁康元年条，第3267页，《晋书·苻坚载记下》。
③ 《贞观年中慰抚高昌文武诏》，《日藏弘仁本文馆词林校证》，中华书局2001年版，第247页。
④ 《魏书》卷101《高昌传》。
⑤ 公元679—719年，焉耆镇改为碎叶镇。

后约一百多年时间内，再没有发生大的战争。以后，唐朝在西域设伊吾军、天山军、瀚海军、清海军、静塞军、保大军，军以下有守捉、城、镇、烽、戍、铺等基层军事组织，驻守西域各地，严防来犯。唐朝还在西域交通要道广设驿站、馆铺、长行坊，与烽戍相配合，保证军事情报的传递，又严格实行过所（通行证）制度，稽查行旅。这些军政措施保证了西域的安定。

历代中原王朝对于破坏"天下秩序"、危害西域安定的各种势力及行为，也给予了坚决打击，武力征伐。封建国家维持"天下秩序"包含政、德、礼、刑四个要素。"政"指中原王朝以册封等形式与周边部族、国家结成臣属关系；"德"指中原王朝以儒家学说、政治理念、文化制度教化周边部族和国家；"礼"规定朝贡等礼节和政治秩序；"刑"为刑罚，与"礼"互为表里，违礼失礼必须施刑，轻者斥责，重者削官爵，最重者出兵征伐，所谓"失礼入刑"，"大刑用甲兵"。① 因此，惩罚破坏西域统治秩序的武力征伐，既是维护西域安定的实际需要，也是符合封建国家治国之道，合乎维持"天下秩序"的道义规范的。

比如北凉统治者沮渠氏，占据河西，阻扰北魏进入西域。北魏太武帝遣其阻塞交通，背叛北魏，"备防王人，候守关要，有如寇雠"，② 亲自率军征之，灭其政权，不仅扫清了河西走廊上阻塞西域交通的障碍，而且完成了北方中原地区的统一。

唐朝任命的瑶池都督西突厥阿史那贺鲁，趁唐太宗逝世之机发动叛乱，攻陷西域州县，兼并西突厥乙毗射匮可汗之众，建牙双河及千泉，又与西突厥乙毗咄陆可汗连兵，处月、处密及西域诸国多附之。③ 唐朝三次出兵征伐，历时 7 年，终于于显庆三年（658）平定叛乱。从此，西突厥汗国彻底灭亡，唐朝进入全面统治西域的时代。

历代中原王朝在经济、政治、文化、军事四方面贯彻"恩威并用"策略的做法，归结起来就是：经济优惠、政治拉拢、文化宽容、军事镇压。这种做法效果较好。西域诸国皆心向中原，盼望统一。隋初西域商人"密送诚款，

---

① 参见高明士：《从天下秩序看古代中韩关系》，载台北韩国研究学会主编：《中韩关系论文集》，台北商务印书馆 1983 年版，第 1—49 页。
② 《魏书》卷 99《沮渠蒙逊传》。
③ 史称阿史那贺鲁自号沙钵罗可汗，胜兵数十万。

引领翘首"，^①盼望统一，就是这种愿望的典型反映。

（三）中原王朝和地方政权多在西域条件较成熟的地方建立郡县

郡县制度和官僚制度是中央集权封建国家的两大支柱。二者相互配套，是维护中央集权、实施封建统治的最佳模式，也是"法令由一统"从政治理想变为政治现实的最佳途径。因此，封建统治者在凡是有可能的地方，都积极推行郡县制度。

最早在西域实行郡县制度的是前凉。咸和二年（327），前凉在西域东部设高昌郡，下设高昌、田地二县。其后，前秦、后凉、北凉、西凉承袭此制，皆设置了高昌郡县。《魏书·高昌传》："晋以其地为高昌郡，张轨、吕光、沮渠蒙逊据河西，皆置太守以统之。"^②记载了前凉、后凉、北凉设置高昌郡的史实（张轨、吕光、沮渠蒙逊分别为前凉、后凉、北凉统治者）。而吐鲁番出土《前秦建元二十年（384）三月高昌郡高宁县都乡安邑里籍》和《建初十四年（418）八月廿九日高昌郡高（昌）县都乡孝敬里民韩渠妻随葬衣物疏》，^③则说明前秦不仅在此建立了高昌郡，而且将郡下辖县扩展为三个，高昌、田地之外又增添了高宁县，县以下还设置了乡、里，并实行了严格的户籍管理制度。建初是西凉年号，说明西凉也在此设立了高昌郡县及其乡里。

此后，北魏在西域南部鄯善、西域中部焉耆建立了军镇。军镇是北魏推行于全国各地各民族的重要地方制度。^④《魏书·西域传》载，鄯善镇"赋役其人，比之郡县"，说明军镇征民赋役，军民兼治，具有郡县性质。军镇之下有戍，与县平级。^⑤鄯善镇、焉耆镇的设立，标志着中原王朝第一次在西域中部和南部推行了相当于郡县的制度。

隋朝炀帝在西域设置了三个郡。大业五年（609）灭吐谷浑，在其故地设

---

① 《隋书》卷67《裴矩传》。
② 《周书》卷50《高昌传》、《北史》卷97《高昌传》、《通典》卷191《车师高昌附》所载略同。唯西晋并未置高昌郡，此处误。
③ 文书分别见《吐鲁番出土文书》第1册，文物出版社1983年版，第14—15页；《新获吐鲁番出土文献》，中华书局2008年版。又，《资治通鉴》卷104孝武帝太元元年（376）条、《晋书·吕光载记》都记载了前秦"高昌杨干（或作"杨翰"）为高昌太守"事。有高昌太守必有高昌郡。
④ 北魏有四种统治地方的制度：州郡县制——治理汉民；领民酋长制——治理鲜卑族；护军制——治理汉人以外的被征服民族；军镇制——普遍推行于全国各地各民族。
⑤ 北魏前期"州镇并称，而论其实，镇之地位远在州上"。严耕望：《中国地方行政制度史乙部——魏晋南北朝地方行政制度下》，台北学生书局1997年版，第794页。

鄯善（今若羌）、且末（今且末）、西海（今青海湖南）、河源（今青海兴海东南）四郡，其中鄯善、且末二郡属西域（在东南方向）。大业六年（610），在西域东部又置伊吾郡（今伊吾）。

唐朝在西域东部设置了三个州（等同于郡）：伊州、庭州、西州，分别下辖 3 县、4 县、5 县。[①] 唐朝在这三个州推行了乡里、城坊、邻保制度，以及经济上与内地等同的均田土地制度，租、庸、调赋税制度，军事上的府兵制度、镇戍制度、烽铺制度、交通馆驿制度，文化方面的学校教育制度，入仕为官的考试铨选制度，等等，确保唐朝政策法令在此贯彻执行。

上述这些地方大多在西域东部或东南部（北魏所建军镇除外），距离内地较近，汉族较多，推行郡县制度的条件较成熟。如高昌两汉时，设高昌壁、高昌垒，大批汉族来此戍守；魏晋南北朝时期，为避战乱，大批汉族又移民至此，这里早已是以汉族为主的地方。这里以农业为主，生产方式、经济结构等同中原，风俗习惯、文化教育乃至政治、军事制度也约同中原。唐太宗说："高昌之地，虽居塞表，编户之氓，咸出中国。自因隔绝，多历年所。朕往岁出师，应时剋定，所以置立州县，同之诸夏。而彼土黎庶，具识朕新，并变夷俗，服习王化。家慕礼让之风，人事农桑之业。"[②] 将这里的民族构成及其来源、生产方式及民众赞成统一的态度交代得一清二楚。

隋朝先在汉朝故伊吾城以东建新城，留甲卒千余人戍守（两城应有不少汉族）。大业五年，炀帝西巡张掖，西域 27 国来朝，伊吾吐屯设等慑于隋朝声威，"献西域数千里之地"。[③] 有汉民又有土地，炀帝于是置伊吾郡。隋朝置鄯善、且末等郡，"发天下轻罪人徙居，大兴屯田"。[④] 徙居此地的汉族为数亦当不少。

郡县制度在这些地方的建立，对于中原王朝和河西政权统治西域发挥了巨大作用。隋朝裴矩《西域图记》序称："伊吾、高昌、鄯善，并西域之门户也，总凑敦煌，是其咽喉之地。"[⑤] 可见这些地方的重要性。中原王朝掌控

---

① 伊州辖伊吾、纳职、柔远 3 县 15 乡，庭州辖金满、蒲类、轮台、西海 4 县 9 乡 3 城，西州辖高昌、天山、柳中、蒲昌、交河 5 县 24 乡。
② 《贞观年中巡抚高昌诏一首》，《日藏弘仁本文馆词林校正》，第 249 页。
③ 《隋书》卷 2《炀帝纪》。
④ 《隋书》卷 83《吐谷浑传》，《隋书》卷 24《食货志》。
⑤ 原书已佚，此据《隋书·裴矩传》转引。

这些地方，就等于掌控了西域的要害部位。如隋朝设伊吾、鄯善二郡，控制了西域南北二道的要冲，为隋朝进一步深入西域铺平了道路。而唐朝设置的伊、西、庭三州，则成为唐朝经营西域的牢固根据地。当唐朝势力深入西域中西部时，这里成为唐在西域的大后方；当唐朝势力退回东部时，这里又成为唐朝西进反攻的前沿阵地。公元 670—692 年，安西都护府、安西四镇迫于当时的形势，三次从西域中部龟兹（今库车）及以西退回东部，而唐军每一次都能够组织反攻并取得胜利。如果没有西域东部这块牢固的根据地，这种胜利是不可能实现的，唐朝对西域的全面统治也是不可能实现的。

二、历史教训

（一）中原政权不稳定，西域统治不稳定

魏晋南北朝隋唐时期，除西晋、隋朝、唐朝三个统一王朝之外，其他王朝或政权都处在分裂割据或南北对峙状态之下，政权本身不稳定，存在的时间较短暂，统治西域的时间当然不长久，统治的程度亦难加深。

比如曹魏，其主要精力放在与刘蜀、孙吴争夺天下之上，并不积极经营西域，加强中原与西域的政治经济联系。

前秦进军西域胜利的同时，主力军却在淝水被东晋打败，王朝面临土崩瓦解，经营西域的计划亦付之东流。

西晋、隋朝虽然是统一王朝，但寿命亦不长久，统治西域也难以深入。比如隋朝，虽然在西域东部、东南部建立了三个郡县，设立了西域校尉，准备大展宏图，但来不及深入西域腹地，王朝就被农民起义推翻。

北魏和唐朝是这一时期存在时间较长的王朝，但由于政权内部不稳定，统治西域的时间则大大短于其存在的时间。北魏于太延二年（436）开始经营西域，5 世纪 70 年代即逐渐退出西域。皇兴四年（470），柔然侵于阗，于阗求北魏出兵，北魏不救。延兴三年（473）左右，北魏又废鄯善、焉耆二镇。[①]北魏退出西域的原因主要有二，一是北魏处于南朝、柔然的南北夹击之中，其主

---

① 将鄯善镇改置于今青海乐都。见周伟洲：《中国中世西北民族关系研究》，西北大学出版社 1992 年版，第 152 页。

要任务是统一中国,"以混一为心",①不能长期用兵西域;二是朝廷最高集团斗争激烈,统治者更迭频繁,②主政者无意于西域。

唐朝经过长时间的经营,在西域建立了较牢固的统治,但天宝十四年(755)中原"安史之乱"爆发,玄宗出逃长安,西域组织精兵强将赴难勤王,西域空虚,吐蕃、回鹘等趁机占领西域各地。唐军虽然在西域东部伊、西、庭州等地坚守数十年,直至8世纪90年代,③但已不能挽回整个局势。而此时距唐朝灭亡还有100余年。

所以说,中原政权不稳定,西域统治也不可能稳定或有成效。

(二)封建统治者认识的局限性及错误决策,影响西域的治理

自西汉武帝下轮台罪己诏以后,④后世朝廷常有反对经营西域的意见。如前秦统治者苻坚拟进军西域,其弟"苻融以虚耗中国,投兵万里之外,得其人不可役,得其地不可耕,固谏以为不可"。⑤北魏有司"奏依汉氏故事,请通西域","太祖曰:'汉氏不保境安人,乃远开西域,使海内虚耗,何利之有?今若通之,前弊复加百姓矣。'遂不从。历太宗世,竟不招纳。"⑥唐朝贞观十四年(640)灭高昌国,唐太宗拟在此设州县,大臣魏征强烈反对,⑦黄门侍郎褚遂良亦说:"此河西者方于心腹,彼高昌者他人手足,岂得糜费中华,以事无用!"皆主张实行羁縻制度。

---

① 《魏书·西域传》末:"史臣曰:西域虽通魏氏,而中原始平,天子方以混一为心,未遑征伐。其信使往来,深得羁縻勿绝之道耳。"指明北魏的主要任务是统一南北,"以混一为心",北魏统治西域的手段主要是"信使往来",羁縻勿绝。

② 和平六年(465)五月,拓拔弘即皇帝位,文成文明皇后尊为皇太后。此后,丞相乙浑谋逆,太后谋诛,临朝听政。不久,太后还政于拓拔弘。皇兴五年(471),太后逼拓拔弘禅位于太子拓拔宏(孝文帝),其时拓拔宏年仅5岁,文明太后冯氏第二次临朝听政。这一系列的政权动荡,必然会对北魏的西域政策产生影响,致使当权者无暇顾及西域。文明太后冯氏主政以后,忙于培植自己的政治集团,推行汉化,亦无意于武功。因此,西域拱手让给了柔然。

③ 有出土材料证明,个别地区9世纪初还有唐朝纪年文书、题字。

④ 汉武帝下轮台诏,实际上是在武功盛世之后转向"守文",以巩固取得的胜利,其真正用意在于不继续向西扩张,而不是后悔以往的军事行动,更不是放弃已取得的成就。这种"罪己诏"是必要的,是文武之道一张一弛的需要,也是因时变易、长治久安的需要。见李方:《唐代安西四镇弃置辩论分析》,《汉唐盛世的历史解读——汉唐盛世学术研讨会论文集》,中国人民大学出版社2009年版。

⑤ 《晋书·苻坚载记下》。

⑥ 《魏书·西域传》。

⑦ 《贞观政要》卷9。魏征说:"今若利其土壤以为州县,常须千余人镇守,数年一易,每来往交替死者十有三四,遣办衣资、离别亲戚,十年之后,陇右空虚,陛下终不得高昌撮谷尺布以助中国,所谓散有用而事无用!"

这些反对意见的核心有二点：一是"华夷之辨"的考量。认为内地汉族是根本，边疆四夷是枝叶，只想强根固本"肥中国"，不想费力耗财"守四夷"。二是经济利益的权衡。中原王朝经营西域人力物力投入很大，而经济上收获很少，得不偿失。这种认识上的局限性，影响了西域的治理。这些反对意见虽然在当时未被采纳，[①] 或以后有所改变，[②] 但形成一股极大的压力和历史积淀，每当西域遇到困难时，就会在朝廷高层引起震荡、反思，甚至出台错误的决策。

如贞观十六年（642）西突厥寇西州，唐太宗后悔设立西州。[③]

7世纪下半叶，吐蕃与西突厥残余势力联手进攻西域安西四镇，唐高宗下令放弃四镇，撤退西域东部。结果，"吐蕃果骄，大入西域"，[④] 不仅践踏西域东西部，而且兵临河西敦煌，造成整个西北局势的紧张。以后经过两次规模大的反击战役，才挽回局面，复置四镇。长寿元年（692），遣3万汉兵镇守，西域局势才稳定下来。

神功元年（697），吐蕃遣使请和，请求唐朝罢四镇。唐朝廷又爆发一轮新的争论，宰相狄仁杰等人赞成弃四镇，右御史大夫崔融等人反对弃四镇。崔融对汉代以来反对经营西域的各种观点进行了总的清算，[⑤] 并提出来一个大智慧的辩证观点："小慈者大慈之贼，前事者后事之师。""向之所得，今之所失，向之所劳，今之所逸。"指出不愿劳师费财经营西域是"小慈"，这种"小慈"必妨定妨害国家整体利益、长远利益这个"大慈"。西域是内地的屏障，西域不保，河西、内地皆不保。过去图安逸，将给今天造成损失，过去多劳费，则给今天带来安逸。这是对反对经营西域者核心观点的最好驳斥！经过激烈的辩论，朝廷最终未弃四镇。

---

① 前秦仍然出兵西域，唐太宗仍在其地建立州县。
② 北魏太祖、太宗二代君主未经营西域，第三代君主太武帝拓拔焘开始经营西域。
③ 《贞观政要》卷9。太宗说："朕闻西州有警急，虽不足为害，然岂能无忧乎。往者初平高昌，魏征、褚遂良劝朕立麴文泰子弟依旧为国，朕竟不用其计，今日方自悔责。"这说明太宗在困难面前曾经动摇过，也说明古代开疆拓土、守土卫边的艰难，即使像唐太宗这样英明的帝王，也有怀疑和动摇的时候。
④ 崔融《拨四镇议》：高宗"励精为政，不欲广地，务其安人；……复命有司拨四镇"，结果"吐蕃果骄，大入西域，焉耆以西，所在城堡，无不降下，遂长驱东向，逾高昌壁，历年师庭，侵常乐县界，断莫贺延碛，以临我敦煌"（载《全唐文》卷219、《文苑英华》卷769、《唐会要》卷73、《册府元龟》卷964《外臣部·封册二》）。
⑤ 详见李方：《唐代安西四镇弃置辩论分析》，《汉唐盛世的历史解读——汉唐盛世学术研讨会论文集》，中国人民大学出版社2009年版。

建中四年（783），唐朝将领朱泚发动泾原兵变，唐德宗仓皇出逃长安。吐蕃请发兵助朝廷，条件是唐朝割让西域及泾、灵等四州。唐德宗同意了吐蕃的要求。[①] 以后，在大臣们的坚决反对下，唐朝以吐蕃没有践约为由，拒绝割让西域。

由此可见，中原王朝对西域与中原的关系认识不到位，对局部利益与整体利益、眼前利益与长远利益的关系认识不明晰，都关系到西域的"得"与"失"，都可能导致错误决策的出台，影响西域的治理。

（本文原载《南京师大学报》2011年第2期）

---

① 德宗《慰问四镇北庭将吏敕书》载：唐"已共西蕃定议，兼立誓约，应在彼将士、官吏、僧道、耆寿、百姓等，并放归汉界……然后以土地隶属西蕃。今故遣太常少卿兼御史大夫沈房及中使韩朝彩等往彼宣谕，仍便与西蕃交割"（见《全唐文》卷464）。

安西更向西
——隋唐时期丝绸之路的开发

□李锦绣
中国社会科学院历史研究所

　　隋大业二年（606），裴矩利用在张掖管理西域诸国商人互市之便，广泛调查西域各国国俗、人口及山川险易等，撰写了西域历史地理领域里程碑式著作——《西域图记》。在《西域图记序》中，裴矩记载了由敦煌至西海（地中海）的三条交通路线。其中北道从伊吾（新疆哈密），经蒲类海（巴里坤淖尔）、铁勒部（乌鲁木齐北）、突厥可汗庭（大裕勒都斯河谷），渡河，至拂菻国（拜占庭），达于西海；中道从高昌（吐鲁番），经焉耆、龟兹（库车）、疏勒（喀什），度葱岭（帕米尔），又经镞汗（费尔干纳盆地）、康国（乌兹别克斯坦撒马尔罕）、安国（布哈拉）、穆国（土库曼斯坦马雷），至波斯（伊朗），达于西海；南道从鄯善（新疆若羌），经于阗（和田）、朱俱波（叶城）、喝盘陀（塔什库尔干），度葱岭，又经挹怛（阿富汗巴尔赫）、帆延（喀布尔）、漕国（克什米尔地区），至北婆罗门（印度），达于西海。裴矩所记的三道，正是丝绸之路的交通路线，其中北道为草原丝绸之路，中道、南道为沿天山以南通向地中海世界的主要通道。对分布在丝绸之路上玉门关、阳关以西的广大地区，则统称为西域。开发丝路，即经营西域。

　　《西域图记》不只是一部集大成的西域地理著作，还是隋唐两朝开发丝绸之路的指导纲领。在《西域图记》中，裴矩指出了突厥、吐谷浑阻遏西域诸国贸易交通，导致丝路不畅的现状，提出击败吐谷浑、分化突厥、开发西域的构想，并指出进入西域的途径和方法。隋炀帝将"四夷经略"委任裴矩。大业五年（609），隋出兵平定吐谷浑，奠定了隋开发丝绸之路的基础。迈出这一步后，隋设鄯善郡、筑新伊吾城，控制了丝绸之路南北两道的入口。接着，隋炀帝恩抚高昌，确立了高昌臣属于隋的关系。但由于铁勒力量尚强，高昌未彻底变成隋领地，西域的三道门户尚缺其一。这关键的一步，只能留待唐朝完成了。

唐代的丝路开发不是一蹴而就的，经历了曲折艰辛的历程，其间可分为六个阶段：武德二年（619）至贞观四年（630），贞观四年平突厥后至贞观十二年（638），贞观十三年（639）至龙朔二年（662），龙朔三年（663）至神龙元年（705），神龙初至天宝十四载（755）及安史乱（755）后。

武德二年至贞观四年，唐刚建立不久，统一战争迫在眉睫，经营西域并不构成唐战略的主要部分。唐将对西域的招致交付河西地方，主要通过外交手段，加强联系，保持与西域诸国往来；而对控制西域的西突厥，则许以和亲，以达到牵制东突厥的目的。这一阶段的西域经营，基本是消极的，是隋分化瓦解突厥"远交近攻"政策的延续。虽然高昌诸国来献异物，拂菻园第一次来到中原，但唐与西域的关系并无实质性进展。这一时期可以称为唐经营西域的等待期。

贞观四年唐败颉利可汗，灭东突厥，为西域经营提供了新的机遇。东突厥的灭亡威慑西域，促使伊吾归附，唐在丝路开发中取得初步进展。唐伊吾设置州县，百姓"同于编户"，这背后贯穿着战略规划，即绝不仅仅是为得伊吾一地，而是要建立经营西域的前沿根据地，将唐国界向西部推进。但初平颉利可汗后的国力，并不能使唐太宗全面铺开经营西域的计划。户口未复，仓廪空虚，是经营西域进程受阻的主要原因。贞观四年至十二年是唐经营西域的积极准备期。这期间唐一边休养生息，励精图治；一边利用东突厥破灭后的机会，逐步向西域推进。同时，唐扫平了经营西域的外围障碍，紧锣密鼓地筹备进军西域的计划。贞观十二年末西突厥分裂，自相攻战，为唐进军西域提供可乘之机。经过十余年的筹划和准备，唐终于开始实施全面经营西域的计划了。

贞观十三年到龙朔二年，是唐全面铺开经营西域时期，也是唐代经营西域的高峰期。贞观十三年唐出兵高昌，高昌平定后，唐太宗力排众议，进一步在高昌和可汗浮图城设立了正式州县，并成立安西都护府，将中原地区的州县制度进一步从伊州向西域的纵深推进。在州县之下，还在伊、西、庭三州推行了与内地相同的乡里制度。贞观末，唐太宗经营西域达到顶峰，成为四夷尊奉的"天可汗"。其后即位的唐高宗利用平阿史那贺鲁叛乱之机，在西域各地设立羁縻府州，迎来了西域历史发展的新时代。这一时期，唐通过几次大规模的军事行动，全面控制了西域，并向天山南北发展。唐对西域经营每前进一步，都是对北方边境开拓成功的结果。击败突厥、薛延陀，招慰铁勒，一方面使唐专心在西域用兵，无后顾之忧；另一方面也为唐经营西域补充兵源，大量游牧兵随唐进军西域，使唐在西域的战争取得摧枯拉朽之效。

龙朔三年至神龙元年，吐蕃参与到西域的角逐中，唐代经营西域进入了持久战时期，这是唐代西域经营的巩固期。

神龙初至天宝十四载，是唐代经营西域的发展期。这一时期的最大特点是大食在吐蕃之后，加入了对西域的争夺。大食扩张是7、8世纪欧亚历史上最重要的事件。实际上，终天宝之世，大食势力一直未达到葱岭以东，对唐并不构成致命威胁。但大食向中亚的扩张和与吐蕃的联兵，对唐代的西域形势产生重大影响。这一时期，唐经营西域的重点是隔断吐蕃与大食的联合。天宝十载（751）唐与大食直接交战。怛逻斯之战，一方面使唐势力退出葱岭以西，一方面由于一些兵士及工匠被俘，导致了中国造纸术的西传。但怛逻斯之战对唐在葱岭以东的政治并无影响。

安史乱后，唐西北边军撤出西域，安西、北庭都护府成为孤岛。面对吐蕃的进攻，安西、北庭孤军奋战，为唐坚守，自筹经费，苦苦支撑，至贞元十九年（803）全部沦陷。这是唐经营西域的坚守期。

综上所述，隋唐西域经营都经历了不同历史阶段，呈现出曲折的特点，这表明西域经营的艰苦卓绝，展示了唐代勇于开拓进取的精神风貌。

西域经营与中原王朝国力强弱、政治清浊、经济繁衰，直接相关。当隋唐国力强盛、经济发展时，西域稳定；反之则西域动乱，甚至脱离中原王朝。隋末政治混乱，丧失对西域控制；唐安史乱后国家由盛转衰，也成为西域经营的转折点，虽安西、北庭艰苦坚守，还是丧失了"安西万里疆"。唐太宗曾对群臣说："朕始即位，或言天子欲耀兵，振伏四夷，惟魏征劝我修文德，安中夏，中夏安，远人伏矣。今天下大安，四夷君长皆来献，此征力也。""中夏安，远人伏"，正是中原王朝与边疆治乱相连关系的概括，边疆稳定系于国家内部之平安。而隋唐经营西域的演变历程，正是西域与中原休戚与共的证明。

隋唐时期奉行"关中本位政策"，其重心在西北，因而隋唐倾全力经营，开拓进取，将疆域推向更西。隋代经营西域较晚，炀帝因在东北亚穷兵黩武而灭亡，开拓西北计划未完全展开。而唐面对从北、南、西三面向西域交集的突厥、吐蕃、大食，深思熟虑，周密部署，开拓进取，开发西域之路更具有复杂性和艰巨性。唐代在西域并非盲目开疆拓土，其目的"不以远物为珍，匪求遐方之贡"，而是出于国防安全的深谋远虑，为了国家统一，"亦存声教"，使汉文化进入西域，保证天下之长治久安，四海宁一，实现天下太平的治国理念。因此，西域经营格局宏大，气象万千，唐代开拓了西域经营的新局面。

岑参的边塞诗脍炙人口，其中一首《过碛》诗云："黄沙碛里客行迷，四望云天直下低。为言地尽天还尽，行到安西更向西。""行到安西更向西"，正体现了唐代经营西北的精神风貌，是唐代开发丝路的写照。

（本文原载《中国社会科学报》2015年1月28日）

"突厥斯坦"与"东突厥斯坦"概念的演变

□龚缨晏

宁波大学浙东文化与海外华人研究院

□王永杰

浙江大学历史系

"东突"分子为实现其分裂中国的图谋，宣称所谓的"东突厥斯坦"自古以来就是一个独立的"突厥人"国家。事实果真如此？只需对"突厥斯坦"及"东突厥斯坦"两个概念的演变过程进行考察，[①]就可以知道"东突"的理论完全是违背历史事实的。

一

突厥是中国古代的一个游牧部族，是通过不断融合其他部族而逐渐形成的。古代突厥人自己的神话及语言文字就"很清楚地揭示了突厥是一个混合种族的特点"。[②]从来就没有存在过一个纯粹的突厥民族。5世纪中叶，突厥人处于柔然人的统治之下，生活在金山南麓，[③]主要为柔然人冶铁。《周书》记载，由于金山很像一种头盔，而这种头盔被人称为"突厥"，所以，突厥人就以此为号。[④]

552年，突厥在西魏的支持下，打败柔然，建立突厥汗国，其牙帐设在

---

① 学术界对于"突厥斯坦"一词的讨论概况，参见徐黎丽主编：《突厥人变迁史研究》，民族出版社2008年版，绪言第1—5页。

② B.A.李特文斯基主编：《中亚文明史》第3卷，马小鹤译，中国对外翻译出版公司2003年版，第277页。比较典型的个案研究，参见丹尼斯·塞诺：《突厥起源的传说》和《突厥文明的某些成分（6—8世纪）》，载《丹尼斯·塞诺内亚研究文选》，北京大学历史系民族史教研室译，中华书局2006年版，第54—103页。

③ 多数学者认为金山就是指阿尔泰山脉，但李树辉近来提出，金山应当指天山山脉。参见李树辉：《突厥原居地"金山"考辨》，《中国边疆史地研究》2009年第3期。

④ 《周书》卷50《突厥传》，中华书局1971年版，第907—908页。

今杭爱山之北。[1] 此后，突厥人以蒙古高原为中心迅速向外扩张。大约在563 年，突厥人在锡尔河畔打败嚈哒，阿姆河成为突厥人与萨珊波斯（224—651）的分界线。583 年，突厥分裂为东西两部。7 世纪前期，东突厥归附唐朝。西突厥则一度征服兴都库什山脉以北的广大地区。[2] 但西突厥的强大只维持很短的时间，不断的内乱使其迅速衰落。657 年，西突厥被唐朝灭亡。此后，突厥的后裔在与其他民族的融合中被同化；与此同时，突厥语则逐渐被中亚一些民族所使用。[3]

突厥人进入河中（阿拉伯人称其为 Māwarā' an-Nahr，英文为 Transoxania，即阿姆河与锡尔河之间的区域）后，波斯人将突厥人生活的地区称为"突厥斯坦"（Turkestan），意为"突厥人所居之地"。突厥人与萨珊波斯长期征战，政治势力互有消长，因此，"突厥斯坦"一词所指的区域也就变化不定。在萨珊波斯时期，此词主要是指阿姆河以北地区。当突厥人向南扩张时，里海东岸阿特拉克河（Atrek）以北的区域也曾被认为是突厥斯坦的组成部分。[4]

651 年，阿拉伯人灭亡萨珊波斯。8 世纪初，阿拉伯人征服河中，并且一度越过锡尔河。[5] 所以，对于 9 世纪和 10 世纪的阿拉伯人来说，河中就是阿拉伯人的土地，而突厥人生活的"突厥斯坦"则是指"河中以外的区域"，即锡尔河以北及以东地区。[6] 伊本·胡尔达兹比赫（约 820—912）在其《道里邦国志》中写道，河中处于阿拉伯人的统治之下，石国（Shāsh）、突厥等国家都位于锡尔河的北侧。[7] 一位佚名的作者在 982 年左右所写的《世界境域志》中说："伊斯比加布（Isbījāb）是穆斯林和异教徒交界的前沿区域；它位于突厥斯坦的边界，非常广阔，也非常怡人，突厥斯坦任何一地所产的物品都被运到这里。"[8] 伊斯比加布，即中国史籍所说的白水城或白水胡城，[9] 位于现

---

① 林幹：《突厥与回纥史》，内蒙古人民出版社 2007 年版，第 20 页。
② 勒尼·格鲁塞：《草原帝国》，魏英邦译，青海人民出版社 1991 年版，第 108 页。
③ 威廉·巴托尔德：《中亚突厥史十二讲》，罗致平译，中国社会科学出版社 1984 年版，第 33—34 页。
④ E. J. *Brill's First Encyclopaedia of Islam* 1913—1936, Edited by M. T. Houtsma etal. Leiden: E. J. Brill, 1987, Ⅷ, p. 895.
⑤ 巴托尔德：《蒙古入侵时期的突厥斯坦》上，张锡彤、张广达译，上海古籍出版社 2007 年版，第 217—219 页。
⑥ E. J. *Brill's First Encyclopaedia of Islam* 1913—1936, vol. Ⅷ, pp. 880—895.
⑦ 伊本·胡尔达兹比赫：《道里邦国志》，宋岘译注，中华书局 1991 年版，第 20、29—30 页。
⑧ V. Minorsky, *Hudud al-'Alam*：*The Regions of the World*, Oxford: the University Press, 1937, p. 118.
⑨ 冯承钧：《西域地名》，陆峻岭增订，中华书局 1982 年版，第 36 页。

在哈萨克斯坦南部的希姆肯特（Shymkent）附近。在这位佚名的作者看来，突厥斯坦"就位于河中之外"。① 伊斯兰世界的科学天才比鲁尼（al-Biruni，约973—1050）在讨论世界地理时，把河中地区与突厥人生活的地区作了明确的区分。② 后来的学者也都持此观点。例如，雅库特（Yākūt，1179—1229）说，"穿过呼罗珊和河中地（Mā-warā'n-Nahr）之穆斯林城镇"以后，才能进入突厥人生活的地区；③ 锡尔河以北的柯散（Kāsān）城就是"突厥斯坦开始的地方"。④ 伊本·阿西尔（Ibn al-Athir，1169—1232）在其写于13世纪早期的《全史》（Kamil fi al-Tarikh）中说得更加详细："听说喀什噶尔、巴拉沙衮、和阗、怛逻斯等突厥斯坦地区以及毗邻的河外之地（的一部分）曾在可汗王朝的突厥君主（al-Muluk al-Khaniyyah al-Atrak）手中。"⑤ 伊本·巴伊塔尔（Ibn Al-Baytār，约1197—1248）在介绍大黄时写道："一位可靠人士对我说，大黄生长在中国。以中国而取名的大黄可能产自中国北方，也就是说，在突厥斯坦一带。"⑥ 在他的观念中，所谓的"突厥斯坦"实际上是中国的一部分。

13世纪，当蒙古人迅速兴起并成为中亚和西亚的主人后，波斯人还是把河中、突厥斯坦当作两个独立的地区而相提并论。例如，为蒙古人效劳的波斯人志费尼（约1226—1283）说，他的上司异密阿尔浑朝见贵由汗回来后，十分慷慨地封官行赏，"所有突厥斯坦和河中的地方都浸沉在他的恩施中"⑦。

波斯伊利汗国宰相拉施特（1247—1318）所编的《史集》，是世界历史上罕见的巨著。虽然当时河中与突厥斯坦都处于哈剌契丹（西辽）的统治之下，但拉施特始终是把这两个地方区分开来的。例如他说："突厥斯坦与河中的哈剌契丹王也叫古儿汗"，耶律大石就是"突厥斯坦和河中"的君王。⑧ 显然，这里的突厥斯坦就指锡尔河东北的区域。更加重要的是，拉施特在这部著作中"将亚洲以游牧为生的民族，无论属突厥语系抑蒙古系，统称之为突厥人，

---

① V. Minorsky, *Hudud al-'Alam: The Regions of the World*, Oxford: the University Press, 1937, p. 350.
② 费瑯:《阿拉伯波斯突厥人东方文献辑注》下，耿昇、穆根来译，中华书局1989年版，第685页。
③ 费瑯:《阿拉伯波斯突厥人东方文献辑注》上，耿昇、穆根来译，中华书局1989年版，第228页。
④ E. J. *Brill's First Encyclopaedia of Islam* 1913—1936, Edited by M. T. Houtsma etal. Leiden: E. J. Brill, 1987, vol. VIII, p. 895.
⑤ Ibn al-Athir, *Kamil fi al-Tarikh*, Beirut, 1967, vol. 11, p. 82, 转引自华涛:《喀喇汗王朝祖先传说的历史解读》,《历史研究》2005年第6期。
⑥ 费瑯:《阿拉伯波斯突厥人东方文献辑注》上，耿昇、穆根来译，中华书局1989年版，第292页。
⑦ 志费尼:《世界征服者史》下，何高济译，江苏教育出版社2005年版，第423页。
⑧ 拉施特:《史集》第1卷第2分册，余大钧、周建奇译，商务印书馆1997年版，第84、100、145页。

而且有些民族，他又时而称为突厥，时而称为蒙古"。也就是说，突厥并不是一个人种学上的术语，而是社会习惯上的术语。^① 拉施特的观点，集中反映出中世纪伊斯兰学者关于"突厥斯坦"的观念。此后，波斯文献中一直使用"突厥斯坦"的概念，甚至在米尔咱·马黑麻·海答尔《拉失德史》（16 世纪）和沙·马合木·楚刺思《编年史》（17 世纪）这两本用波斯文写的著作中，还可以找到这个概念。

1000 年前后，西突厥的一支后裔塞尔柱人越过阿姆河向西扩张，并于 1071 年打败拜占庭军队，俘获拜占庭皇帝，占领小亚细亚西部地区。不久，塞尔柱王朝的旁支在这一带建立起罗姆苏丹国（1077—1308）。

塞尔柱突厥人在地中海东部的崛起，使西欧人有机会认识突厥人。于是，在 11 世纪后期欧洲人绘制的地图上就出现突厥，其中最重要的是《盎格鲁—撒克逊地图》（Anglo-Saxon Map）。该地图大概于 11 世纪后期绘制于英国的坎特伯雷。在这幅地图上，里海以西标有"突厥人"（Turchi）。^② 这应当是指塞尔柱突厥人。在 13 世纪前期的《埃布斯托夫地图》（Ebstof Map）上，^③ 北方最远处的大洋中画有一座名为"塔拉孔塔"（Taraconta）的岛屿，并有注文说："突厥人（Turci）居住于此，他们是歌革与玛各的后裔"。^④ 歌革与玛各的传说源自《圣经》，他们被中世纪欧洲人认为是与上帝作对的野蛮部落。^⑤ 而塔拉孔塔岛则是想象出来的。从中可以看出，当时的欧洲人对突厥人了解甚少。在 13 世纪末的《赫里福德地图》（Hereford Map）上，也出现了相同的内容：突厥人（Turchi）是歌革与玛各的后裔，生活在北方极远的塔拉孔塔岛上。^⑥

1240—1242 年，蒙古大军攻入东欧，所向披靡，西欧为之震惊。当时的欧洲人把蒙古人称为"鞑靼"（Tartar）。^⑦1245 年，罗马教皇英诺森四世

① 拉施特：《史集》第 1 卷第 1 分册，余大钧、周建奇译，商务印书馆 1997 年版，第 66 页。
② L. S. Chekin, *Northern Eurasia In Medieval Cartography*, Turnhout: Brepols, 2006，p. 131.
③ 龚缨晏、邬银兰：《埃布斯托夫地图：永远的遗憾》，《地图》2004 年第 3 期。
④ L. S. Chekin, *Northern Eurasia In Medieval Cartography*, Turnhout: Brepols, 2006，p. 159.
⑤ 龚缨晏、邬银兰：《东方传说：歌革与玛各》，《地图》2003 年第 4 期。
⑥ L. S. Chekin, *Northern Eurasia In Medieval Cartography*, Turnhout: Brepols, 2006, p. 166. 龚缨晏、邬银兰：《现存最大的欧洲中世纪 T—O 地图：赫里福德地图》，《地图》2004 年第 4 期。
⑦ "鞑靼"本是中国北方的一个游牧部落，8 世纪曾臣属于突厥人，13 世纪初被蒙古征服，并成为元朝时期西方对蒙古人的别称。近年来的相关研究，参见赵海霞：《国内塔塔尔族研究综述》，《西域研究》2008 年第 1 期。

（Innocent IV）派遣方济各会修士、意大利人柏朗嘉宾（John de Plano Carini）[①]出使蒙古。1246年，他来到哈剌和林。1247年，柏朗嘉宾带着蒙古皇帝贵由写给罗马教皇的复信回到里昂，[②]并很快写出了一份出使报告，即《蒙古史》。[③]柏朗嘉宾写道，在被"鞑靼"（蒙古人）所征服的众多地区中，有Turcomans，还有Torc。[④]这里的Turcomans是指操突厥语的部落，中文一般将其译写成"突厥蛮"，现代"土库曼"（Turkmen）一词即据此而来。不过，中世纪的"突厥蛮"与现在的"土库曼"，无论在地域上还是在种族上都不能直接等同起来。就现有的史料而言，"突厥蛮"一词最早出现于10世纪，[⑤]但对于这个名称的含义一直有两种截然不同的看法。第一种观点认为这个名称意为"纯血统的突厥人"。10世纪时，他们生活在巴尔喀什湖以北的草原上。[⑥]第二种观点认为，这个称呼是指在外形上"类似于突厥者"，[⑦]在柏朗嘉宾的著作中，"突厥蛮"所指的区域不明。[⑧]

Torc是"突厥"的音译，《元史》中将此词写作"途鲁吉"，[⑨]柏朗嘉宾写道，蒙古人攻下养吉干（Yanghikent）后，就进入了Torc。[⑩]随同柏朗嘉宾出使蒙古的波兰人本尼迪克特（Benedict，中译文又作"班涅狄克脱"）将此词拼写成Turkya（又拼作Turkia[⑪]），并且说，穿过康里人（Kangitae）的地域后，就到达了养吉干，Turkya由此开始；经过十天旅行，进入哈剌契丹。[⑫]因此，Torc应当是指在河中地区。

大概根据波兰人本尼迪克特的记叙而写成的《鞑靼记述》（Tartar

① 中文又译作"勃拉奴克劈尼"，参见张星烺编注、朱杰勤校订《中西交通史料汇编》第1册，中华书局2003年版，第284页；或"约翰·普兰诺·加宾尼"，参见道森：《出使蒙古记》，吕浦译，中国社会科学出版社1983年版，第4—71页。

② 贵由的复信被幸运地保存了下来，中译本可见伯希和：《蒙古与教廷》，冯承钧译，中华书局1994年版，第4—27页；道森：《出使蒙古记》，吕浦译，中国社会科学出版社1983年版，第102—103页。

③ 此书中文又译作《柏朗嘉宾蒙古行纪》，耿昇译，中华书局1985年版。

④ 柏朗嘉宾《柏朗嘉宾蒙古行纪》，耿昇译，中华书局1985年版，第73页。

⑤ P. Pelliot, *Notes on Marco Polo*, Paris: Imperimerie Nationale, Librairie Adrien-Maisonneuve, 1963, p. 864.

⑥ 勒尼·格鲁塞：《草原帝国》，魏英邦译，青海人民出版社1991年版，第169页。

⑦ 拉施特：《史集》第1卷第1分册，余大钧、周建奇译，商务印书馆1997年版，第139页。

⑧ P. Pelliot, *Notes on Marco Polo*, Paris: Imperimerie Nationale, Librairie Adrien-Maisonneuve, 1963, p. 865.

⑨ 《元史》卷63《地理六》。

⑩ 柏朗嘉宾：《柏朗嘉宾蒙古行纪》，耿昇译，中华书局1985年版，第56—57页。

⑪ R. A. Skelton, et al, *The Virrlarrd Map arrd the Tartar Relation*, New Haven and London: Yale University Press, 1965, p. 104.

⑫ 柏朗嘉宾：《柏朗嘉宾蒙古行纪》，耿昇译，中华书局1985年版，第162页；道森：《出使蒙古记》，吕浦译，中国社会科学出版社1983年版，第98页。

Relation），① 把 Turcomans 拼作 Terkemen。② 此书中也现出了 Turkia，但实际上是指小亚细亚的罗姆苏丹国，而不是指像本尼迪克特所说的那样是指河中地区（途鲁吉）。③

1275 年，马可·波罗穿越中亚来到中国。他在中国西北旅行时，曾有一个"广有学识"的"突厥伴侣"④。这样，马可·波罗对突厥人的认识就要比其他西欧人更加丰富一些。如上所述，当时欧洲人比较混乱地使用与"突厥"相关的地名，而马可·波罗则力图区分这些地理概念。在《马可·波罗行纪》中，"突厥蛮"（Turcomans）一词指的是小亚细亚，特别是小亚细亚中部与南部地区。此书将察合台汗国称为"大突厥"（Great Turkey）。⑤ 马可·波罗明确写道，"大突厥起自 Gion 河，直抵大汗国境。"⑥Gion 河，又作 Jon 等，⑦ 源于阿拉伯人的词汇，指的是阿姆河。⑧ 这样，在马可·波罗的观念中，河中地区是大突厥的一部分。

13 世纪欧洲人关于"突厥"的多种词汇以及混乱用法，实际上反映了突厥人的混杂性：一方面，突厥人已经与其他民族高度融合了；另一方面，其他一些民族也采用了突厥语。总之，一个统一的、单纯的突厥部族早已不复存在，更不存在着某个专属于突厥人的固定地区。

二

"突厥斯坦"本是波斯语词汇，13 世纪的西欧人并不使用这个词汇，即使那些远行到中亚的旅行者也是如此。"突厥斯坦"一词在西欧的传播，与

---

① 龚缨晏：《〈文兰地图〉的真伪之争》，《世界历史》2006 年第 1 期。
② R. A. Skelton, et al, *The Vinland Map and the Tartar Relation*, New Haven and London: Yale University Press, 1965，pp.72-78.
③ R. A. Skelton, et al, *The Vinland Map and the Tartar Relation*, New Haven and London: Yale University Press, 1965，p. 104.
④ 中译文可参见沙海昂注：《马可波罗行纪》，冯承钧译，中华书局 2004 年版，第 197 页。
⑤ P. Pelliot, *Notes on Marco Polo*, Paris: Imperimerie Nationale, Librairie Adrien-Maisonneuve, 1963, p. 864.
⑥ A. C. Moule and P. Pelliot, *Marco Polo: the Description of the World*, London: George Routledge&Sons Limited, p.447.
⑦ H. Yule, *The Book of Ser Marco Polo*, Revised by H. Cordier, London: John Murray, 1926, Vol. 2, p. 458. 沙海昂注：《马可波罗行纪》，冯承钧译，中华书局 2004 年版，第 776 页。
⑧ P. Pelliot, *Notes on Marco Polo*, Paris: Imperimerie Nationale, Librairie Adrien-Maisonneuve, 1963, pp.736-737.

小亚美尼亚王国有着密切的关系。小亚美尼亚王国是小亚细亚东南沿海的一个小国，与阿拉伯人、塞尔柱突厥人有着密切的联系，所以熟悉"突厥斯坦"一词。1254—1255年，面对着来势汹汹的蒙古大军，其国王海屯一世亲赴蒙古高原求和。海屯一世在记述其返回的路线时说，过了仰吉八里（Angibalex），就进入了"突厥斯坦"（Turkastan）。[①] 仰吉八里在玛斯纳附近，[②] 因此，海屯所说的"突厥斯坦"位于天山以北。

不过，海屯一世的出使报告是用亚美尼亚文写的，进入19世纪之后才被译成西欧文字，所以，中世纪的西欧人无缘阅读此书。将"突厥斯坦"一词引入西欧的，是另一个名叫海屯（被拼作为Hetoum、Haiton、Haython、Antonius等）的亚美尼亚人。为了便于区别，我们将其名字译为"小海屯"。

小海屯是海屯一世的侄儿，后来成为塞浦路斯岛上的一个僧侣。根据小海屯的口述，1307年，一个名叫法尔肯（Nicolas Falcon）的人用法文写成一书，同年他又将此书译成拉丁文，取名为《东方诸国历史集粹》（*Flos historiarum Terre Orientis*）。1375年，此书又从拉丁文被回译成法文。这部著作在中世纪欧洲非常流行，现存的法文抄本约有15部，拉丁文抄本有31部，此外还常被附在柏朗嘉宾、马可·波罗等人的游记中。[③]

小海屯的《东方诸国历史集粹》共分四部分，前两部分主要介绍亚洲国家，特别是伊斯兰国家。第三部分主要讲述蒙古人，这也是此书最有价值的部分。最后一部分向西欧君主呼吁组织新的十字军。[④] 在这本书的第一部分，有专门一节介绍"突厥斯坦"："突厥斯坦的东部与维吾尔人相邻，西部与波斯人相邻，北部与花剌子模为邻，南部一直延伸到印度的沙漠中。此地有几座良好的城市，但更多的是广阔的平原，适于放牧，所以，这里的居民主要是牧人，他们以帐篷为家，迁徙起来甚为方便。此地最大的城市名为讹答剌（Ocerra），盛产小麦。他们不喝烈酒，只喝酸马奶酒（Cursia）以及其他饮料，也喝牛奶。他们吃大米、小米，还有肉类。这里的居民被称为'突厥人'。他

---

① 《海屯行纪》，何高济译，中华书局2002年版，第17页。
② 《海屯行纪》，何高济译，中华书局2002年版，第6、17页。
③ J. Larner, *Marco Polo and the Discovery of the World*, New Haven and London: Yale University Press, 2001, p. 124.
④ J. B. Friedman and K. M Figg, *Trade, Travel, and Exploration in the Middle Ages*, New York and London: Garland Publishing, 2000, p. 252.

们多数人是伊斯兰教徒，但也有些人不信任何宗教。他们没有自己的文字，但其城市及军营中采用阿拉伯文字。"①

文中的酸马奶酒（Cursia），又写作 kumiss 或 qumiss 等，是一种含有天然酒精的饮料，在伊斯兰教传入中亚之前即已流行，现在依然十分常见。② 讹答剌，又写作"斡脱罗儿"等，"其遗址在锡尔河右岸，阿雷斯河（Aras）口附近"③。从小海屯的叙述来看，他所说的突厥斯坦是指河中地区。此外，小海屯明确说，突厥斯坦与维吾尔人聚居区是两个不同的地方；即使在"突厥斯坦"，也不是人人都信奉伊斯兰教的。

《东方诸国历史集粹》为西欧人的许多作品提供了创作素材，特别是一部题为《曼德维尔爵士游记》（*The Travels of Sir John Mandeville*）的法文著作。《曼德维尔爵士游记》出现于 1356—1366 年间，其作者自称是英国圣奥尔本（St. Albans）的一个爵士。他说自己曾在世界各地到处旅行，不仅游历过印度、中国等地，还到过天堂附近，但没有进去。目前，我们对此书的作者、写作年代都不清楚。现在可以肯定的是，该书作者根本没有到过中国等地，④ 他最多可能到过耶路撒冷。这部著作并不是根据作者自己的亲身经历写出来的，而是将其他人的许多著作进行综合加工而写成的，其中关于蒙古人的内容，几乎全部抄自小海屯的《东方诸国历史集粹》。⑤ 比较两部著作，可以非常容易地发现，《曼德维尔爵士游记》中关于"突厥斯坦"（在不同的抄本中，被写作 Turquesten⑥，Turkestoun⑦ 等）的文字，也来自《东方诸国历史集粹》，不过"讹答剌"被拼写成 Eccozar。

《曼德维尔爵士游记》是中世纪欧洲流传最广的著作之一。到 1400 年左右，它已被译成欧洲的各主要语言。现在存世的抄本共有 300 种左右，⑧

---

① S. Purchas, *Purchas his Pilgrims*, vol. Ⅲ, book Ⅰ, Chrapter Ⅴ, London, 1625, p. 109.
② H. B. Paksoy,"Nationality or Religion?", *Historia Actual Online*, Num. 4, 2004, pp. 43-57.
③ 冯承钧：《西域地名》，陆峻岭增订，中华书局 1982 年版，第 72 页。
④ 龚缨晏：《欧洲与杭州：相识之路》，杭州出版社 2004 年版，第 76 页。
⑤ M. Letts, *Mandeville's Travels:Texts and Translations*, London: The Hakluyt Society, 1953, P.xxvii.
⑥ *The Travels of Sir John Mandeville*, Translated with an introduction by C. W. R. D. Moseley, London: Penguin Books, 1983, p. 160.
⑦ M. C. Seymour, *The Defective Version of Mandeville's Travels*, Oxford: Oxford University Press, 2002, pp. 107-108.
⑧ J. B.Friedman, et al, *Trade,Travel, and Exploration in the Middle Ages*, New York and London: Garland Publishing, 2000, p. 357.

而《马可·波罗游记》的现存抄本则是 150 种左右，[①]《曼德维尔爵士游记》在中世纪的影响由此可见一斑。

随着《曼德维尔爵士游记》的广泛传播，小海屯所介绍的"突厥斯坦"也逐渐被欧洲人所知晓。1492 年，马丁·贝海姆（Martin Behaim，约 1436—1507）制成了世界上现存最早的地球仪，上面标有"突厥斯坦"（Turkestana），但它仅仅作为城市名称，而不是区域名称。[②]不过，在 15 世纪欧洲人绘制的绝大多数地图上，都没有"突厥斯坦"的名称。例如，在 1452 年前后绘制的《利尔多世界地图》（*The Leardo Map of the World*）上，虽然标有锡尔河等，但没有出现"突厥斯坦"之名。[③]在那幅被誉为"中世纪制图学的顶峰"的1459 年《毛罗地图》（*Fra Mauro' Map*）上，[④]同样标出了阿姆河（fl. Amu），却找不到"突厥斯坦"之类的名称。[⑤]此类实例不胜枚举。

进入 16 世纪，随着地理大发现的深入开展，欧洲人越来越清楚地认识到真实的世界比他们原先所想象的要大得多。他们不断地寻找各种地理知识，来充实他们所绘制的世界地图。《曼德维尔爵士游记》等中世纪作品告诉他们，中亚有个地方叫"突厥斯坦"。可事实上，在当时中亚的众多国家中，没有一个把自己统治的领土称为"突厥斯坦"。另一方面，尽管波斯人依然将里海东岸的一些地区含糊地称为"突厥斯坦"，但所指区域很不明确。[⑥]这样，欧洲人只能凭着自己的想象来确定"突厥斯坦"的位置了。于是，在16—19 世纪前期的 300 多年里，欧洲出现以下几种关于"突厥斯坦"的不同观点。

第一种观点是将北纬 50 度以北的某个区域称为"突厥斯坦"，即位于里海以北。例如，在奥特利乌斯（Abraham Ortelius，1527—1598）1564 年所绘的世界地图上，"突厥斯坦"（Turquestan）就位于北纬 50 度以北。同样

---

① J. Larner, *Marco Polo and the Discovery of the World*, New Haven and London: Yale University Press, 2001, pp. 3-184.

② E. G. Ravenstein, *Martin Behaim: His Life and His Globe*, London: George Philip & Son, 1908, p.90.

③ J. K. Wright, *The Leardo Map of the World*, New York: The American Geographical Society, 1928, pp. 32-37.

④ 张施娟、龚缨晏：《〈毛罗地图〉与郑和船队》，《史学理论研究》2005 年第 3 期。

⑤ 清晰的线描图可见 Da D. Placido Zurla, Il Mappamondo Di Fra Mauro, Venezia, 1806.

⑥ A. T. Embree, *Encyclopedia of Asia History*, New York and London: Macmillan Library Reference, 1988, Vol. 4, p. 150.

画法的还有德·约德（Gerard de Jode）1571 年绘制的世界地图，^① 洪第乌斯（J. Hondius）1597 年的世界地图等。^② 此外，在威尼斯总督府（Palazzo Ducale）的"地图大厅"（Sala dello Seudo）中，第一幅壁画即为格里塞里尼（F. Grisellini，1717—1783）等人于 1762 年所绘的《小亚细亚、亚美尼亚和鞑靼地图》（*Anatolia, Armenia and Tartary*），上面将"突厥斯坦"（Turkestan）标在里海东北方，并且隔着延绵的高山。^③

欧洲人的这种观念，也反映在来华传教士的著作中。1602 年，意大利传教士利玛窦在北京绘成《坤舆万国全图》，图中将"突厥斯坦"译写成"土儿客私堂"，并将其标在北纬 50 度—60 度。这个"土儿客私堂"不仅与里海（利玛窦称其为"北高海"）相去甚远，而且还位于阴山及其他山脉之北。^④ 另一位意大利传教士艾儒略在其 1623 年完成的《职方外纪》中把"突厥斯坦"译写成"杜尔格斯当"，并且同样将其标在北纬 50 度—60 度之间的地方。^⑤

第二种观点是将里海东岸的大片土地称为"突厥斯坦"，具体位置在北纬40 度—50 度之间。比较典型的实例是奥特利乌斯于 1570 年开始绘制的《地球大观》（*Theatrum Orbis Terrarum*）中的世界地图。该地图后来虽然几经修订，但突厥斯坦（Turchestan）的位置基本上没有什么变化。^⑥

第三种观点是把里海东侧、北纬 40 度—50 度之间的某小块区域称为"突厥斯坦"。体现这种观点的地图很多，例如在 1606 年阿姆斯特丹出版的洪第乌斯所作《鞑靼地图》（*Tartaria*）上，"突厥斯坦"（Turchestan）就位于北纬 45 度—50 度之间，经度为 110 度—115 度。^⑦ 在 1671 年初版、1730 年重版的一幅亚洲地图上，"突厥斯坦"（Turchestan）位于北纬 44 度—50 度、经度 105 度—115 度地带。^⑧ 在 1735 年纽伦堡出版的《里海、乌兹别克地区及周边省区/辖区新图》（*Nova Maris Caspii et Regionis Usbeck cum Provincijs*

---

① 上述两幅地图均可见 G. Schilder, *Monumenta Cartographica Neerlandica*, Aalphen aan den Rijn: Canaletto, 1987,Vol. 2.

② R. W. Shirley, *The Mapping of the World*, London: the Holland Press, 1983, p. 218.

③ 2009 年 11 月底，龚缨晏到这个"地图大厅"查看了该地图。

④ 黄时鉴、龚缨晏：《利玛窦世界地图研究》所附《坤舆万国全图图》，上海古籍出版社 2004 年版。

⑤ 艾儒略著、谢方校释：《职方外纪校释》，中华书局 1966 年版，第 23、37—39 页。

⑥ R. W. Shirley, *The Mapping of the World*, London: the Holland Press, 1983, pp. 144, 156, 159, 180.

⑦ K. Nebenzahl, *Mapping the Silk Road and Beyond*, New York: Phaidon Press, 2004, p. 153.

⑧ L. Walter, *Japan: A Cartographic Vision*, Munich and New York: Prestel-Verlag, 1994, No. 37.

adjacentibus vera Delineatio）上，"突厥斯坦地区"（Turkestan Regnum）属于乌兹别克，位于北纬 40 度—43 度、经度 103 度—106 度的地带。① 直到 19 世纪初，还可见到类似的地图，比较典型的实例是 1814 年巴黎出版的勃吕（Adrien Hubert Brué）的亚洲地图，图中把"突厥斯坦"（Turkestan）定在北纬 40 度—45 度，经度为 60 度—70 度。②

第四种观点是将整个中亚都称为"突厥斯坦"。19 世纪初，欧洲人把亚洲内陆地区称为"内亚"（Interior Asia）。1831 年，德国地理学家洪堡出版《中央亚细亚》（*Asie Centrale*）一书，提出"中亚"的概念，并且引发学者对中亚概念的讨论。在此期间，有人将"突厥斯坦"等同于"中亚"，均指里海以东的区域。③

还需要指出的是，从中世纪直到 19 世纪末，欧洲人一直把欧亚大陆北部的广大区域称为"鞑靼"（Tartary），并且认为"突厥斯坦"是"鞑靼"下属的一个小区域。例如，18 世纪英国的地理著作这样写道："鞑靼"可以分为三大部分，即"俄属鞑靼"（Russian Tartary），"中国鞑靼"（Chinese Tartary）和"独立鞑靼"（Independent Tartary）；"突厥斯坦"是"独立鞑靼"下面的一个小区域。④ 在前面提到的那幅 1814 年亚洲地图上，勃吕就将"突厥斯坦"列为"独立鞑靼"之一部分。

由于"突厥斯坦"仅是"鞑靼"所属的一个很不重要的小区域，所以它不太受人关注。我们可以列举几个实例。17 世纪前期，英国人珀切斯（S. Purchas）将各种地理资料汇编在一起，出版了一部影响久远的巨著——《珀切斯游记》（*Purchas his Pilgrims*）。⑤ 但书中关于突厥斯坦的著作只有一篇，而且还是出自三百年前的先人之手，即小海屯的《东方诸国历史集粹》。再如，美国 Gale 集团将 18 世纪英国与美洲出版的主要图书进行数字化后，制作出大型数据库《十八世纪在线》（*Eighteenth Century Collections Online*），汇集 15 万册以上的图书。通过检索，这套数据库中只有 127 部作品（包括所有学科以及出版年代不明的作品）提到了"突厥斯坦"，其中有些作品还是重名

① K. Nebenzahl, *Mapping the Silk Road and Beyond*, New York: Phaidon Press, 2004, p. 141.
② K. Nebenzahl, *Mapping the Silk Road and Beyond*, New York: Phaidon Press, 2004, p. 165.
③ *Eneyclopaedia Britannica*, ninth editon, Edinburgh: Adam and Charles Black, 1875, Vol.XXIII , p. 631.
④ J. Hübner, *A New and Easy Introduction to the Study of Geography*, London,1742, pp. 203-204.
⑤ L. E. Pennington, *The Purchas Handbook*, London: The Hakluyt Society, 1997, Vol. 1, p. 4.

的。事实上，许多地理著作并没有提到突厥斯坦。例如，1749 年英国出版的《史地入门新编》（*A New Geographical and Historical Grammar*）认为，亚洲的"鞑靼"可以分为好几个区域，其中包括"乌兹别克鞑靼"（Usbec Tartary）。书中专门介绍了"乌兹别克鞑靼"，但就是没有提及"突厥斯坦"。[①]

1729 年，英国伦敦出版一部两卷本的著作，上卷是《突厥世系》的英译本，原作者是成吉思汗的直系后裔、希瓦汗国的统治者阿布尔 - 哈齐 - 把阿秃儿汗（1643—1663 或 1664 年在位）。[②] 下卷为《北亚现状记》（*An Account of the Present State of the Northern Asia*），其内容可以从副标题中看出："讲述大鞑靼、西伯利亚的自然史，以及这些地区各民族的生活方式、风俗习惯、贸易、法律、信仰和政府；兼述中国、印度、波斯、阿拉伯、土耳其和大俄罗斯。"可以说，此书较为全面地反映了当时欧洲人的亚洲观。《北亚现状记》对于"突厥斯坦"这样写道：当突厥人强大时，当地居民并没有使用"突厥斯坦"这样的名称；西方的波斯人曾把突厥人统治下的地区称为"突厥斯坦"，东方的中国人则不使用这个称呼，"突厥斯坦一词只在西方流行，东方人称其为鞑靼"；或者说，"突厥斯坦"一词"只是其周邻的某些国家（而不是所有的国家）所使用的词汇，并且流传到今天"；当蒙古人兴起后，波斯人等周邻的民族又将上述地区改称为"鞑靼"；即使在所谓的"突厥斯坦"，其居民也早已不再是突厥人了："自从成吉思汗征服突厥斯坦之后，这里就再也没有突厥人了：他们要么被驱散到其他地方去了，要么改换族名，采用征服者的名称"[③]。

可见，18 世纪的欧洲人已经清楚地知道：其一，"突厥斯坦"并不是突厥人使用的概念，而是由波斯等西方人提出并使用的；其二，"突厥斯坦"的地理位置并不是明确、固定的；其三，"突厥斯坦"的居民与 6—7 世纪的突厥人是完全不同的。

[①] T. Salmon, *A New Geographical and Historical Grammar*, Edited and Introduced by R. Mayhew, Bristol: Thoemmes Press, 2003, pp.476-477.

[②] 阿布尔-哈齐-把阿秃儿汗：《突厥世系》，罗贤佑译，中华书局 2005 年版，第 5 页。

[③] Ebüagzî Bahadir Han, *A General History of the Turks, Moguls, and Tatars*, London: 1729, vol. 2, pp. 565-567, 571.

三

自古以来，中亚地区从来没有一个民族将自己生活的地方称为"突厥斯坦"，这里也不存在以"突厥斯坦"命名的行政区域。进入 19 世纪之后，由于沙俄在中亚的扩张，这种情况发生改变。

根据沙俄侵略者自己的说法，早在 15 世纪后期，俄国就已经开始觊觎中亚。[①] 17 世纪，俄国的势力已抵达中亚的北部。此后，俄国不断加快对中亚的侵略步伐。到 19 世纪中叶，俄国人已经深入锡尔河口。1865 年初，俄国人将新征服的土地组成为"突厥斯坦州"。1867 年，俄国人又宣布设立"突厥斯坦总督区"，它"以塔什干为中心，包括俄国自 1847 年以来在突厥斯坦地区得到的全部土地，他们将这一土地分成了锡尔河州和七河州"。[②] 这样，在中亚第一次出现了以"突厥斯坦"为名的行政区域。但是，正如"突厥斯坦"之名一样，这个行政区域也不是由当地居民设置的，而是由外来侵略者设置的。

由于俄国人在中亚设立了一个以"突厥斯坦"为名的行政区域，所以，人们也就逐渐将这一区域称为"突厥斯坦"，原先变动不定的"突厥斯坦"概念因此有了比较固定的地理范围。不过，19 世纪除俄国之外，已经占领印度的英国人也试图染指中亚。俄、英两国在中亚的争霸，也反映在对"突厥斯坦"概念的界定上。例如，俄国人穆谢克托夫（俄文 Мушкетов，英文 Mushketow）在 1886 年提出，"突厥斯坦"应是地理名称，而不应是行政区域的名称。其潜台词是：既然是个地理名称，那么，它的范围就可以超越俄国人所设立的"突厥斯坦总督区"，扩展到更加广阔的地区。按照穆谢克托夫的定义，俄、英两国势力范围的未来分界线应当是兴都库什山脉。[③]

俄国十月革命后，以原先的"突厥斯坦总督区"为基础，于 1918 年成立"突厥斯坦苏维埃共和国"。1924 年，这个共和国被撤销，在此区域陆续建立乌兹别克、哈萨克、土库曼、吉尔吉斯和塔吉克五个加盟共和国。从 1924

① M.A. 捷连季耶夫：《征服中亚史》，武汉大学外文系译，商务印书馆 1980 年版，第 7—8 页。
② 加文·汉布里：《中亚史纲要》，吴玉贵译，商务印书馆 1994 年版，第 280—281 页。
③ *E. J. Brill's First Encyclopaedia of Islam, 1913-1936*, vol. VIII, p. 895.

年起，苏联人用"中亚细亚"一词取代原来的"突厥斯坦"之名。①

也就在 19 世纪，随着俄国在中亚的不断扩张，出现"东突厥斯坦"（East Turkestan）这个新词汇。

1800 年前，欧洲人也曾使用"突厥斯坦东部地区"（the Eastern Part of Turkestan），② 甚至"东部突厥斯坦"（the Eastern Turkestan③）之类的词汇，但指的都是"突厥斯坦"内的东半部，其位置总是在里海附近。而"东突"分子所谓的"东突厥斯坦"，则是指"突厥斯坦"之东的另一个区域，实际上是指整个新疆地区。在 19 世纪之前的西文文献中，目前尚找不到这个意义上的"东突厥斯坦"一词。

中国学者普遍认为，"1805 年，俄国人季姆科夫斯基在使团出使报告中率先使用'突厥斯坦'的名称"，④ 甚至国务院新闻办发布的中国政府白皮书《新疆的历史与发展》也沿用这种说法。⑤ 其实，这种说法是由于误解英国学者巴德利（J. F. Baddeley）的观点造成的。

巴德利在其名著《俄国·蒙古·中国》（*Russia, Mongolia, China*）中有这样一段文字："季姆科夫斯基一书上卷第 375 页上写道：'东突厥斯坦这个地区，欧洲人更多地称之为小布哈拉……'第 377 页上又指出：'当克拉普罗特先生于 1805 年随俄国赴华使团同行时，曾在喀山遇见一些布哈拉居民，他们向他表示，波斯语是他们的本族语。'"⑥ 显然，1805 年"随俄国赴华使团同行"的是"克拉普罗特先生"，而不是"季姆科夫斯基"本人。这里，我们有必要对这两个人物略作介绍。

克拉普罗特（1783—1835），中文又译为"克拉普洛特"等，⑦ 原名

---

① 潘志平：《"突厥斯坦"、"东突厥斯坦"与"维吾尔斯坦"》，《西域研究》2004 年第 3 期。

② T. Astley, *A New General Collection of Voyages and Travel*, London: 1745—1747, vol. IV, chap., VII, p. 540.

③ P. J. von Strahlenberg, *An Histori-geographical Description of the North and Eastern Part of Europe and Asia*, London: 1736, p. 51.

④ 郑坤亮、玛达尼亚：《"东突"恐怖主义的历史根源》，《历史教学》2004 年第 1 期。相关综述参见徐黎丽主编：《突厥人变迁史研究》，第 4 页。其他较为重要的论著有王治来：《论说所谓"土耳其斯坦"》，《中国边疆史地研究》1997 年第 1 期；马大正、许建英：《"东突厥斯坦国"迷梦的幻灭》，新疆人民出版社 2006 年版，第 39 页。

⑤ 其中第 4 节标题为"'东突厥斯坦'问题的由来"，参见"中华人民共和国国务院新闻办公室"网页（http://www.scio.gov.cn/zfbps/ndhf/2003/200905/t307907.htm）。

⑥ 约·弗·巴德利：《俄国·蒙古·中国》下卷第 1 册，吴持哲、吴有刚译，商务印书馆 1981 年版，第 962 页。

⑦ 马汉茂、张西平：《德国汉学》，大象出版社 2005 年版，第 114 页。

Julius H. Klaproth，出生于德国，并在德国学习中文。1804 年，到俄国的彼得堡科学院工作，为沙皇效力。1805 年，随俄国戈洛夫金（Golowkin）使团出访中国，身份是"彼得堡科学院东方语言和文学部科研助理"。[①] 不过，这个使团只到达库伦，最后无功而返。此次出访，使克拉普罗特获得了在亚洲内陆地区旅行的机会。此后他致力于研究中国，是德国汉学的先驱，[②] 特别是在对满语的研究上，是公认的开拓者。[③] 克拉普罗特后来定居巴黎，并在那里去世。他在巴黎出版了许多关于中国及亚洲的著作，内容很广，涉及历史、地理、语言等领域。[④]

有学者指出，在 1805 年俄国来华使团中，并没有一个名叫"季姆科夫斯基"的人。[⑤] 此说甚是。季姆科夫斯基（Е.Ф. Тимковский，1790—1875）实际上是俄罗斯东正教驻北京布道团第 11 班（1821—1830）的"监护官"。[⑥] 他在中国期间，购买了大量中文书籍，对俄国汉学的兴起做出重要贡献，"素有俄国汉学'族长'之称"。[⑦]1824 年，季姆科夫斯基撰写的《1820—1821 年经蒙古至中国的旅行》在圣彼得堡出版。该书很快被译成法文在巴黎出版，编辑者就是克拉普罗特。不过，克拉普罗特也毫不客气地指出："季姆科夫斯基书中所引的所有中文资料，在翻译上都是极其错误的。"[⑧]1827 年，经克拉普罗特编辑的《1820—1821 年经蒙古至中国的旅行》又被译成英文在伦敦出版。大概是由于此书的标题在被译成中文时写作《俄国使团 1820—1821 年经蒙古前往中国及驻在北京之情况》，[⑨] 所以，有些学者误以为书中所说的"俄国使团"（实际上是指俄国东正教布道团）就是指 1805 年来华的戈洛夫金使团。

1824—1828 年，克拉普罗特的《亚洲史地论集》（*Mémoires relatifs à l'Asie*）

---

① В.С. 米亚斯尼科夫：《尤·亚·戈洛夫金使团简介》，宋嗣喜摘译，《清史译丛》第 1 辑，中国人民大学出版社 2004 年版，第 146—162 页。

② D. B. Honey, *Incense At the Altar*, New Haven: American Oriental Society, 2001, pp.120-122.

③ M. Wilson and J. Cayley, *Europe Studies China*, London: Han-Shan Tang Books, 1995, p. 424.

④ 克拉普罗特的各种著作可见国际文献公司（IDC）出版的大型胶片《1850 年前西方出版的关于中国的著作》（*Western Books on China Published up to 1850*）。

⑤ 李伟丽：《关于俄文"东突厥斯坦"一词引用的正误》，《西域研究》2006 年第 1 期。

⑥ 蔡鸿生：《俄罗斯馆纪事》，中华书局 2006 年版，第 72 页。

⑦ 阎国栋：《俄国汉学史》，人民出版社 2006 年版，第 230 页。

⑧ G. Timkowski, *Travels of the Russian Mission Through Mongolia to China, and Residence in Peking in the Year 1820-1821*, London: 1827, vol. 1, p. 386, footnote.

⑨ 约·弗·巴德利：《俄国·蒙古·中国》上卷第 2 册，商务印书馆 1981 年版，第 539 页。

在巴黎出版，其中 1828 年出版的第 3 卷收有一篇题为《论哈萨克人与吉尔吉斯人的语言》（*Sur la Langue des Kazak et des Kirghiz*）的文章。[①] 季姆科夫斯基《1820—1821 年经蒙古至中国的旅行》所引的克拉普罗特那段话，[②] 实际上就是来自《论哈萨克人与吉尔吉斯人的语言》。不过，由于季姆科夫斯基著作的出版时间要早于《亚洲史地论集》第 3 卷，所以，克拉普罗特《论哈萨克人与吉尔吉斯人的语言》应当是 1828 年前完成的旧作。

季姆科夫斯基在其著作中写道："东突厥斯坦这个地区，欧洲人更多地称之为小布哈拉。"[③] 在克拉普罗特的《亚洲史地论集》中，虽然也提到"小布哈拉"（petite Boukharie），特别是其中的《和阗城史》（*Histoire de la ville de Khotan*）一文，[④] 但全书并没有出现"东突厥斯坦"一词。巴德利说，"中国突厥斯坦"一词是由季姆科夫斯基"杜撰"（invents）出来的。[⑤] 虽然我们目前尚无法确定巴德利的观点是否正确，但有一点是可以肯定的，即最先将我国新疆南部地区称为"东突厥斯坦"或"中国突厥斯坦"的应当是俄国人。克拉普罗特的《亚洲史地论集》中虽然出现"中国突厥斯坦"（Turkesta chinois），[⑥] 但从他的背景可以推断，他显然是接受了俄国人的用法。

需要指出的是，"小布哈拉"一词是 15 世纪末随着乌兹别克人的兴起而出现的新概念。18 世纪伦敦出版的一部名著对此有很精辟的阐述："小布哈拉的得名，并不是由于它在面积上比大布哈拉要小，实际上，它的面积比大布哈拉还要大。由于此地的城市数量、城市规模、土壤条件、人口密度等要素都不如大布哈拉，所以被称为小布哈拉。小布哈拉和大布哈拉的名称，最初大概是乌兹别克人提出来的，他们认为自己统治的区域要优于其他区域，所以称其为大布哈拉，而把那些不隶属于他们的区域称为小布哈拉。阿布尔 –

---

① M. J. Klaproth, *Mémoires relatifs à l'Asie*, tome *III*, Paris: A la Librairie Orientale de Dondey-Dupré Père et Fils, 1828, pp. 332-369.

② G. Timkowski, *Travels of the Russian Mission Through Mongolia to China, and Residence in Peking in the Year 1820-1821*, vol. 1, pp. 375-377.

③ G. Timkowski, *Travels of the Russian Mission Through Mongolia to China, and Residence in Peking in the Year 1820-1821*, vol. 1, p. 375.

④ M. J. Klaproth, Mémoires relatifs à l'Asie, tome *II*, Paris: A la Librairie Orientale de Dondey-Dupré Père et Fils, 1828, pp. 281-300.

⑤ J. F. Baddeley, *Russia, Mongolia, China*, London: MacMillan and Company, 1919, Vol. 2, p. 25. 约·弗·巴德利:《俄国·蒙古·中国》下卷第 1 册，第 963 页。

⑥ M. J. Klaproth, *Mémoires relatifs à l'Asie*, tome *III*, p. 334.

哈齐－把阿秃儿汗在其《突厥世系》中从来没有使用过小布哈拉一词。"[①]

更需要指出的是,季姆科夫斯基虽然以"东突厥斯坦"一词来代替"小布哈拉",但他在书中也明确写道:自 1758 年之后,这个"东突厥斯坦"就已归顺乾隆皇帝,并被称为"新疆"。他还告诉人们,生活在"东突厥斯坦"这块土地上的居民并非全是讲突厥语的。他说:"尽管地理学家以及一些研究语言的学者把布哈拉人划归为突厥人种,但克拉普罗特已经证明他们其实是波斯人种。"例如布哈拉人表示数字 1—9 的词汇分别是:iak; dou; si; tchahar; pendj; chech; heft; hecht; nuh。这些词汇"纯属波斯语"。而突厥人表示上述数字的词汇则分别是:bir, ïkî, outch, doert, bich, alty, ïedi, sighiz, tou kouz。所以,布哈拉人表示数字的词汇"与突厥语中的同类词汇是完全不同的"。[②] 也正因为清楚地认识到"东突厥斯坦"是中国的领土,所以,季姆科夫斯基又提出"中国突厥斯坦"一词,以说明这一地区属于中国。

那么,这个"东突厥斯坦"的具体范围有多大呢?季姆科夫斯基只是含糊地说,它的北面是准噶尔地区,西面是被古人称为意貌山(Imaus)的延绵雪山,南面是西藏,东面有"库库诺尔(Koukou nor)的游牧蒙古人"。[③] 这里所说的"库库诺尔",又被译成"颗颗瑙儿"等,[④] 是蒙古语对青海湖的称呼。[⑤] 18 世纪杜赫德(J.B. Du Halde)所编的欧洲汉学奠基之作《中国帝国全志》(*Description of the Empire of China and Chinese-Tartary*)认为,库库诺尔(Koko–Nol 或 Koko–nor)就是指中国人所说的"西海",即青海湖。[⑥] 因此,季姆科夫斯基所说的"东突厥斯坦",大约相当于现在新疆南部地区。第 10 版《不列颠百科全书》概括得更加明确:"东突厥斯坦现在是中国新疆省的一部分……北面是天山;西面是帕米尔山脉的东端;南面是西藏高原;东面,被称为'北山'的一系列高原台地以及南山将其与戈壁分开。"[⑦] 也就是

---

① T. Astley, *A New General Collection of Voyages and Travel*, London: 1745—1747, Vol. IV, Chap. VI, p. 527.

② G. Timkowski, *Travels of the Russian Mission Through Mongolia to China, and Residence in Peking in the Year 1820—1821*, vol. 1, pp. 375,377.

③ G. Timkowski, *Travels of the Russian Mission Through Mongolia to China, and Residence in Peking in the Year 1820-1821*, vol. 1, p. 375.

④ 勒尼·格鲁塞:《草原帝国》,魏英邦译,青海人民出版社 1991 年版,第 671 页。

⑤ 雪犁:《中国丝绸之路辞典》,新疆人民出版社 1994 年版,第 219 页。

⑥ J. B. Du Halde, *Description of the Empire of China and Chinese-Tartary*, London: 1738, Vol. 1, p. 29.

⑦ *New Volumes of the Encyclopaedia Britararaica*, 10th edition, Edingburgh and London: Adam&Charles Black, 1902, Vol. XXXIII, p. 492.

说，直到 20 世纪初，西方人所谓的"东突厥斯坦"仅指我国新疆的天山以南地区，根本不是像"东突"分裂分子所叫嚷的那样是指整个新疆。

自 19 世纪 30 年代起，俄国人提出的"东突厥斯坦"、"中国突厥斯坦"等词汇在西欧人的著作中逐渐流行起来，但比较紊乱。有人同时使用"小布哈拉"、"东突厥斯坦"、"中国突厥斯坦"之类的词汇，[①]也有人把这些词汇搞混了。例如鸦片战争期间侵华英军的得力帮凶郭实猎（Karl Friedrich August Gutzlaff，1803—1851）就将河中地区称为"大布哈拉"，而将戈壁以北的地区称为"突厥斯坦"。[②]到了 19 世纪末，欧洲人才对"东突厥斯坦"一词有比较一致的界定。[③]由于出现"东突厥斯坦"一词，所以原先河中地区就被称为"西突厥斯坦"，但也有人依然称其为"突厥斯坦"。[④]也就是说先出现"东突厥斯坦"一词，后来人们才将河中地区称为"西突厥斯坦"。这两个概念并不是像有些学者所说的那样是同时出现的。

尽管"东突厥斯坦"一词在欧洲逐渐流行起来，但即使是在 19 世纪，有几点还是可以确定的。其一，这个名称是外国人所使用的，当地居民及中国政府从来没有使用过这个名称。其二，它仅是地理名称，而不是行政区域的名称。其三，它仅指新疆天山以南地区。其四，这个区域属于中国，自乾隆皇帝开始，其正式名称是"新疆"。也正因为如此，所以，欧洲人又称其为"中国突厥斯坦"。其五，这个地区的居民是混杂的，根本不存在什么"突厥民族"。1832 年，西方传教士在广州创办了《中国丛报》（The Chinese Repository），第 1 卷第 5 期上有一篇文章专门讨论"东突厥斯坦"（Eastern Turkestan）。其中写道：这一区域的居民中，"包括了土尔扈特部、厄鲁特部等族的几个部落，他们大多是蒙古人；在战争期间，这些部落就迁移到俄罗斯，但当恢复和平后，他们就返回故地，归顺中国"。[⑤]而 1875 年出版的《不列颠百科全书》则这样概括说：东突厥斯坦的"居民是混杂的，雅利安人、

---

① W. Huttmann, "On the Chinese and European Maps of China", *Jourrral of the Royal Geographical Society of London*, Vol. 14, 1844, pp. 117-127.

② C. Gutzlaff, *China Opened*, London: Smith, Elder and Co., 1838, pp. 17-18.

③ *Encyclopaedia Britararaica*, ninth editon, Edinburgh: Adam and Charles Black, 1875, Vol. XXIII, pp. 631, 637.

④ D. Patrick, *Chambers's Concise Gazetteer of the World*, London: W. & R. Chambers, 1914, p. 710.

⑤ *The Chinese Repository*, Vol. 1, No. 5, Sept. 1832, p. 171.

突厥人完全交融在一起"。①

综上，可以得出这样的结论：无论是"突厥斯坦"还是"东突厥斯坦"，都不是本地居民使用的词汇，而是由外族人随意提出并首先使用的；它们是模糊的、变动的、不规范的地理词汇，这类地理俗名既与种族无关，也与行政区域无关，更与政治实体无关。

（本文原载《社会科学战线》2012年第1期）

---

① *Encyclopaedia Britannica*, ninth editon, Edinburgh: Adam and Charles Black, 1875, vol. XXIII, p. 639.

后 记

　　"丝绸之路：长安—天山廊道的路网"申遗成功，再次将世界的目光引向了丝绸之路文明。为落实浙江大学、塔里木大学、浙江省文物局、新疆维吾尔自治区文物局"四方联盟"合作发展规划，2014年9月24日，浙江大学鲁东明教授一行赴乌鲁木齐，与新疆维吾尔自治区文物局商谈双方合作事宜。当时，新疆维吾尔自治区文物局盛春寿局长正带队在外地工作，便于当晚赶回乌鲁木齐。9月25日，新疆维吾尔自治区文物局盛春寿局长、李军处长、刘国瑞主任、王琦副处长和浙江大学鲁东明教授、刘进宝教授、施马琪编辑，就"丝绸之路文化论坛·新疆"学术研讨会的筹备进行了商谈，确定了会议代表、发言主题等问题。

　　"丝绸之路文化论坛·新疆"学术研讨会由浙江大学与新疆维吾尔自治区文物局联合主办，于2014年11月19—21日在杭州举行。新疆维吾尔自治区文物局盛春寿局长和浙江大学副校长罗卫东教授主持了学术研讨会。

　　参加研讨会的除新疆文物系统单位和浙江大学的学者外，还有中国社会科学院中国边疆研究所及考古研究所、北京大学、新疆大学、中华书局的专家学者。

　　会后，浙江大学、新疆维吾尔自治区文物局共同组成编委会，由新疆维吾尔自治区文物局局长盛春寿和浙江大学副校长罗卫东担任编委会主任，刘进宝教授担任主编，编选了会议论文集——《丝路无疆："丝绸之路文化论坛·新疆"论文集》。

　　《丝路无疆："丝绸之路文化论坛·新疆"论文集》共收入大会报告论文12篇；此外，根据会议主旨，还征得同意，收入了学者们已发表的相关论文3篇。

　　需要说明的是，由于各种原因，论文集的出版有些滞后。在此期间，有些作者的工作单位发生了变动。为了保留一份历史的记录和双方合作的友谊，我们不再改动。

　　论文集的编选可能还有许多不足甚至错误，希望大家提出批评。

刘进宝

2018年12月20日

图书在版编目（CIP）数据

丝路无疆："丝绸之路文化论坛·新疆"论文集 ／ 刘
进宝主编. —杭州：浙江大学出版社，2018.12
　　ISBN 978-7-308-14878-8

　　Ⅰ．①丝… Ⅱ．①刘… Ⅲ．①丝绸之路-文化遗产-保
护-新疆-文集　Ⅳ．①K294.5-53

中国版本图书馆CIP数据核字（2015）第150462号

丝路无疆："丝绸之路文化论坛·新疆"论文集

刘进宝　主编

责任编辑	陈庆初　施马琪　宋旭华
责任校对	郑小千
封面设计	项梦怡
出版发行	浙江大学出版社
	（杭州市天目山路148号　　邮政编码　310007）
	（网址：http://www.zjupress.com）
排　　版	杭州林智广告有限公司
印　　刷	浙江印刷集团有限公司
开　　本	710mm×1000mm　1/16
印　　张	13
字　　数	200千
版 印 次	2018年12月第1版　2018年12月第1次印刷
书　　号	ISBN 978-7-308-14878-8
定　　价	89.00元